推荐序一

作为一名高校的艺术设计教育工作者，我一直关注企业侧设计的走向与趋势，思考如何将企业在实践中用到并行之有效的设计方法融合到高校课程中，从而让学生在学习期间就能接触到实实在在的实战型企业级设计。

此时，正好收到晨静的邀请，为她的新书《B端体验设计：企业级视角的系统化方法》作序，书中很多观点与我正在思考的一致，我甚是欣喜。譬如，本书提到："体验设计对 To B 企业、产品与用户的价值非常大，并且越来越受到企业的认可。"在每年的毕业季，从企业的招聘反馈来看，企业非常关注体验设计师的设计思维、设计能力和设计潜力。因为这对产品的推广、营销，以及客户的续费、转介绍都有一定的影响力。因此，尽早帮助学生构建体验设计的思维逻辑框架显得尤为重要。

关于为什么要写这本书，我专门问了晨静，她说，初衷很简单，因为在 B 端产品设计、体验设计方面，她走过很多弯路。关于如何做好 B 端体验设计，没有人指导，更多的时候是自己在学习、摸索、实践和复盘。然而，这些共性的问题，很多体验设计师依然在面对。因此，她期望把自己关于 B 端体验设计的所思所想及实战经验整理成完整的知识体系并分享出来。这也是她对这几年持续思考的内容的一个阶段性总结。

我们可以将此书看成是一本对体验设计思维具有启发性的图书。体验设计在面临不同的业务域问题时，往往解法不同，可能在这里已经可行的设计方案，换一个场景就不适用了。书中的很多思考，也是特定场景的产物，它们会被迭代和优化。

书中还提到一套构建 B 端体验设计的方法，有流程维度的企业级 B 端体验设计冰山模型、界面设计方法维度的企业级 B 端设计体系、设计策略维度的企业级 B 端体验设计团队等，它们各司其职、互相协同，共同为打造客户、用户喜爱的 B 端数字界面体验设计助力。因此，我们可以将企业级 B 端设计体系视为一套系统化、结构化的知识体系，它有根、有枝、有叶。"根"是企业级 B 端设计体系的核心，它让企业级 B 端设计体系的成长有源头可依；"枝"是企业级 B 端设计体系的方法，它让企业级 B 端设计体系的构建有方法可循；"叶"是企业级 B 端设计体系的结果，它让企业级 B 端体验设计被真真切切地传递到了用户侧，让用户用到好的产品。

晨静出版此书，是对她多年持续思考的内容的阶段性总结，为 B 端体验设计提出了新的思路与方法。这是一本值得深入学习、反复阅读的图书。现在就开启你的 B 端体验设计之旅吧！期待你读完本书，与我一样，拥有美好的体验。

高颖

浙江工商大学艺术设计学院院长

推荐序二

我和晨静是老朋友了，她的主攻领域在 B 端产品设计与体验方面，我的领域在企业信息化和数字化建设方面，我们会在空闲之余，聊聊对 B 端产品的理解、看法和思考。这两个领域仅从字面上看，好像不相关，实则是一种紧密联系的关系——企业数字化建设离不开 B 端产品，B 端产品最直接地体现了企业数字化建设的成熟度。

在 2022 年年初，晨静就和我说，正在写一本书。这本书是关于 B 端产品体验设计的，把她这些年的实践与思考汇集了起来，一来是对自己在该领域所思所想的阶段性总结，二来贡献自己的绵薄之力，希望大家能掌握体验设计的思维和方法，做出用户体验好的产品。恰巧，我也在持续思考客户喜爱、用户喜欢的 B 端产品应该是什么样的，毕竟企业数字化建设无法绕过这块。因此，当听到晨静要做这么一件事情的时候，我很支持，也很期待。彼时，我自己的新书《数字化转型——企业升级之路》也在创作中（现已上市），这两本书可以说都是为当下企业数字化转型准备的，但各有侧重。

当《B 端体验设计：企业级视角的系统化方法》这本书的样稿出来时，晨静在第一时间分享给我阅读。在一个周末的下午，我打开样稿，坐在书房里安静地读着。这本书出乎我的意料，我原本以为它也会像其他产品设计类图书一样，写具体的设计应该怎么做，没想到，书里还涉及了晨静自己在该领域的大量思考和心得，不仅给出了案例，还给出了对案例的思考与解决方法，可以说是"授之以渔"。比如，本书在提到"设计模式"时，首先和我们分享了设计模式的概念、做设计模式的意义，接着模拟了一些案例，告诉我们如何制定符合业务和用户双重诉求的设计模式。这样的案例在书中还有不少，相信你阅读了以后也会和我一样，颇有收获。

还有，令我印象最深刻的是她提到的"企业级 B 端体验设计能力地图"，这幅地图是她自己在实操过程中遇到一系列困难后总结出来的，书中的重点章节，基本按照这幅地图展开。企业级 B 端体验设计能力地图由下至上分别是底层思维、企业级 B 端体验设计团队、企业级 B 端数字界面构建机制（包括企业级 B 端体验设计冰山模型、企业级 B 端设计体系两部分），这里面的思维、方法、模型、案例极其丰富，完全可以拿来就用。当然，如果可以将其与自己企业的实际情况相结合去使用，效果会更好。

本书完全颠覆了我原来对 B 端体验设计的看法。我一直以为，B 端体验设计主要是界面视觉的设计。其实不然，首先，B 端体验设计的范围不局限于视觉设计；其次，B 端体验设计具备非常严谨的专业性。做好 B 端体验设计少不了对产品战略的深刻理解、对用户需求的深度洞察。可以说，市面上会做 B 端体验设计的体验设计师不少，但能做好的不多，知其然并知其所以然的更是寥寥无几。

真心推荐 B 端体验设计师、B 端 UED 团队的管理者、B 端产品经理、B 端创业者阅读本书，从更高维的视角来看待 B 端体验设计，指导自己的产品获得更好的用户体验。

张良友

杭州灵动数上创始人兼 CEO

推荐语

吴昊

《SaaS 创业路线图》作者、SaaS 创业顾问

优秀的 B 端产品经理和体验设计师有两个关键特点：懂套路、懂业务，前者是后者的基础。本书作者结合多家大厂的套路和自己的亲身实践，构建了自己的产品体验设计框架，值得 CEO 和产品团队学习。AI 时代的来临将带来更高的设计效率和更多的方案选择，而产品团队是做决定的人：他们必须知道该如何选择。

王钰

"钰见 SaaS"主理人，物畅网联合创始人

好的产品体验设计是构成优秀 B 端产品不可或缺的元素之一，但又是最容易被从业者忽略的元素。纵览市场上很多企业的 B 端产品，其并不具备体系化的体验设计思维，这或多或少地会影响到客户的转化及体验。知果在书中提到的企业级 B 端的设计体系、设计团队、设计模型等，都可以拿来就用。本书不仅有理论层面的支持，也有足够的切身实践，对新入行的 B 端体验设计师来说是一本很好的工具书，对入行多年的体验设计师来说，也可以拿来思考复盘。

赵岩

实战营销咨询创始人

终于有人深入研习 B 端的用户体验了，我一直认为提升 B 端用户体验是 B 端企业制胜的法宝。获客不难，难的是留住客户，在 B 端业务的客户成功体系中，用户体验是重要的环节。知果的这本著作从认知到模型，再从体系到案例，详细地将用户体验的提升办法讲给我们听。我会把这本书反复研读并推荐给我的朋友们，让他们和我一起感受咖啡的苦和糖果的甜。

周宁昌

广东省工业设计产业技术创新联盟秘书长

一线技术人员在繁忙的工作中抽时间著书立说、分享知识，是推动行业发展的奉献之举，尤其是在强调实践经验的设计领域，更显得难能可贵。知果在本书中倾情分享了个人从事企业级 B 端体验设计的经历和体会及其所总结的宝贵经验、方法和理论。这些内容无论是对从事相关工作的体验设计师、从事 B 端产品开发的创业者来说，还是对培养相关人才的高校教师、将来有志于投身此项事业的青年学生来说，都是难得的知识锦囊。

Kevin（张晋壹）

PMTalk 产品经理社区发起人

如今，许多 B 端产品重视业务、功能，却不重视产品体验。本书基于作者的亲身实践和深度思考，详细总结了 B 端产品通过哪些方法可以改善用户体验。可见，做出体验好的 B 端产品，是有方法可循的，取决于对流程与方法、交互与视觉、用户需求、产品战略等多种要素的深度了解与运用。本书从企业级视角详细讲解了 B 端产品体验设计的完整路径，对正在为如何设计体验好的 B 端产品而犯愁的企业创始人、B 端产品经理、体验设计师来说，是较好的参考资料。

程远

优设网内容总监

《B 端体验设计：企业级视角的系统化方法》是知果的新书，浓缩了她从事 B 端产品设计这些年的实践心得和感悟。阅读完此书样稿，我也感到了 B 端体验设计的重要性，为 B 端产品构建好的用户体验，是企业未来制胜的有力武器。知果从 B 端体验设计的定义到企业级 B 端设计体系的构建，娓娓道来，帮你一砖一瓦地从基础开始构建企业级 B 端体验设计的体系生态。对想转到 B 端的体验设计师和正在 B 端从业的小伙伴来说，本书值得潜心阅读。

老曹

人人都是产品经理、起点课堂创始人

B 端产品与 C 端产品的差异很大，致使 B 端产品与 C 端产品对体验设计的要求也不同。

比如，B 端产品的体验设计要求逻辑严谨、克制、友好；而 C 端产品的体验设计则可以探索更好玩、更有趣的视觉与交互。

如果想打造体验优秀的 B 端产品，以及掌握更多打造优秀体验的思路与方法，不妨阅读"人人都是产品经理"社区专栏作家知果的新书《B 端体验设计：企业级视角的系统化方法》。本书沉淀了知果这些年在 B 端产品体验设计领域的实践与思考，逻辑清晰地梳理了做好 B 端体验设计需要具备的流程、要素、方法、思维，并加入了很多她自己的实践，非常实用。

carol 炒炒
《一个 App 的诞生》系列图书作者

如何打造具备优秀用户体验的 B 端产品，如今已成为 B 端企业非常重视，但又比较难解决的一个问题，也是我自己一直在试图解决的问题。这个问题涉及企业是否具备专业的 B 端体验设计专家、是否对 B 端体验设计有全面的理解、是否在当下适合展开体验设计能力的构建，等等，是一个系统性问题。在读完知果这本书后，我获得了不少启发，同时感受到知果的体验设计理念与我自己的非常相似。本书站在企业级视角回答了 B 端体验设计应该如何去做、如何可以做好，不仅提供了思维，还提供了具体的模型与方法。将本书推荐给产品团队的小伙伴们，特别是产品负责人、体验设计团队负责人、企业管理者，希望大家通过阅读本书打造出体验优秀的 B 端产品！

林汉城
ETU 创始合伙人兼创意总监

在这些年，企业因数字化转型的需求，对 B 端产品的用户体验提出了更高的要求。B 端产品因具有业务逻辑复杂、协同者众多等特点，让体验设计的开展十分棘手。知果的这本《B 端体验设计：企业级视角的系统化方法》，浓缩了她这些年在 B 端体验设计方面的精华知识和经验，不仅介绍了企业级 B 端产品体验设计的设计流程、设计要素等内容，还介绍了 B 端体验设计师该具备哪些底层思维。本书让拥有零散经验的 B 端体验设计师能收获更系统的认知，是一部值得反复阅读的著作！

Nick（刘醒骅）
ETU 首席设计官

知果老师以自身实践为基础，通过大量案例说明 B 端体验设计的各种方法和思路的应用效果，特别是提到的企业级 B 端体验设计冰山模型、企业级 B 端体验设计团队的组织架构等方法，非常实用。通过这些方法，我们可以更好地规划和管理 B 端产品的用户体验设计工作。这是一本值得推荐给所有 B 端体验设计师阅读的专业图书。

自　序

B 端体验设计日趋繁荣之势

如今，产业数字化的发展浪潮推动着 SaaS 阔步前进，而 SaaS 的本质是续费。SaaS 厂商想要在激烈的竞争中脱颖而出，持续获得收益，就不得不去考虑提升产品的用户体验。对传统软件厂商来说，想在此种环境中生存下去，只考虑大而全的产品功能已不可取，提升产品的用户体验就成了一项紧迫的战略任务。

为了把 B 端体验设计做好，很多大厂早已站在企业级视角对其进行规划与落地。最经典的莫过于 SAP Fiori、Material Design、Lightning、Ant Design。

2013 年，SAP 基于复杂的业务场景，提炼出跨业务线、跨设备的 SAP Fiori 1.0 企业级设计语言（Fiori 在意大利语中是"花"之意），之后持续迭代 SAP Fiori。SAP Fiori 被广泛应用在 SAP 的各种产品解决方案中，如 SAP Success Factors Employee Central 解决方案、SAP Cloud for Customer 解决方案，其经受了多年的严苛打磨，已经非常成熟。

在 2014 年 Google I/O 大会上，Google 发布了 Material Design，以解决 Google 内部产品线各自独立设计而导致的产品风格不统一问题。Material Design 贯穿 Google 各个平台的始终，包括手机、平板电脑、桌面等，让用户在不同平台上拥有连贯的体验。Google 设计副总裁杜瓦迪说："不应该为不同的屏幕规格创建不同的产品，而应使用一种统一的设计方法开发一款可以跨多种屏幕的产品。"

2015 年，CRM 软件服务提供商 Salesforce 发布了企业级设计语言 Lightning，在历经两年的市场打磨后，其视觉与交互规范逐渐趋于稳定。

以上是国外的情况，接下来是国内的情况。2016 年 5 月，蚂蚁集团体验技术部基于企业内外部环境，在大量实践的基础上，发布了服务于企业级产品的设计体系——Ant Design 1.0。Ant Design 1.0 包含了中后台基础组件库及配套设计语言，一面世就在国内体验设计圈引起了极大的反响。B 端从业者，特别是 B 端体验设计师，好像一夜之间豁然开朗，思路一下子被打开了，原来 B 端体验设计还可以是这个样子的。

随后，Ant Design 不断迭代与创新，陆续发布 Ant Design 2.0、Ant Design 3.0、Ant Design 4.0，在 2022 年更新到了 Ant Design 5.0。除了蚂蚁集团，还有一些大厂商也在构

建企业级 B 端体验设计能力，如阿里巴巴有 Fusion Design、阿里云有 Xconsole、字节跳动有 Arco Design 与 Semi Design、腾讯有 TDesign 等。

国内外巨头在企业级 B 端体验设计能力上的规划与布局，足以证明体验设计对 B 端企业、产品与用户的价值非常大，且越来越受到企业的认可。

我进行 B 端体验设计的苦与甜

一次偶然的机会，我从品牌 / 插画设计师转型到 B 端领域，逐渐从负责单个产品的体验设计工作转型为带领团队进行企业级 B 端体验设计能力的构建与推广，以及相应工具的探索与落地。我在本书中翔实地记录了自己从一名单纯的 B 端体验设计师到拥有"B 端体验设计师 + 团队管理者 + 体验设计产品经理"多重身份的 UED 团队负责人的整个成长过程，以及在这个过程中的所思所得。

作为一名 B 端体验设计师，我只需要向内看，与产品团队配合好，并且高效、优质地完成产品经理指派的界面设计任务即可。

在成为 UED 团队负责人后，我不仅要对"内"高质量地做好自己的工作，还要对"外"将团队的发展、企业级 B 端体验设计能力的规划、跨部门的协作等都安排好。

这一路走来，咖啡的苦与糖果的甜兼有，但更多的还是甜。

咖啡的苦

在我自己团队的成员中，以及在我的公众号读者中，很多人都觉得自己很迷茫，做 B 端产品不如做 C 端产品更有成就感，找不到自己的价值在哪里。比如，很多在 C 端可以使用的设计方法论、设计策略，在 B 端却找不到适用的场景和机会；视觉设计稿的落地效果终究会因项目时间紧急、技术实现困难等而打折，即便是通过设计评审的视觉设计稿，也"难逃此劫"；设计走查时常常发现视觉设计稿还原度不够，或者体验设计师直接用自己设计的界面，而与研发工程师闹不愉快。

团队成员、公众号读者对我说的这些，我又何尝没有感受到呢？特别是在我接触 B 端产品一年左右的时候，这种感受尤为强烈。当然，现在回头去看，还是有其他解决办法的。

记得有一次，产品团队负责人问我为什么要对界面做如此大的交互调整，我懵了。我告诉他原有界面的问题和调整后的优点，可是这些解释通通都没有用，他就告诉我一句话："用户已经习惯了原有的界面交互，我们稍微完善下就行，不要进行大幅度的调整。"我回到工位上，陷入了沉思：难道就因为用户习惯（用户习惯了现在的操作模式），我们就什么都不用做了吗？

糖果的甜

虽然在浸润 B 端产品设计的这些年里，我感受到了一些无助，但糖果般的甜也深深地融入我心中。

2021 年年初，刚签约的一个客户期望我们能为其讲解界面设计规范，他们想通过此次沟通来了解我们的界面设计规范能否满足其需求。在会议中，我介绍了界面设计规范产生的背景、包含的内容范围、设计的亮点等。与此同时，客户针对他们关心的内容也咨询了很多问题，我都一一进行了详细的解答。当会议结束时，客户对我们的界面设计规范提出了表扬，一方面是因为我们的界面设计规范满足了其需求，另一方面是因为我们的界面设计规范超越了其期望，他们表达了期待使用的心情。这件事情让我觉得，B端体验设计大有可为，是产品设计重要的一环。

近几年，我在公司内部开设了一些 B 端体验设计的课程，除了体验设计师，产品经理、研发工程师、业务分析师等也会参与，他们对这些课程非常喜欢。有一位研发工程师说："对我们这些后端的研发工程师来说，有时候也会涉及前端用户界面开发的内容，学习与熟悉产品的界面设计规范，能让我们在开发用户界面时避免出现一些不该出现的问题，这些课程太有用了。"还有小伙伴说："希望老师多多讲课，培养我们的 B 端设计思维，为产品转型提供支持。"之后，他们在遇到界面体验问题的时候，时常会向我请教，期望提升其产品的用户体验。可见，大家越来越重视 B 端体验设计了，这真的是一个非常好的现象。

进行 B 端体验设计是一件干起来虽很苦，体现价值后却很酷，长期坚持下去又很有意义的事情。

让意义持续

这一路走来，我经历过很多迷茫的时刻，关于如何做好 B 端体验设计，没有人指导，更多的时候是自己学习、摸索、实践和复盘。然而，这些类似的问题，很多体验设计师依然在经历。因此，一直以来我都期望为 B 端体验设计领域贡献自己的一份绵薄之力，把自己进行 B 端体验设计时的所思所想及实战经验整理成完整的知识体系，分享给大家。很希望自己走过的弯路，大家不要再走了，或者知道怎么去更好地思考与处理。现在，终于有机会了，一方面，数字化时代对用户体验越来越重视；另一方面，在负责企业级 B 端体验设计后，我对 B 端体验设计有了全新的理解。

本书主要内容

在本书中，我对企业级 B 端体验设计进行了实践与思考。

第 1 章阐述了问卷答题者与我对 B 端体验设计的理解，讲述了 B 端体验设计在企业中的现状，以及我是如何思考构建企业级 B 端体验设计能力的。

第 2 章阐述了如何构建企业级 B 端体验设计的冰山模型，为组织提供具有共识性的体验策略，为用户提供优质舒适的体验，并进行流程上的赋能。

第 3 章阐述了我在构建企业级 B 端设计体系过程中的思考，以及企业级 B 端设计体系具有的价值、内容及效果等。

第 4 章阐述了我们要想达到全方位赋能业务的目的，该如何构建企业级 B 端设计体系生态，以及企业级 B 端设计体系生态包括哪些具体要素和要点。

第 5 章阐述了我对组建企业级 B 端体验设计团队的一些思考，以及 B 端体验设计团队的组织架构、核心职能、内外协作模式等内容。

第 6 章阐述了要构建企业级 B 端体验设计能力，我们需要具备的九大思维。

第 7 章梳理了这些年来我遇到的关于企业级 B 端体验设计的 10 个典型问题。

本书适合谁看

本书适合 B 端体验设计师、B 端 UED 团队负责人、B 端产品经理、B 端创业者、有意愿提升产品体验的相关 B 端从业者，以及对企业级 B 端体验设计感兴趣的互联网从业者、企服赛道投资人、在校生等阅读。

本书只是我对企业级 B 端体验设计认知的开始，并不是结束。同时，我的积累和认知也会有局限，仅希望借本书把我的所思所悟分享给大家，作为一种参考。如果书中有不足之处，敬请指正。欢迎关注我的微信公众号"知果日记"，期待你的反馈与建议。我对 B 端体验设计的所思所想也会持续更新在公众号中。

那么，现在开启你的企业级 B 端体验设计学习之旅吧，你将：

（1）知道该从哪些方面提升你所负责产品的用户体验；

（2）明确构建企业级 B 端体验设计能力的步骤与方法；

（3）获得发现产品体验问题的"火眼金睛"，用更高维的方法来指导实践；

（4）用企业级 B 端体验设计的思路武装自己，从容展开日常设计；

（5）知道如何构建企业级 B 端体验设计能力；

……

我相信，你若在阅读本书的同时也思考当前企业、产品团队、自身面临的体验设计现状，那么你将会获得更多新的启发。

目　　录

读者服务

微信扫码回复：46078

·加入设计图书读者交流群，与更多同道中人互动

·获取【百场业界大咖直播合集】（持续更新），仅需 1 元

第1章

B 端体验设计是什么

B 端体验设计可以被拆解为两部分：一部分为"B 端"；另一部分为"体验设计"。"B 端"是"B 端产品"的简称，是指用来满足企业需求的产品，如 OA 系统、HR 系统、财务系统、监控运维系统等。那"体验设计"又是指什么呢？我们简单来看一下体验设计的发展情况。

体验设计源于交互设计，其雏形最早可追溯到工业社会时代人机工程学的奠基者与创始人亨利·德雷夫斯，他认为工业产品在满足功能性的基础上，同时需要考虑用户使用时的高度舒适性，他提出："设计必须符合人体的基本要求。"

进入信息时代，互联网高速发展，无形的软件产品成为时代的主流，其与人们进行着各种信息的交互。美国认知心理学家、工业设计家唐纳德·诺曼在《情感化设计》中提出体验设计的三个层次，分别是本能层、行为层和反思层。由此，用户体验设计逐渐被更多人知晓与认同。2001年，美国信息交互设计专家谢佐夫在《体验设计》一书中对体验设计下的定义为：它是将消费者的参与融入设计中，是企业把服务作为"舞台"，把产品作为"道具"，把环境作为"布景"，使消费者在商业活动过程中感受到美好的体验过程。可见，体验设计是一种以用户为中心的设计方法，我们也可以称之为"用户体验设计"。

B 端体验设计则是以 B 端用户为中心，以场景为前提，让用户在产品使用前、使用中、使用后愉悦的全链路体验过程。这里要说明 B 端用户的范围，B 端用户广义上包括采购人员、IT 人员、业务需求人员、管理层、产品实际使用者等，狭义上是指 B 端产品的直接使用者。在本书中，是指广义上的 B 端用户。

1.1　他们眼中的 B 端体验设计

这里梳理了四类与 B 端体验设计相关的角色，分别是产品经理、研发工程师、体验设计师和团队管理者（运营团队、测试团队、产品团队的管理者等），并通过问卷的形式对 18 位调研对象（均为 B 端产品资深从业人员）进行了 B 端体验设计的认知调研。

在调研结束后，我忐忑地打开调研结果，心想着会出现两种情况：一种是大家对 B 端体验设计表现出陌生，或者觉得 B 端体验设计没什么用；另一种是除了体验设计师会认可 B 端体验设计的价值，其他角色对 B 端体验设计的价值并不认可。没想到结果出乎我的意料，大家都很认可 B 端体验设计的价值，认为其既可以提升企业的影响力与竞争力，也可以提升产品的用户体验与品牌效益。我被多位调研对象的回答打动了，其中一个回答是这样说的："好的 B 端体验设计可以降低用户的学习成本，降低工作中出现人为错误的概率。而且我越来越发现，在相同的业务解决方案下，出众的使用体验更受人青睐。"不过也有调研对象说道："目前 B 端体验设计集中在视觉设计上，还有更大的价值没有被发挥出来。"

1.1.1　B 端产品是否需要体验设计

调研结果表明，调研对象认为 B 端产品是需要体验设计的，而且有 50% 的调研对象认为 B 端产品非常需要体验设计，38.89% 的调研对象认为 B 端产品在大多数时候需要体验设计，如表 1-1 所示。

表 1-1　B 端产品对体验设计的需要度统计

选项	比例
非常需要	50%
在大多数时候需要	38.89%
偶尔需要	11.11%
不需要	0%

B 端产品需要体验设计的原因很多，主要集中于以下 10 点，包括主动吸引、提升效率、愉悦心情、符合心智、简化流程、优化布局、反馈友好、促进增长、减少投诉次数、超越竞品。

（1）主动吸引：好的用户体验是用户积极参与试用、了解产品的前提，其会吸引用户主动靠近产品。

（2）提升效率：好用的 B 端产品，可提升用户操作效率；而难用的 B 端产品，会让用户在操作时处处受阻，降低整体工作效率。

（3）愉悦心情：面对每天都要用的产品，若其使用体验好，用户就会觉得工作也是一件令人愉悦的事情；若使用体验差，就会影响用户工作时的心情，严重的还会阻碍用户（员工）KPI 的达成，导致用户的离职率上升。

（4）符合心智：B 端产品若没有体验设计这一环节，产品想法落地就只是研发逻辑的呈现，而不是用户需求与用户心智的呈现，无法给用户提供合理的人机交互。

（5）简化流程：在符合业务逻辑的基础上，体验设计可以优化 B 端复杂的流程，从而让用户在操作界面时感觉到顺畅和舒适。

（6）优化布局：体验设计师参与过的界面布局，与研发工程师构建的界面布局完全不同，这种不同体现在设计思路与设计结果上。体验设计师从用户视角出发，在布局上追求信息主次分明、重点突出、同类功能样式一致性等，让用户用着更舒服。

（7）反馈友好：在体验设计师没有介入之前，B 端产品界面的反馈信息要么意思表达不清晰，要么是一串串代码；在体验设计师参与之后，B 端产品界面的反馈信息是让用户更容易理解产品的设计思路了，需要时产品还会给予下一步的操作指引。

（8）促进增长：对于 SaaS 产品，在满足业务场景的条件下，用户会因为好的体验而持续付费，或者进行转介绍。

（9）减少投诉次数：拥有好的体验设计的产品会让用户觉得用起来人性化，更容易获得用户的认可，从而减少投诉次数，提升用户的满意度。

（10）超越竞品：B 端市场竞争越来越激烈，产品越来越多，靠功能多已无法轻易胜出，还需要好的用户体验加持。

1.1.2 对 B 端体验设计的多角度理解

我们在了解了 B 端产品需要体验设计的原因后，再来看看调研对象是怎样理解 B 端体验设计的，下面将从整体理解与各自理解两个维度展开。

整体理解

从整体上来说，调研对象对 B 端体验设计的理解趋同。他们认为 B 端体验设计是对 B 端产品界面进行交互与视觉设计，从而让产品在使用体验上更符合 B 端用户的习惯与目标的一种设计方法。同时，还有调研对象提到，只有兼顾实际业务场景与用户操作习惯的体验设计才是好的体验设计，只侧重某一方面（或业务场景，或用户操作习惯），都是不完整的。

我很认可 B 端体验设计需要同时兼顾业务与用户。全书阐述的企业级 B 端体验设计也是基于业务与用户展开的。我们团队在建设与推广企业级 B 端体验设计的时候，时常会被业务团队告知要站在业务的角度去设计，千万不可闭门造车。我们遇到过因为设计出来的基础组件、典型界面不符合业务需求而被拒绝使用的情况，也遇到过因为兼顾了业务场景与用户操作习惯而被用户点赞的瞬间。总之，在经历诸多情况后我们越来越发现，B 端体验设计不单纯是视觉设计，也不能只考虑用户操作习惯，更不是一门艺术，而是技术、商业、艺术和用户的结合。

各自理解

（1）产品经理的理解。产品经理作为 B 端产品的负责人，对 B 端体验设计有着自己的理解。他们更关注体验设计为产品带来了什么价值，如产品是否因易用而受到客户认可。他们拒绝无效的体验升级，如只是界面看着比原来好看了，但没有本质上的改善（操作起来依然难用，用户反馈一样）。我用两个关键词来总结产品经理眼中的 B 端体验设计，这两个关键词分别是逻辑与易用。

逻辑是指 B 端体验设计应是一种具有逻辑性的设计方法，要符合企业战略、产品规划、业务需求、用户习惯的逻辑要求，而非纯感性的设计。

易用是指 B 端体验设计的核心是解决用户操作效率问题，通过对界面流程、布局、信息方面的梳理，达到提升用户操作效率的目的。

（2）研发工程师的理解。研发工程师是 B 端界面视图展现与业务逻辑的实现者。在 B 端体验设计还未兴起的年代，B 端界面由研发工程师通过开源组件库构建完成，因此缺少了一些美观性和易用性。在研发工程师眼中，B 端体验设计很重要的一方面是解决界面的美观性问题，包括如何布局、如何配色、如何配图等；另一方面是解决界面元素位置的合理性问题，如应该将不同类型的基础组件放置在界面的什么位置，怎么摆放会让用户觉得好用。可以说，他们认为"B 端体验设计 = 美观 + 好用"。

（3）体验设计师的理解。体验设计师作为把控 B 端体验设计的灵魂人物，是对 B 端体验设计最有发言权的人了。他们对 B 端体验设计的理解可总结为 5 个关键词，分别是抽象到具象、概念模式、解决问题、人文关怀、提炼与复用。

抽象到具象是指，B 端体验设计是将晦涩难懂的业务逻辑用可视化设计方法进行具象化呈现的过程。比如，错误信息不可抛代码，而是需要被翻译成用户可理解的内容；再如，PRD 文档上的业务逻辑是文字，需要将之绘制成一张张可视化设计稿。

概念模式来自唐纳德·诺曼的《设计心理学》一书，书中提到的概念模式有两种：一种是设计模式，另一种是用户模式。设计模式是指设计人员所使用的概念模式，用户模式是指用户在与系统交互过程中形成的概念模式。若设计模式与用户模式一致，那么产品就会给用户带来好的体验。因此，B 端体验设计需要考虑让设计模式去吻合用户模式，从而为体验加码。

解决问题是指 B 端体验设计是一种解决问题式的设计，不论是视觉优化还是交互优化，都是在解决业务问题或者用户问题，而不只是为了做而做。

人文关怀是指 B 端产品最终要被用户使用，因此 B 端体验设计要站在人（用户）的角度去设计，包括关注人使用产品的场景与心情、关注人的根本利益与诉求。

提炼与复用是指 B 端界面要素具有通用性，而 B 端体验设计要发现这种通用性并进行有效的提炼，从而建立标准库，为复用打基础，最终提升产品内部与产品间的一致性，并实现产研效率的提升。

（4）团队管理者的理解。团队管理者与 B 端体验设计之间不是近亲关系，而是远亲关系。团队管理者基本不会亲自指导要怎么做 B 端体验设计，但他们对 B 端体验设计有自己的理解，这种理解是大局上的。如果 B 端体验设计与他们目前的业务相关，他们就会提一些想法和需求。他们认为 B 端体验设计不应局限于界面某个要素的颜色或者交互细节，还应该包括对产品体验的整体把控，并且认为需要关注 B 端体验设计的岗位不仅有体验设计师，还有产品经理、销售顾问、研发工程师等。比如，产品经理需要关注产品信息架构规划，研发工程师需要关注界面性能、架构拓展性、系统可靠性，这些均属于 B 端体验设计的范畴。

1.1.3　B 端体验设计能力的成熟度现状

从调研结果来看，目前 To B 企业体验设计能力的成熟度整体偏低，选不成熟、很不成熟的调研对象的总计占比达到了 38.89%，选择一般的调研对象的占比有 33.33%，如表 1-2 所示。

表 1-2　To B 企业体验设计能力的成熟度统计

选项	比例
很不成熟	27.78%
不成熟	11.11%
一般	33.33%
成熟	27.78%
很成熟	0%

To B 企业体验设计能力的成熟度偏低的原因主要集中在以下 5 个方面，包括初创公司、管理层意识、项目时间紧、开源组件库、理论与实践。

（1）初创公司。初创公司由于资源有限，通常不会招聘专职体验设计师来进行产品界面设计工作，要么将这部分工作外包出去，要么让研发工程师通过使用开源组件库完成。由此形成的局面就是初创公司侧重产品的功能研发与跑通业务核心流程，对体验设计并不很在意，不会投入过多的设计资源去做。只有在用户规模起来了以后，初创公司才会考虑用户体验提升一事。不仅是初创公司，中小企业也存在这种情况，而中小企业在所有企业中的占比又很高，这就导致了 To B 企业体验设计能力的成熟度偏低。

（2）管理层意识。B 端体验设计的兴起与被重视在近几年才慢慢开始。在原来没有体验设计师的时候，一款产品的诞生几乎全部是靠研发工程师完成的，因此，在大部分 B 端企业管理层的思维意识中，研发工程师（负责研发）和销售顾问（负责推广）就可以搞定产品，而体验设计属于锦上添花的部分，有更好，没有也能接受。同时，很多管理者可能并不了解 B 端体验设计可以发挥的价值到底有多大，要想让他们真正愿意付出资源来支持企业内体验设计能力的建设，需要走较长的路，一方面需要普及观念，另一方面需要让他们看到实实在在的价值。

（3）项目时间紧。在 B 端，项目研发周期短、需求繁杂的情况已经是不争的事实。在这种情况下，产品线上的员工忙着处理日常需求还来不及（体验设计师流水线出图、研发工程师流水线写代码），几乎没有时间沉下心来考虑建设企业内部的 B 端体验设计能力。体验设计师运用开源组件库构建界面，并在此基础上输出一些全局视觉、典型界面，基本可以满足日常产品设计需求，建设再多的体验设计能力，既无时间，也无相关要求。

（4）开源组件库。开源组件库可以说给了从 0 到 1 构建 B 端产品非常有力的支持，其极大地缩短了产品的研发周期，助力产品可以被加速推向市场。但开源组件库也模糊了产品团队的视线，让他们误以为 B 端体验设计就等同于开源组件库，除此之外，什么也没有。殊不知，开源组件库只是 B 端体验设计的冰山一角，产品使用了开源组件库并不代表产品的用户体验就好了，更不代表产品构建了自身的体验设计规范。

（5）理论与实践。现在互联网上随处可见有关 B 端体验设计的文章、培训、课程，它们都在从理论层面指导我们去做 B 端体验设计，但真正落到实处可发挥价值的并不多。理论与实践的脱离让企业在建设 B 端体验设计能力的资源的投入上会比较收紧，这是一种小步探索的心态。

当然，现阶段 To B 企业体验设计能力的成熟度整体偏低的原因不止这 5 项，还包括企业找不到合适的人选，企业面临的环境还不需要构建 B 端体验设计能力。

要提升 To B 企业体验设计能力的成熟度，可以从哪些方面入手呢？从调研结果来看，以下每一项都是大家认可的要素。如表 1-3 所示，体验设计专家可以带领企业重新认识和定义 B 端体验设计，让理论与实践相结合；体验设计团队作为构建企业 B 端体验设计能力的核心组织，可以定义、推广、迭代体验设计能力；体验设计流程定义了体验设计环节该如何更好地支持产品流程，形成价值闭环。其他几个要素，也有各自的价值，本书会在不同的章节进行阐述。

表 1-3　可提升企业 B 端体验设计能力成熟度的各要素占比

要素	占比
体验设计专家	55.56%

续表

要素	占比
体验设计团队	61.11%
体验设计流程	66.67%
体验设计制度	50%
体验设计方法论	55.56%
体验设计度量标准	61.11%
体验设计基础资产	44.44%
体验设计认知环境	55.56%

1.1.4　对 B 端体验设计未来的期盼

调研对象认可 B 端体验设计的价值，但无奈于 B 端体验设计在他们所在的企业还未达到理想的状态。不过他们没有放弃，他们抱着一颗期盼的心仍在努力拼搏，为 B 端体验设计贡献自己的绵薄之力。

俗话说："有期盼，才有改变的动力。"他们对 B 端体验设计的一些期盼如下。

（1）重新认识 B 端体验设计。调研对象普遍认为身边的人对 B 端体验设计是什么、有什么价值等方面是认知不足的，大多数人还停留在"B 端体验设计＝开源组件库"的阶段，自己也可能存在这种情况。由于认知不足，连招聘也会遇到困难。比如，招聘方需要体验设计师，但又认为体验设计师没那么重要，至少不是核心岗位，所以给出的工资也不高，这就导致优秀的体验设计师流失。还有，当用户认为产品体验好的时候，没体验设计师什么事情，但当用户表达产品体验太差的时候，大家都认为是体验设计师的问题。殊不知，不论产品体验好坏，进行产品体验设计都是整个团队的责任。比如，产品经理要足够了解用户的需求，体验设计师要有合理的方案，技术员工要能充分还原设计稿，等等。当然，认知不足导致的最大的问题是无法真正将体验设计用到产品中，推动产品向好、向善发展。

（2）B 端体验设计师能有更多话语权。体验设计师的上游是产品经理，下游是研发工程师。在项目时间紧张的情况下，前者在大多数时候会将画完的原型图给体验设计师，让体验设计师进行界面优化及上色；后者会告诉体验设计师技术实现不了这么复杂的交互。慢慢地，体验设计师就丧失了表达优秀体验设计的话语权，因为无论表达与否，产品体验设计冥冥中注定会朝着不属于他们思考的方向走。

（3）完善体验设计流程。在产研流程中，虽然有体验设计环节，但由于它并不属于必需环节，如需求为新增一个按钮、修改一个字段名称，是不需要体验设计师参与的，因此体验设计的分支流程并不被企业重视，上下游环节上的人只是凭心情做事。有时候，产品经理只是提出来一个想法，就需要体验设计师输出数张设计稿，交流与沟通非常低效。若此时体验设计师需要进行的设计任务有好几个，就会导致设计效率和质量都不高。因此，他们期望体验设计能成为产研流程中的标准环节，有自己的准入准出标准和协作方式。

（4）建设一个优秀的 B 端体验设计团队。体验设计师提到，希望企业不要把设计师一个个零散地放在产品团队中，他们需要有自己的设计团队，互相交流、沟通、学习。如果没有团队，他们认为自己难以把 B 端体验设计做出色。他们认为，企业拥有一个独立的 B 端体验设计团队，体现了企业在 B 端体验设计上的专业性，展现了企业对 B 端体验设计的重视。

（5）从视觉到交互的转换。在产品经理、团队管理者看来，B 端体验设计不要局限于视觉方面，要更多地了解业务要什么、用户要什么，要在产品信息架构、操作流程上深耕与发力。现在 B 端体验设计师主要承担了界面视觉美化的工作，而 B 端界面又无须像 C 端一样五彩斑斓，导致企业在 B 端体验设计上停滞不前。未来期待 B 端体验设计师围绕业务展开工作，服务于产品，多与用户沟通交流，了解产品的痛点与不足，做出好用的产品。

1.2　我眼中的 B 端体验设计

调研对象眼中的 B 端体验设计与我眼中的 B 端体验设计大部分是相同的，本节再补充一些我对 B 端体验设计的理解与思考。

此前我提到，B 端体验设计是以 B 端用户为中心，以场景为前提，让用户在产品使用前、使用中、使用后愉悦的全链路体验过程，并且这里的 B 端用户指的是广义上的 B 端用户，包括采购人员、IT 人员、业务需求人员、管理层、产品实际使用者等。

因此，我眼中的 B 端体验设计的范围会更广些，不仅包括用户使用产品中的体验感受（主要指用户使用数字界面的感受），还包括用户使用产品前和使用产品后的体验感受（使用产品前的体验感受涉及业务需求人员了解产品的感受，使用产品后的体验感受涉及IT 人员复购产品的感受）。广义上的 B 端用户是 1.2 节内容的基础。

1.2.1　用户体验旅程与触点地图

有用户接触产品的环节，就有体验，那么在哪些环节用户会接触到 B 端产品呢？我们来模拟一家 20 人的创业公司采购一套项目管理系统的流程。为了方便理解，假设采购员小 B 不仅是采购决策者，还是系统使用者，小 B 属于广义上的 B 端用户。

小 B 通过第三方网站、产品官网接触到了数款项目管理系统，随后他亲自试用产品，经过仔细比较，最终确定了两个候选采购目标。小 B 分别联系了相应系统的销售顾问，并与对方进行了深度沟通，沟通内容包括系统的功能、价格、数据安全等情况。最终小 B 与其中一家企业签订了采购合同，购买了它的项目管理系统，我们暂称之为 C 项目管理系统。

在系统部署完成后，小 B 开始在全员中推广。使用时间越长，小 B 和同事们越觉得 C 项目管理系统好用，于是小 B 反馈到了总经理处。总经理告诉小 B，要是觉得好用，后面就继续付费。

眼看 C 项目管理系统第一阶段的使用期限快到了，小 B 向总经理申请续费，通过了审批。随后，小 B 向他的一位有采购项目管理系统需求的朋友推荐了 C 项目管理系统，并期待 C 项目管理系统越做越专业，为企业提效赋能。

从上述过程我们可以发现，小 B 作为采购代表，从不同渠道接触数款项目管理系统到最终采购 C 项目管理系统并续费与推荐，经历了接触系统介绍、悉知系统内容、比较系统间优劣、与销售顾问进行深度沟通等一系列环节。其间任何一个环节出现了偏差，都有可能让小 B 放弃 C 项目管理系统，转而购买其他系统。

我把小 B 从不同渠道接触数款项目管理系统到最终采购 C 项目管理系统并续费与推荐的过程，绘制成了一张用户体验旅程与触点地图，如图 1-1 所示。

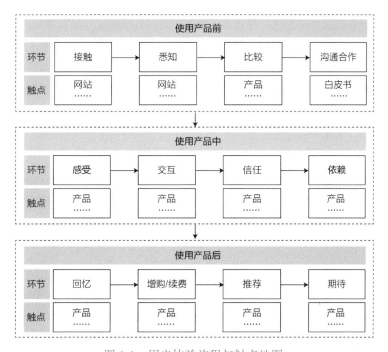

图 1-1　用户体验旅程与触点地图

从用户体验旅程与触点地图可见，B 端体验设计从广义上说，不仅不局限于数字界面层的人机交互，还将用户体验融入了各个环节。比如，在用户接触产品环节，在用户浏览产品官网时，网站信息重点突出、排版清晰也是一种体验。再如，在销售顾问与用户沟通环节，销售顾问的沟通方式让用户感受到专业、舒服，也是一种体验。

虽然在体验旅程中，用户会有各种各样的感受，但有些范畴并不是体验设计师需要关注的，如与用户进行原始需求沟通、准备销售话术。因此，我接下来将着重分析用户体验旅程与触点地图和体验设计师的工作职责相关的部分，同时简单介绍每个环节的情况，帮助大家从全链路设计视角来推动产品成功。

1.2.2　使用产品前：接触、悉知、比较、沟通合作

用户体验旅程与触点地图主要分为使用产品前、使用产品中、使用产品后三个部分。使用产品前包括接触、悉知、比较、沟通合作四个环节。下面我们来逐一拆解，分析体验设计师可以在每个环节做哪些事情，以及可借鉴的设计原则有哪些。

接触

用户接触 B 端产品有诸多渠道，比如，用户通过互联网主动搜索或被动获得，或者销售顾问推荐、客户转介绍。现在通过互联网搜索方式接触 B 端产品已逐渐成为主流，即便有销售顾问进行推荐，在大部分情况下用户也会通过产品官网来了解产品情况。通常，用户会通过网站、Banner、视频、宣传册等触点接触到 B 端产品。

由于用户在刚接触产品时，对产品还不够了解，并不确定产品有哪些功能，能为企业解决哪些痛点，会给企业带来哪些价值。因此，对于用户接触到的可视化宣传物料，体验设计师需要进行深入的设计，尽量能在用户第一次接触产品时就抓住用户的眼球，让用户有进一步了解产品的欲望。

这些可视化宣传物料所要呈现的内容通常是运营人员或产品经理给出的，初期版本可能并不完善，因此我们可以补充。比如，为了提升用户对产品的信赖感，可以加入客户案例，让客户为我们的产品品质背书；再如，通过加入品牌故事，提升产品的内在意义。

在该环节，体验设计师要以快速建立产品与用户之间的连接为目标，依托品牌明确、重点内容突出、排版清晰、信息有层次、引导贴心、文案简洁的设计原则来提升产品对用户的吸引力，如图 1-2 所示。只有产品给用户的第一印象好，才有用户与产品的后续互动。

悉知

从用户接触一款 B 端产品到愿意去详细了解它，此时就进入了悉知环节。这个过程就像我们认识了一个人，因为他谈吐不凡，我们愿意去深入了解他的更多信息。在悉知环节，用户不会只深入了解一款产品，而是会同时熟悉至少两款产品，通过对比找到适合企业的那一款。

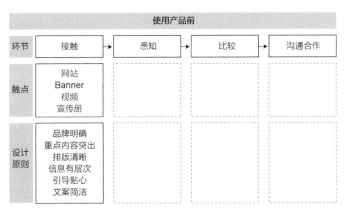

图 1-2　接触环节的触点与设计原则

用户会通过哪些方式悉知 B 端产品呢？通常，用户会选择能让其更深入地了解产品的方式，如通过官网看产品详情介绍与帮助手册、看企服点评网站的专家测评内容、看产品试用方法等。因此，用户悉知 B 端产品的触点就被提取出来了，有官网首页、产品详情页、产品帮助手册页、第三方测评网站、产品本身等。

在该环节，体验设计师要以增加用户对产品的好感为目标，通过合理引导、架构清晰、流程简明、体验一致、信息充分的设计原则来提升产品对用户的吸引力，如图 1-3 所示。

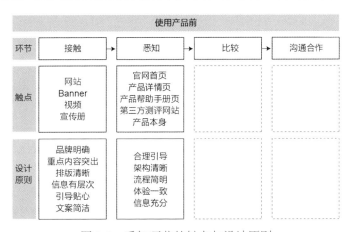

图 1-3　悉知环节的触点与设计原则

悉知环节有一个特点，就是用户通常会开通产品试用功能来帮助自己更好地了解产品。因此，试用环节的体验设计不容忽视，千万不要让用户因为试用环节的流程过于复杂和烦琐而流失。我之前看到过一款 SaaS 产品，在用户申请试用时，必须填写"你期望使用该产品解决以下哪些工作场景的问题""你的角色是什么"等内容。这样设计并不合适：一来，用户还未开始试用，并不了解试用对象，给出的答案自然不准确；二来，申请试用时要填写的表单内容尽可能符合用户的认知，而不是产品侧认为的内容，否则会让用户体验下降。还有一点要注意，在用户开通产品试用功能后，最好给予用户一些模拟数据，避免因页面数据为空而导致用户无从下手体验。体验设计师在设计产品试用类表单时，应遵循"仅保留必填信息（如邮箱、密码、手机号、验证码）、缩短用户填写表单的流程、遇到问题给出联系方式"等设计策略来帮助用户尽快进入产品试用阶段。

比较

比较环节和悉知环节通常是一起出现的，并不具有非常明显的前后关系。用户会一边悉知产品，一边比较产品的优劣，并进行记录，包括功能、性能、安全性、交互、价格等方面的内容。在比较环节，用户的触点也是官网首页、产品详情页、产品帮助手册页、第三方测评网站、产品本身等。因此，体验设计师在该阶段要采用的设计原则与悉知阶段也一样，如图 1-4 所示。

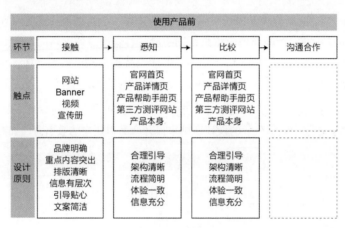

图 1-4　比较环节的触点与设计原则

沟通合作

用户经过接触、悉知、比较这三个环节后，基本已经明确了采购目标，于是会与心仪产品的销售顾问进行深度的沟通。假如双方聊得还不错，销售顾问就会登门拜访，对产品进行详细的介绍，介绍内容包括产品定位、产品可解决的企业痛点、产品现阶段的市场占有率、产品规划等。此时，销售顾问通常不会只口头讲，还会配合可视化方式介绍，如 PPT、产品白皮书、宣传册等。由于不同企业的需求不同，在某些情况下，销售顾问还会带上产品经理、技术经理等，一起简单演示产品的情况并进行答疑。

当然，销售顾问最终能否签下合同，不仅取决于产品本身，还取决于销售顾问的经验、沟通技巧等。本书不是销售类书籍，因此在此不就如何提升沟通技巧进行拓展。

在该环节，体验设计师可以把自己定义为一名军师，在物料的准备环节就参与进去，好的设计需要好的文案内容来支持。同时我们可以运用拓客思维来指导自己设计好的产品宣传物料。我们不要单纯绘图，而要用拓客思维来绘图，思考什么样的宣传物料被用户拿到后，会加强他们与我方深度合作的意愿。此时，体验设计师可借鉴的设计原则包括品牌风格一致性、产品价值点突出、页面布局松紧有序、颜色明亮清晰、文字挺拔有力等，如图 1-5 所示。

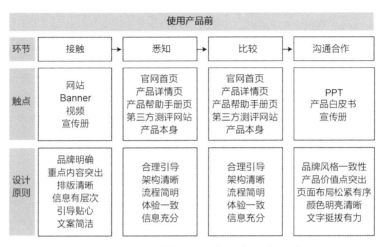

图 1-5　沟通合作环节的触点与设计原则

1.2.3　使用产品中：感受、交互、信任、依赖

使用产品中是用户真正深入体验 B 端产品的部分，也是 B 端体验设计师的核心工作部分——为用户提供友好的数字界面（本书围绕该部分展开详述），工作内容包括交互部分如何设计用户行为、视觉部分如何设计用户感受、动效部分如何设计用户心理等。使用产品中包括感受、交互、信任、依赖四个环节，下面我们来逐一进行讲解。

感受

用户的感受来源于感官，感官包括眼、耳、鼻、舌、身五个部分，眼是指视觉，耳是指听觉，鼻是指嗅觉，舌是指味觉，身是指触觉。感官属于唐纳德·诺曼的《情感化设计》中体验设计的本能层，其决定了用户对产品的第一印象。

在 B 端产品的设计上，体验设计师通常在用户的眼和耳上下功夫。用户感受 B 端产品基本都靠视觉，大脑 80% 的信息输入任务依赖视觉来完成，鲜有一些时候依赖听觉。不过在某些场景下，听觉设计也很有必要。比如，体验设计师在 B 端产品重要信息的通知设计上，会引入音乐来提升用户的感知力，帮助用户快速察觉及定位问题。假如单纯依靠视觉设计，那么用户很容易错过需要立刻处理的告警类信息，导致不可挽回的损失。再如，对数据安全要求非常高的 B 端产品，通常设置锁屏功能，在屏幕被解锁时会有独特的音效提示，防止因他人解锁导致信息被盗。需要注意的是，声音一方面可以提供给用户相应的信号；另一方面，声音使用不当，也会给用户带去困扰。

在视觉方面，在与一款产品开始交互前，用户会对观察到的对象做出反应，产生喜欢或者不喜欢的感受。人都喜欢美的事物，美的事物会让人心生愉悦。洛可可创新设计学院副院长孟宪志认为："一个好的产品设计，必须拥有一个好的外观，因为消费者对产品的第一感知大都来自产品的外观。"因此，对体验设计师来说，视觉设计是该环节的重点，界面上所有用户可用视觉感知的部分，均属于体验设计师要去梳理与设计的范畴，包括颜色、文字、阴影、图标、组件、布局和插图等。

随着技术的进步，以及 B 端体验设计逐渐被重视，3D 化的视觉风格在 B 端产品上越来越常见，主要体现在插图、图标和图表部分。在一些数据大屏和特殊界面的图标上，我们可以看到 3D 设计风格。

在该阶段，体验设计师可借鉴的设计原则包括品牌风格引入、一致性、无障碍、少即是多、亲密性、层次分明等，如图 1-6 所示。

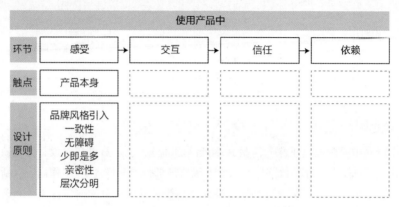

图 1-6 · 感受环节的触点与设计原则

交互

交互定义了人与数字界面的互动方式，包括传统的鼠标交互、键盘交互，以及现在的触摸交互、语音交互、手势交互等。交互属于唐纳德·诺曼的《情感化设计》中体验设计的行为层，是指产品是否满足用户功能层面的需求。如果产品能满足用户需求，那么产品就是可用的、易用的与高效的。B 端体验设计的核心任务主要集中在交互环节，体验设计师在了解业务目标、用户需求的基础上，要尽可能地使用设计策略简化用户操作流程，提升用户的信息认知效率，预防用户操作失误。苏格拉底曾说："任何一件东西如果能很好地实现它在功用方面的目的，它就同时是善的又是美的，否则它就同时是恶的又是丑的。"可见，功能好对产品与用户来说都很重要，而功能是否好用需要交互来表达。

用户与 B 端产品的交互，一方面是用户亲自使用产品后的感受，另一方面是团队内部的讨论。我们团队在使用某些系统时，就经常对一些不理解的功能进行讨论，也会顺便讨论产品的交互。

为了给用户留下产品好用的感觉，体验设计师在输出 B 端交互设计方案时，应以用户习惯为基础，以交互简单清晰为首要条件，以任务提效为目标，尽量不搞艺术化的交互（好玩但不好用）。因此，在交互环节，体验设计师可以遵循符合用户习惯、操作顺畅、反馈友好、输入简化、自动化设计、智能化设计等设计原则，如图 1-7 所示。

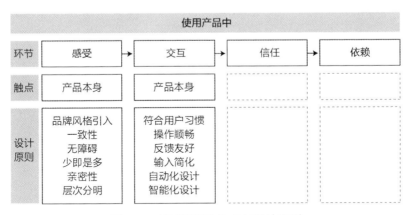

图 1-7 交互环节的触点与设计原则

信任

B 端产品想要触动用户，让用户持续付费，构建其与用户之间的信任是不可或缺的。信任属于唐纳德·诺曼的《情感化设计》中体验设计的反思层，反思层会唤起用户的情绪、回忆、沉思等内心的情感。当一款 B 端产品能获得用户的信任的时候，其实际意义和价值将非常大。要让用户对产品产生信任感，前两个环节（感受和交互）必须做好，这是用户从浅入深了解产品的路径，用户只有在感受和交互环节获得了良好的体验，才有可能进一步建立对产品的信任感。打造产品给用户的深度信任感，包括但不限于产品体验逻辑合理、提供 7×24 小时售后服务、提供"1 对 1"技术支持、打造品牌影响力、确保数据安全性、展示头部客户案例、展示客户好评度、展示行业权威背书信息、展示专业且详细的信息等。

体验设计师在进行 B 端产品设计时，如何从设计侧去打造产品的信任感呢？对 B 端产品官网来说，可借鉴的设计原则包括展示头部客户案例、展示行业权威背书信息、展示数据安全保障体系、展示合规证书等。对 B 端产品本身来说，可借鉴的设计原则包括建立专业化的体验设计规范、打造一致的视觉风格、打造用户可掌控的行为交互模式等，如图 1-8 所示。

体验设计师对产品信任感的打造会更偏向用户感知层面，对一些特殊的 B 端产品来说，信任感打造需要匹配业务特性。比如，打造金融 B 端产品的信任感，由于其服务的行业比较特殊，要求其不能使投资者的数据发生损毁、泄露、篡改，不能遭受攻击 / 入侵导致业务暂时中断（如实时交易忽然暂停数十分钟）或业务能力受到一定影响，否则即使设计层做得再好，也会导致用户对该产品丧失信任感。

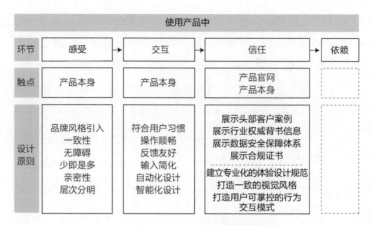

图 1-8　信任环节的触点与设计原则

依赖

《黄帝内经》把人的情感总结为喜、怒、忧、思、悲、恐、惊，俗称"七情"。"喜"是我们最期待出现的一种情感，它是快乐、愉悦之意，它会使人对让自己喜悦的对象产生依赖之情。依赖也属于唐纳德·诺曼的《情感化设计》中体验设计的反思层。虽然依赖与信任属于同一层次，但期望用户在使用 B 端产品时出现愉悦的情感，是较为困难的。原因在于，B 端产品的本质是帮助企业降本增效，而 B 端产品的使用者是企业员工，企业员工使用产品的目的非常明确——高效地完成工作任务，想让企业员工因此而产生愉悦的情感，这件事发生的概率比较低。当然，也不是没有可能，一旦用户在某款 B 端产品上体会到愉悦的情感，将会提升用户对该产品的黏性。

在我的一篇名为《尝试给你的 B 端任务设计一串心流》的文章中，我提到了使用钉钉写日志产生愉悦情感的例子。钉钉日志的富文本编辑功能让编写日志从一项很无聊且枯燥的例行任务，变成了一件有趣的事情。原因在于钉钉日志的富文本编辑功能非常丰富，包括更改字体、大小、颜色、背景，给有序和无序的列表添加各种类型的风格样式，在文本中插入有趣的表情元素，插入表格、链接、日期、流程图、脑图等各种高阶功能。每次编写日志，我都会在日志风格呈现上进行探索与调整，在把清晰又美观的日志发给领导后，心情就很愉悦。如果有人问我在工作中哪个时刻会产生愉悦感，我会毫不犹豫地回答在用钉钉写日志的时候。

可能你会问，B 端产品的业务逻辑复杂，没 4~5 个步骤、几个弹窗，根本搞不定，还怎么给用户提供愉悦的使用体验呢？我给出了两个可尝试的方法：一个是"小而美"；另一个是"挖历史"，如图 1-9 所示。

体验设计师在给 B 端产品打造让用户愉悦的情感体验时，可以试试"小而美"的设计原则。"小"是指从细节入手，可以是一个按钮、一个模块，或者是一个核心小场景。比如，语雀有很多功能，但着重打磨了文本编辑功能，让很多企业将之作为组织知识库。

再如，我曾经使用的一个项目管理系统，其对承诺发放版本做到了多处联动，免去了手工一个个修改的麻烦，使用者都为其"点赞"。切记不要一上来就试图塑造整个产品的愉悦体验，由于涉及的不可控因素较多，这通常比较困难且很有挑战。从"小美"到"大美"，做起来就会轻松得多。

"挖历史"是指，我们可以采用用户熟悉的文化 / 符号 / 对象，复制用户的行为习惯，将其嫁接到当下的设计方案中，触发用户的情感回忆。正如唐纳德·诺曼在《未来设计》中提到的："人与人之间的沟通遵循着各方传统和礼节，而且通常是下意识的。作为人类社交文化、社会关系的基本组成部分，这些沟通原则经过了几千年的演进。"2021 年，我的一位体验设计师朋友和我说，他们给某企业提供的新系统增加了原系统的护眼模式，用户很喜欢，感觉新系统不仅好用了，而且把原系统中好的方面保留了下来，带着一丝丝怀旧的感觉。

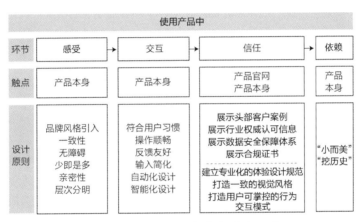

图 1-9　情感环节的触点与设计原则

1.2.4　使用产品后：回忆、增购 / 续费、推荐、期待

回忆、增购 / 续费、推荐、期待这四个环节属于用户体验旅程与触点地图的第三部分"使用产品后"。假如用户（如果决策者和使用者是同一人，增购 / 续费流程就简单；如果决策者和使用者不是同一人，在增购 / 续费时就会进行企业内部用户调研）在使用产品前和使用产品中对产品的整体感受很不错，那么就会自然地触发使用产品后的一系列环节。

用户回忆的出现，通常是由一些事件触发的。比如，在同事们讨论哪款项目管理软件让大家感觉不错时，或者在企业内部调研哪款项目管理软件可采购时，若用户能回忆起使用该产品时良好的体验，那么企业增购或续费的可能性就会大。一款 B 端产品越能解决企业痛点、越好用，其在业内形成良好口碑的概率就会越高，用户间互相推荐的可能性就会越大。并且业内会更期待其推出好用的、创新的功能，以及形成产品自身的生态，赋能行业数字化转型。我看到过这么一句话："大家愿意付费的，不一定是好产品；大家

17

愿意持续付费并推荐给他人的，才是好产品。"这句话说得不无道理。因此，我们在展开 B 端体验设计时，需要考虑持续付费与推荐。

钉钉就是一款让用户体验很好的产品，企业在使用钉钉后，大部分都会持续付费，并相互推荐。2021 年第四季度的统计数据显示，钉钉用户数破 5 亿个，组织数超 1900 万个，依托平台的"钉应用"数量超过 150 万个。钉钉以中小企业的信息化需求为切入点，打造智能化协同办公场景。其产品功能从 1.0 版本的在线沟通、免费通话、DING 到现在的移动考勤、日志、视频会议、在线文档、OKR 管理、项目协同等，只有你想不到的，没有在钉钉中找不到的。钉钉为了覆盖更多企业的个性化场景，构建了开放平台。钉钉提供丰富的开放能力和成熟的伙伴合作机制，助力合作伙伴在钉钉平台上构建全面的企业数字化办公体系，陪伴企业共同向数字化前进。钉钉从 2014 年的一款工具到现在的一个生态平台，作为企业数字化转型的赋能者，其蓬勃发展是钉钉产品团队对用户体验旅程与触点地图深度理解与执行的结果。用户在每一个环节都体验到愉悦，就会促使产品朝着更好的方向发展。

用户在回忆、增购 / 续费、推荐、期待的环节，不一定会接触到产品，但一定会在脑海中想到这款产品，想起它为什么好，以及好在哪里。所以，我们可以说，此时的产品已经深深地印在了用户的心里，用户早已对产品下了他感受到的定义。

1.2.5　实际场景中用户体验的复杂性

在用户体验旅程与触点地图中，我将产品使用者与采购者、决策者等角色合并到了同一个人身上，简化了企业从接触一款 B 端产品到购买、续费、推荐的决策流程。事实上，一家企业选择购买一款 B 端产品的决策流程，并不像前面描述的这么简单，真实情况会更加复杂，从而导致 To B 企业在用户体验规划上需要拆解得更细致。比如，筛选产品、对比产品、与销售顾问沟通、购买产品和增购 / 续费产品的均不是用户，而是客户（企业决策者与购买者），而且可能不同阶段的负责人并非同一个人。具体来说，在企业采购 HR 系统时，采购者是 IT 部门的员工，而决策者是 HR 总监，他们各自的需求和喜好是不同的。再加上组织内部人员变动，系统管理员也会更换，这就加大了 B 端产品设计、推广、续费的难度。

在企业采购系统后，我们会发现，使用系统的角色非常多。比如，一套 DevOps 系统的使用者就有研发工程师、产品经理、配置管理工程师、测试工程师、产品团队负责人等角色，他们对 DevOps 系统的使用需求与体验是不相同的，这就加大了产品经理分析需求的难度与体验设计师设计数字界面的难度。

从上述内容我们发现，B 端体验设计在真正运作起来的时候，需要面对的场景是非常复杂的。主要原因在于各个环节都有不同的人参与进来，同一个环节也会涉及不同的人。可以说，B 端体验设计是一种以人为本的全面体验策略，关注使用者（员工）、客户、设计者,以及有干系的其他人。我很喜欢《数字上的中国》一书提到的观点:"在某种意义上,并没有真正的 To B 企业,企业在本质上都是面向用户的。无论在何种领域,企业都需要具备用户能力。"

因此,B 端软件厂商在面对大型且复杂的企业采购决策链路时,需要对用户体验旅程与触点地图进行更加精细化的拆解,每一个环节都有哪些角色介入,他们的诉求是什么,都需要梳理清晰,并将之作为素材交给体验设计师,辅助体验设计师做出优质的设计。当然,体验设计师也要了解,进行 B 端体验设计是一个既可以大到关注用户旅程的每一个环节,也可以小到仅关注数字界面设计的过程。基于行业现状,大部分体验设计师的核心职责是打造数字界面的贴心体验。

在 1.2 节,我们围绕 B 端体验设计的全链路体验展开,涉及的 B 端用户是广义的 B 端用户。接下来,我们回到本书的核心主题,围绕狭义的 B 端体验设计展开:一是用户仅限于产品使用者(大众普遍认知);二是围绕数字界面设计进行深层次阐述,并且在没有特殊说明的情况下,均主要围绕 Web 形态的 B 端产品展开。

1.3　多样化的 B 端体验设计现状

企业数字化转型、人口代际变化等,都推动着 SaaS 阔步前进。

SaaS 目前强劲的发展势头,为 B 端体验设计发展提供了良好的环境。SaaS 厂商为了在竞争中胜出,逐渐重视用户体验。同时,企业员工越来越年轻化,而他们是在互联网环境中成长起来的数字原住民,对 B 端产品的体验要求会向 C 端靠拢,也促使 SaaS 厂商开始注重用户体验。

原来大部分的传统软件产品,是研发工程师通过使用第三方开源组件(如 Bootstrap)构建的,没有体验设计师的介入。随着市场竞争越来越激烈,以及 B 端用户对体验的要求越来越高,一些 To B 企业改变了原来的研发模式,通过招聘体验设计师,把设计环节纳入产品研发体系中,来提升产品的交互体验与视觉体验。

B 端体验设计的现状如何呢?我通过总结自己的经历,以及在面试过程中了解到的各家企业(包括大厂和创业公司)在体验设计方面的情况,咨询了一些在 To B 企业工作的体验设计师和产品经理,将 B 端体验设计的现状分成了三类,分别是"效率为王、功能优先""重视体验、精细打磨"和"混合模式、目标导向"。

1.3.1　效率为王、功能优先

B 端体验设计现状的第一类是"效率为王、功能优先"，指的是数字界面设计以功能大而全为主，倡导快速交付。在该类情况下，产品主要由产品经理和研发工程师主导，数字界面设计几乎没有体验设计师的介入，产品研发还处于较为原始的阶段。产品经理负责把控需求方向与定义功能边界；研发工程师采用第三方开源组件库快速研发数字界面。

那么，哪些 B 端产品会采用"效率为王、功能优先"的方式呢？我接触到的产品有三类：第一类是企业内部自用的系统，该类系统主要服务于企业内部员工，同时满足管理层的某些要求。因此，系统是否符合企业内部的业务流程和管理层的要求是被摆放在第一位的，而不是用户（员工）使用起来是否舒适。我记得曾经和一位负责企业内部项目管理系统的产品经理聊起关于用户体验方面的事情，他提到，在他负责项目管理系统期间，有很多用户体验需求不是因为不合理而被拒绝，而是因为不符合企业内部原有的业务流程而被拒绝，如研发流程、测试流程等。最后他说，体验设计在项目管理系统中没那么重要，其对项目管理系统来说是锦上添花的，而不是雪中送炭的。他邀请体验设计师介入，主要是因为用户专门提出了某个功能的操作体验确实不好，期望得到解决。在考虑产品需求时，其团队主要围绕这三点：第一，要符合企业内部规范的业务流程；第二，要满足管理层的相关诉求；第三，按时发版与上线，让业务方能快速使用新功能。在实现以上三大核心目标后，他才会考虑优化用户体验（员工体验），但每天的需求实在太多，进行体验设计遥遥无期。

第二类是采用第三方开源组件库但不对其样式做更改的中后台系统。目前市面上的第三方开源组件库很多，如 Element、Ant Design、Fusion Design、Arco Design、Semi Design 等。产品团队借助这些开源组件库，也可以快速构建相对可用的产品界面，由于无须体验设计师介入，研发效率提升了数倍。在 To B 行业中做得越久，我越加发现，其实在很多 B 端从业者眼中，B 端体验设计就是组件库的设计，有了组件库，数字界面的体验难题就都解决了。可事实并非如此。组件库只是 B 端体验设计的一部分，还有典型界面、交互范例、插图设计、设计原则等部分。在 Ant Design 5.0 发布会上，有一位体验设计师提到，即便大家都用了 Ant Design 的基础组件构建数字界面，成品也是五花八门的，不忍直视。最后大家惊叹："这真的是用 Ant Design 的基础组件构建出来的页面吗？"就好比我们准备对家里的某一面白墙进行美化，手中只有一些墙面贴纸，是远远不够打造一面好看又耐看的墙的，还需要其他"魔法"的加持。

最后一类是以海量数据为主的工具类系统，如知识图谱、数据开发平台。此类系统90% 以上的界面都是表格、表单，其注重用户使用产品时的效率、性能、功能完整性等，因此只要用户体验不太差，产品团队就不会在每次研发界面时都邀请体验设计师介入。其邀请体验设计师参与研发界面，通常是因为出现了个性化界面，如驾驶舱、复杂信息展示页等。

"效率为王、功能优先"是当下传统 To B 企业研发产品的主要方式。以产品生命周期为参考，这种方式要么被使用在产品全生命周期中，要么被使用在产品的引入期与成熟期。对商业化运作的 B 端产品来说，"效率为王、功能优先"不是好的体验设计方案。往好的方面说，传统 To B 企业在产品的用户体验提升上还有很大的潜力，未来体验设计师具有相当大的发挥空间。

1.3.2　重视体验、精细打磨

B 端体验设计现状的第二类是"重视体验、精细打磨"，指的是数字界面设计以用户为中心展开，始终将用户的需求放在首位，打造用户喜爱的数字界面。在该类情况下，产品中重要的数字界面设计几乎都会经过体验设计师之手，产品主要由产品经理和体验设计师主导。产品经理负责把控需求方向、定义功能边界、绘制可解释性原型图；体验设计师在充分了解用户需求的基础上，优化原型图、补充交互细节与完成视觉风格设计，最后将设计稿交付研发工程师。

"重视体验、精细打磨"通常发生在企业的重点产品中，这些产品会给企业带来源源不断的客户与现金流，从而提升企业在行业中的影响力与竞争力。因此，企业非常愿意在这些产品上投入更多的资源。

"重视体验、精细打磨"这类体验设计方式集中在产品生命周期的引入期和成长期，并且在成长期居多，这与产品成长期的特质有关系。在成长期，产品的用户量越来越大，用户会对产品提出较为明确的需求，包括功能类、体验类的需求。我接触过一些处于成长期的产品，其用户会提出诸多体验优化类的需求，故而我们会形成体验优化专项来设计。产品经理在此阶段也会非常在意用户体验，期望通过优化用户体验来促使产品获得更广阔的市场空间。体验设计师将会在此阶段贡献 80% 的优质用户体验设计方案。

"重视体验、精细打磨"不太可能出现在产品生命周期的全流程当中，产品生命周期的每个阶段都追求极致的用户体验，可行性比较小。对某些经验丰富的产品经理来说，他们会在产品引入期就让体验设计师介入，他们考虑到后期不一定有多余的研发资源专门被用来整改用户体验。因此，假如在产品引入期就能让体验设计师对产品核心环节的用户体验把关，那么后续体验优化就会相对简单，不至于被推翻重来。

我们有一款运维监控系统，其主要为业务方提供硬件、网络、服务器、数据库、IT资源的统一监控与告警，帮助运维人员及时了解业务系统的运行状态，以及及时发现与定位故障问题。运维监控系统 1.0 版本诞生于 2009 年左右，在 2016 年前后，我们决定对其进行一次迭代，包括技术架构与用户体验。基于产品本身的现状，产品经理在引入期就非常重视用户体验，期望 2.0 版本能给用户带去体验上的升级。很荣幸，提升用户体验的任务被安排给了我。作为主设计师，我首先与产品经理对运维监控系统 1.0 版本的体验问题与 2.0 版本的体验期望进行了沟通。其次，我对运维监控系统 1.0 版本进行了深入了解与分析，同时采访了一些核心用户，收集关于体验方面的需求。最后，我从用户需求视角，围绕全局色彩、组件库、页面模板、图标库、交互范例等维度对运维监控系统 2.0 版本梳理体验设计方案并推动落地。在运维监控系统 2.0 版本投入使用后，我们采用不定期用户访谈的方式进行体验需求收集，并配合产品当下的目标诉求，滚动式展开数字界面体验设计。

"重视体验、精细打磨"是重视用户体验的 SaaS 企业研发产品的主要方式。不过，虽说 SaaS 目前有着强劲的发展势头，为 B 端体验设计发展提供了良好的环境，但要让每个产品团队都在体验设计上投入很多时间和精力，还相对比较困难。一方面是因为，互联网产品界向来认为，慢一秒就会被竞争对手抢先一步，慢就有被淘汰的风险；另一方面是因为，B 端体验设计被认可的程度还远远未达到 C 端体验设计被认可的程度，B 端从业者的思路尚待打开。

不过，从我的亲身经历与行业发展来看，B 端体验设计已经有了良好的发展趋势。我的一个体验设计师朋友告诉我，在他所在的创业公司中，领导很重视体验设计，产品的核心界面均需要体验设计师把关之后才可开始研发。

1.3.3 混合模式、目标导向

B 端体验设计现状的第三类是"混合模式、目标导向"，这可以说是敏捷研发和敏捷设计下的产物。产品团队依据产品现状，可动态调整体验设计师介入的时间与范围。因此，"混合模式、目标导向"通常发生在产品生命周期的全流程。产品经理通过分析用户对需求的重视程度和需求本身的难易程度，分析产品现有页面的完备程度，衡量交付时间的紧张程度等，确定是否需要体验设计师介入。假如本次需求属于体验范畴，并且项目交付周期相对宽裕，那么此时就是体验设计师发挥专业技能的时候了。

"混合模式、目标导向"是传统 To B 企业与 SaaS 企业均会采用的产品研发方式。该方式的优点在于灵活，既保证了项目交付时间，又在一定程度上保证了用户体验，是可实操性较强的 B 端体验设计方式。唯一考验产品团队的是，判断何时需要体验设计师深度介入，避免出现在应该让体验设计师介入的时候，体验设计师缺席，而在无须让体验设计师介入的时候，又因过度设计不仅导致研发侧无法实现设计方案，而且影响了项目交付进度。假如产品团队想较好地使用"混合模式、目标导向"的体验设计方式，可以考虑将敏捷设计引入研发流程，具体如下。

建立敏捷设计机制，达成敏捷设计共识。产品团队首先应确定研发迭代周期（一周、两周或一个月），其次在需要引入体验设计的迭代中，采取以用户为中心，输出刚好满足用户需求的体验设计方案。针对有体验设计的需求，我们可以在"确立迭代计划"环节对这部分内容进行团队商讨，达成一致。一旦体验设计师在约定时间内完成符合要求的设计，就进入了设计评审环节。在此环节，务必要让研发工程师一同参与评审，避免后期在研发实现环节出现设计方案被打回的情况（要求更改设计稿），这会打乱整个迭代节奏。通过引入敏捷设计，我们可以在一定程度上解决"混合模式、目标导向"下的偏离目标进行体验设计的问题。

"混合模式、目标导向"是一种既包容了"效率为王、功能优先"，又包容了"重视体验、精细打磨"的 B 端体验设计方式。它以用户为中心，但又根据产品实际情况进行调整，非常符合当前 B 端产品既注重交付效率、又期望提升用户体验的现状。

1.4　企业级 B 端体验设计之旅从这里开始

从多样化的 B 端体验设计现状中我们可以发现，"混合模式、目标导向"是最具有实操性的一种方式。在 1.3.3 节中，我建议产品团队在采用"混合模式、目标导向"方式时，引入敏捷设计来解决偏离目标进行体验设计的问题，但仅仅使用敏捷设计，是远远不能将数字界面设计好的。我们还需要另外一个武器——企业级 B 端体验设计，作为产品团队在实施敏捷设计时的指导性原则。如果我们仅仅针对迭代中的每个用户需求展开碎片化的体验设计，那么就会只见树木、不见森林，丧失了全局视角。

企业级 B 端体验设计是一个系统化工程，它可以解决体验设计的全局视角问题。特别对拥有数款产品的 To B 企业来说，只针对单款产品进行体验设计，会出现 3 个较为严重的问题：消耗研发资源、用户体验不统一，以及优质体验设计不可持续。而将企业级 B 端体验设计作为总指导方针，不但可以解决这些问题，还可以达成其他目标。

那么如何破局呢？我在构建企业级 B 端体验设计能力的这些年里，一边实践，一边思考。我认为，构建面向业务特质的企业级 B 端体验设计，对拥有庞大且复杂产品簇的 To B 企业来说是可尝试的方法。而对拥有为数不多的产品的 To B 企业来说，假如还没有启动企业级 B 端体验设计，可以先了解企业级 B 端体验设计的相关能力，将其作为未来的规划。

未来，企业级 B 端体验设计是任何一家 To B 企业的标配（也许到时候各企业对其称呼不同），构建面向业务特质的企业级 B 端体验设计是体现企业专业性的一方面，不仅可以提升用户体验的满意度，还可以正面强化企业的品牌形象，提升市场竞争力。

1.4.1　绘制一幅动态发展的能力地图

感谢 Ant Design 在前方指引，带我入门。大约从 2017 年开始，我逐渐了解了关于企业级 B 端体验设计的内容。后来我接到一个设计任务，开启了简单实践。具体情况是：业务需求方希望我们提供一套企业级的 Sketch 组件库，这套组件库要与当时线上实现的研发组件库一模一样。我觉得这个任务很不错，终于可以自己做一套给企业内设计者用的组件库了。当然，那时我的认知只停留在企业级 B 端体验设计就等于一套组件库的阶段。由于当时我手中的设计任务还有很多，因此，我在将组件库做完并交给业务需求方后，对这块的深入研究就基本停滞了。直到后来正式主导企业级 B 端体验设计能力的构建与推广，以及相应工具的探索与落地，我才有了深刻的认知。

在主导企业级 B 端体验设计能力构建与推广的过程中，我遇到了非常多的挫折，有各个业务需求方的不配合，有研发团队的质疑，有在遇到困难时对自己能力的怀疑，等等。不过，正是这些挫折促使我不断思考到底业务需求方要的是什么，到底用户是怎么看待 B 端体验的，到底企业级 B 端体验设计是什么，以及到底要怎么做才能使其落地。一系列关于这样或者那样的问题，时常出现在我的脑海中。

每当我有一些思路的时候，我就会画下来，把企业级 B 端体验设计能力地图逐渐补充完整（我认为这就像一幅地图，指引我前进），再借助一些机会，将其运用到实践中打磨和验证，尽力让自己的思考经得起实践的检验。

在思考与实践的过程中，我意识到："对的事情不一定可实施，而可实施的事情不一定对。"企业级 B 端体验设计涉及的能力项太多，不一定每一项都可以被完美地实施下去，而正在被实施的未必符合要求，这就需要我们在实际操作中去权衡、取舍、调整。

我将企业级 B 端体验设计能力地图分为上、中、下三层，由下至上分别是底层思维、企业级 B 端体验设计团队、企业级 B 端数字界面构建机制（包括企业级 B 端体验设计冰山模型和企业级 B 端设计体系两部分），如图 1-10 所示。

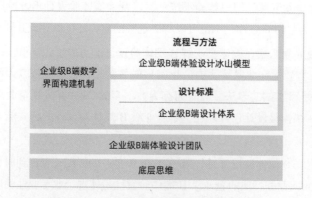

图 1-10　企业级 B 端体验设计能力地图

下层：底层思维

要逐层构建符合业务需要的企业级 B 端体验设计能力，必须具备相对宽广的视野和思维。团队每一位成员不仅要具备设计方面的专业能力，还要具备用户思维、创新思维、系统思维等底层思维，这样才可以将企业级 B 端体验设计能力从小苗浇灌为参天大树，最终为业务发展保驾护航。

中层：企业级 B 端体验设计团队

企业级 B 端体验设计团队作为构建企业级 B 端体验设计能力的核心团队，具有不可替代的作用。团队中的每一位成员不仅是构建能力的人，还是使用能力的人，这对他们的专业能力提出了更高的要求。他们应会运用宏观视角与微观视角，来看待产生的问题。

团队成员需要构建能力项、推广设计标准、处理疑难问题、组织评审会议、对接研发团队等。试想一下，假如没有他们，这些都该如何有序展开？所以，假如你的企业准备构建企业级 B 端体验设计能力了，那么你可以思考在什么时候组建企业级 B 端体验设计团队。团队人数可以多，也可以少，这是由你的企业的现状决定的，但是这个团队最好要有。

上层：企业级 B 端数字界面构建机制

企业级 B 端数字界面构建机制包含企业级 B 端体验设计冰山模型与企业级 B 端设计体系两部分。前一部分是对数字界面构建的流程与方法的约定，后一部分是对构建数字界面时所需的相关设计要素的约定，包括基础板块和生态板块。两大部分互为补充，共同组成企业级 B 端数字界面构建的方式方法。《亚马逊逆向工作法》提到："只有良好的意愿没用，建立机制才有用。没有哪家公司依靠'我们必须加倍努力''下次要记住……'等良好的意愿就能改进流程、解决问题或修正错误。其原因在于，问题不是因为缺乏良好的意愿而产生的。"可见，机制在组织中有多么重要。企业级 B 端数字界面构建机制，对于保障不同产品团队在数字界面的设计中，采用相对标准的方法与输出相对一致的用户体验，非常有帮助。

企业级 B 端体验设计能力地图并不是静态的，而是随着业务的发展动态变化的。比如，中层的企业级 B 端体验设计团队并不是一开始就要建立的，一开始它在地图上可能并没有，而是随着时间的推移，企业发现需要一个专门的团队来对企业级 B 端体验设计相关要素进行深度构建和运营而组建的。《硅谷增长黑客实战笔记》中提到关于建立增长团队的做法，这与组建企业级 B 端体验设计团队的思路相似："在做出设置增长团队的决定之前，公司首先应该通过观察留存率的方式，检查产品是否与市场契合。如果没有，不要急着设置增长团队，要先把产品做好。"

关于每一层的具体细节，我将会在第 2 章到第 6 章进行全面且细致的阐述。

1.4.2　旅程从哪里开始

假如你所在的企业已经准备好要构建企业级 B 端体验设计能力了，或者你准备尝试这件事情，应该从哪个环节着手呢？我问了一些 B 端体验设计师，他们的回答各不相同。

有些体验设计师说，从组建一个专业的企业级 B 端体验设计团队开始，毕竟有团队才能启动，才有人做事；

有些体验设计师说，从构建一套基础组件库开始，先让业务部的产品团队用起来；

有些体验设计师说，从给出一套设计原则开始，有原则才能衍生一系列具象化的设计资产。

以上说得都很有道理。根据我的经验，从哪个环节开始，与企业的战略、产品在市场上的现状、技术研发团队的资源与能力状况、客户需求紧急程度、企业目前的体验设计能力等都有关系，很难说从哪个环节切入就一定是对的。

Ant Design

Ant Design 作为国内首屈一指的企业级 B 端设计体系，服务阿里内外部的几千个产品，其发展有自己的特色路径。在 2014 年年底，Ant Design 的 4 位设计师聚集在一起，立志要打造最优秀的设计团队。2015 年年初，随着移动业务的飞速发展，中后台产品的需求与日俱增，只通过招人无法解决如此大量的业务需求，而建立统一的界面 UI 与前端框架，就可以提升生产力。于是，在 2015 年 4 月，玉伯与它山两位创始人准备构建 Ant Design。从公开资料我们可以发现，Ant Design 从 0 到 1 的发展路径大致是：绘制网站信息架构、确定组件视觉风格、设计组件交互规范、撰写组件文档、项目试点与落地、简化页面布局设计规则、推广与培训。之后的从 1 到 9 相信你再熟悉不过了，包括 Ant Design 经典四大设计价值观、AntV 数据可视化解决方案、Kitchen 资产工具、HiTu 插画资产等，它们都是在基础规范稳定后，跟随业务的需求逐步演化出来的。Ant Design 体验设计团队的日益壮大，Ant Design 从 B 端 UI 组件库发展到设计语言，最后发展到企业级设计体系，均是这样的。

Xconsole

Xconsole 是阿里云体验设计团队为云计算管控类产品打造的企业级设计解决方案，其内部细分为公共云 console、数据智能 console、企业服务 console、GTS console、IoT console 和混合云 console。阿里云向全球 200 多个国家和地区的企业、开发者和政府机构提供云计算产品和服务，并且很多用户是跨产品用户，同一天就会接触数百个不同的操作界面。因此，如何保证产出体验优质的 B 端标准化云计算管控类产品就被提上了议程。阿里云体验设计团队表示："设计规范是打造设计解决方案的基石。"因此，Xconsole 的发展路径大致是：制定设计规范（如色彩、字体、图标、栅格、组件等）、构建框架结构（如顶部导航、左侧导航、内容区面包屑与标题）、梳理通用类最佳实践（如错误提示信息设计指南）与业务类最佳实践（如域名配置指南）、发布界面设计指南与一致性度量标准等。

我的思考

在简单了解了 Ant Design 与 Xconsole 的发展路径后，你应该对如何开始第一步有了自己的一些想法。接下来，我将简单与你分享我的思考。

我在正式接手构建企业级 B 端体验设计能力这项任务后，面临着和 Ant Design 与 Xconsole 一样的困境：产品庞大且复杂，用户体验一致性不佳，重复设计与开发导致资源严重浪费，设计质量参差不齐，设计师与研发工程师协作耗时费力。同时，我还面临着企业自身的特殊性，包括跨部门产品集成体验一致性如何达成、业务个性化体验如何处理等问题。这些问题的解决办法，我会在后续的章节与你分享。这促使我不得不去思考一个问题：如何改善现状，让一切向着更好的方向发展。

许多人认为，只要构建一套设计规范就可以解决当前问题。实际上，在推进中我发现，就算有了设计规范，部分产品团队依然不愿意遵守，部分设计师依然会进行创新，部分研发工程师依然不会遵循其来开发产品。最终，我们的理想在现实中不堪一击。一套设计规范或许可以解决单个产品的问题，但无法解决企业级产品簇的问题，目标对象过于复杂而导致原来的设想不起作用了。

那要怎么办呢？我决定将设计规范升级，它或许是和 Ant Design 一样的企业级设计体系，或许是和 Xconsole 一样的企业级设计解决方案。它叫什么并不重要，重要的是，它到底是什么、包含哪些要素、这些要素能产生什么价值，以及它们能否解决以上那些痛点。

正当我一筹莫展时，阿里巴巴 Fusion Design 官网上的一段话给了我很大的启发："体验工程的构建已经远远超过一套设计规范或一套组件库，其需要一套完整的系统来支撑。一套体验工程化的设计系统会随着业务的生长而生长，用产品化的视角对待它，才能走得更远。并且需要将设计师和工程师的工作流通过平台、工具的方式沉淀、保障，规避协作过程中不必要的低效劳动。"如上所述，系统化、生长性、协作性、工具化才是出路。

于是，我的脑海里逐渐呈现了要如何去构建企业级 B 端体验设计能力，我想从构建设计规范的全局视觉、基础组件开始，逐渐扩充到典型界面、图形化资产、导航框架、工具集等，全方位赋能数字界面。现在，一部分能力已经走上了正轨，正在有条不紊地展开；一部分能力正在探索和调整，找到各自适合的方式。本书中提到的内容会比实际的范畴更大，是我对企业级 B 端体验设计能力长期思考的产物。

事实上，构建企业级 B 端体验设计能力到底要从哪个点开始，并无明确的要求。你可以根据自己所在组织的实际情况来决定，使之有效地为实际场景服务。

第 2 章

企业级 B 端体验设计
冰山模型

企业级 B 端体验设计冰山模型描述了构建 B 端数字界面的通用流程与方法，通过站在企业级视角来统一指导和规范数字界面的设计与表达，避免各个团队因不清楚数字界面设计的流程与方法而导致协作环节出现问题。

这套模型既可以用在从 0 到 1 构建产品的时候（更适合用在该阶段），也可以用在产品迭代优化的过程中（该阶段适合选取合适的部分来指导实践）。产品团队与体验设计团队并非在任何情况下都要一成不变地遵守该模型，应该在此基础上针对业务特点、当下数字界面的设计趋势，以及用户需求进行创新和突破，沉淀出适合自身业务的体验设计冰山模型。

企业级 B 端体验设计冰山模型由冰山下的框架模型、冰山上的原型模型和视觉模型，以及支撑上述模型构建与可持续迭代的五大要素构成，如图 2-1 所示。我们在关注数字界面表层的交互与风格时，也要关注冰山下"看不见"的部分，这样才可以跨越式提升数字界面的用户体验。

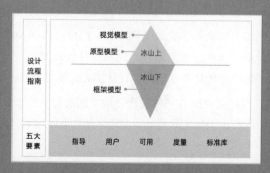

图 2-1　企业级 B 端体验设计冰山模型

2.1　重新思考为组织与用户构建模型

　　每个企业都会构筑自身的研发流程，涉及需求接受、需求分析、概貌设计、详细设计、研发、测试、集成、发布等环节。详细设计环节包含了架构师侧的技术白皮书编写、测试工程师侧的用例设计等部分。但 B 端体验设计具体要如何一步步展开，才会更符合业务与用户的需求，大部分企业很少提及。企业级 B 端体验设计冰山模型就是来解决这个问题的。

　　该模型不仅仅是体验设计师在数字界面设计上的指南，更为组织内的每一位成员提供了具有共识性的体验设计方法论，从而保证用户可以享受优质的产品体验。因此，企业级 B 端体验设计冰山模型是为了组织和用户而诞生的。

2.1.1　为组织提供具有共识性的体验策略

　　对于如何展开 B 端数字界面体验设计，不仅组织内的产品经理、研发工程师、测试工程师等角色各抱想法，而且体验设计团队内部的态度也不尽相同。例如，有些产品经理认为，体验设计师无须过多了解用户是怎么想的，按照其输出的需求直接进行设计就可以。有些研发工程师认为，界面用组件拼装一下就可以，无须体验设计师介入。刚入职的体验设计师由于经验不足，很容易拿到需求就开始画图，导致改稿数遍。

　　那么，如何做才能让组织内的成员对数字界面的体验设计达成共识呢？企业级 B 端体验设计冰山模型从企业角度给出建议，为组织约定通用场景下的体验设计流程与方法，并将之作为组织内展开数字界面体验设计的依据与参考。

体验设计师的共识

　　基于企业级 B 端体验设计冰山模型，体验设计团队的每一位设计师不再按照自己的认知来对待设计任务，而是尽可能地遵循一致的设计流程展开需求对接、分析与设计，让设计过程与结果不再经验化和碎片化，而是有理、有据、有方法。企业级 B 端体验设计冰山模型不仅提升了每位体验设计师的设计能力，缩小了设计结果之间的差距，也为产品团队提供了专业的设计支持。最重要的是，它让数字界面的用户体验朝着越来越好的方向发展，更具一致性与专业化。

组织内共识

　　基于企业级 B 端体验设计冰山模型，产品团队的每一位成员不再坚持自身对体验设计的固有认知，而是为了交付让用户满意的数字界面配合体验设计师一起完成相应的工作。

　　我们服务过的一个产品团队，非常认可体验设计侧用户研究的重要性。该团队中的产品经理主动协助我们了解用户，展开问卷调研与用户访谈。他们还给予我们所需的相关业务材料并提供有效的建议，站在用户体验的角度与我们一起思考设计方案。

　　一旦组织内形成对数字界面体验设计流程的共识，数字界面用户体验的提升就会更顺畅，阻碍就会更少。

2.1.2　为用户提供优质舒适的体验

　　好的产品体验需要可靠的流程来保障，我们谁也无法做到在随意的流程中产出优质的东西，用户体验也一样。为什么好的流程与设计方法能为用户体验保驾护航？

　　情况一：子系统的体验设计师之间不互通。我接触过一些集成型产品，其子系统由不同的产品团队研发，每个团队又有自己的体验设计师，体验设计师之间互不认识，各自做各自的设计，没有交集，结果导致子系统的体验各不相同。在没有统一的体验设计流程与规范的指导下，重复设计与研发产品中相似的组件与界面，不仅没有必要，而且对用户体验的损伤很大，进而导致用户满意度下降。

　　以下是某产品不同子系统中两个功能一致的分组选择器，但两者的样式略有差异，如图 2-2 所示。如图 2-3 所示，子系统不同界面上"返回"按钮的位置与样式均不同，前者"返回"按钮在界面的左上角，后者"返回"按钮在界面的右下角，用户反馈产品不仅难用，而且不专业。

　　情况二：新手体验设计师不了解设计规范。我还遇到过一些情况，体验设计师是一位新手，对设计规范不了解，也不知道该如何使用设计规范，于是按照自己的经验设计了一些组件、页面布局，没有采用已有的成熟的设计模式，导致用户反馈体验不好。

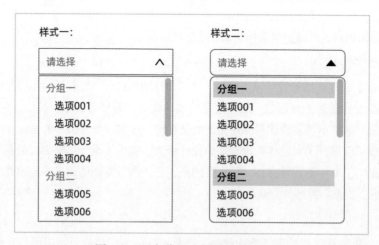

图 2-2　两个分组选择器的样式不同

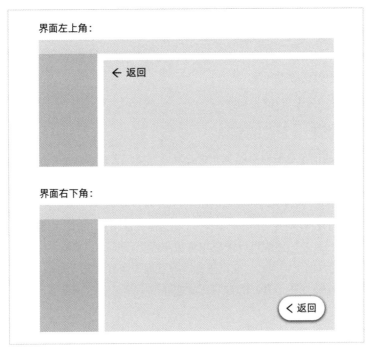

界面左上角：

← 返回

界面右下角：

图 2-3　同产品不同界面上的"返回"按钮的位置不同、样式不同

　　有一次，我在对一位新手体验设计师的设计稿进行评审时，发现他把树控件导航放在了界面右侧，而根据该系统的产品设计规范，树控件导航应在界面左侧。于是我问他为什么要这么设计，他说这样子比较好看，打破了原有呆板的界面布局。其实这样设计是设计 B 端界面的大忌：一方面，显得产品不专业，使不同页面中同一个功能的设计无规律可循；另一方面，增加了用户学习成本。

　　由上可知，我们需要企业级 B 端体验设计冰山模型，因为其将 B 端体验设计的每一步可以怎么做，以及使用哪些方法可以做好等都整理了出来，以指导团队中每一位体验设计师去使用，最终为用户带去优质的产品体验。

2.2　框架模型——厘清底层逻辑

　　在通常情况下，体验设计师在接到产品界面设计任务时，会迅速展开设计，这在某些情况下（如设计需求点清晰、设计改动不大）问题也不大。但如果我们期望设计方案能更满足用户的需求，或者我们接到的设计任务是一个大需求（如核心流程大改版），并且期望在设计执行、设计评审、设计复盘环节能更好把控局面，我们就需要追溯，梳理支撑我们进行数字界面设计的宏观性资料，通过掌握更多信息来建立对产品的全局认知，这样才能在设计中做到游刃有余。

"纵观全局者，为王"，便是如此。

2.2.1 产品战略，一切的基础

产品战略是基于企业使命与愿景、企业发展战略、企业级产品线战略制定出来的产品长期、中期、短期的战略规划。正如《产品战略规划》所说："产品战略规划是确定'做正确的事'，是将公司战略落实到产品战略上的具体体现。"

产品战略是企业管理者与产品经理，以及其他关键角色共同商议制定出来的，与体验设计师不直接相关。但体验设计师要想将数字界面设计好，不能不知产品战略，它就像一盏明灯，指引我们正确向前。北京华鑫智业管理咨询有限公司创始人张甲华曾说："战略规划就像一幅作战地图，有好的方向，才能夺取一个又一个的堡垒，直至赢得最后的胜利。"

精益画布

精益画布在《精益创业实战》一书中被提出，其是记录产品战略的一种模型，由 9 部分组成，如图 2-4 所示。

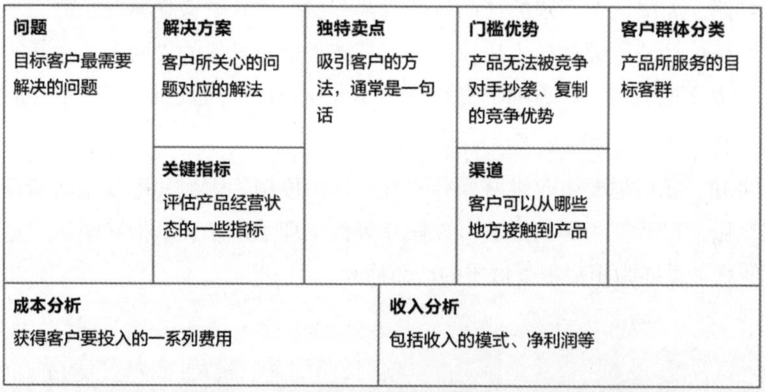

问题 目标客户最需要解决的问题	解决方案 客户所关心的问题对应的解法	独特卖点 吸引客户的方法，通常是一句话	门槛优势 产品无法被竞争对手抄袭、复制的竞争优势	客户群体分类 产品所服务的目标客群
	关键指标 评估产品经营状态的一些指标		渠道 客户可以从哪些地方接触到产品	
成本分析 获得客户要投入的一系列费用		收入分析 包括收入的模式、净利润等		

图 2-4 精益画布

虽然精益画布属于一个商业模式的验证工具，但体验设计师可以借用它的优势，来梳理产品战略蓝图，从而全面认知产品，辅助设计决策。精益画布中的问题、客户群体分类、解决方案、独特卖点、门槛优势、关键指标、渠道这 7 部分要尽可能获取到，而成本分析和收入分析与界面设计的相关性不大，可以暂放一边。下面我将对精益画布中除成本分析和收入分析之外的其他 7 部分进行简单讲解。

（1）问题。

定义：问题是指目标客户最需要解决的问题，数量通常控制在 3 个以内。

指导意义：明确产品要解决的客户问题，有助于我们在设计决策中始终围绕客户最关注的核心模块展开设计。比如，对体验设计师来说，界面上两个元素之间的距离是 1px 还是 3px 是有明显差别的，但对客户来说，现阶段最急需解决的问题并非界面视觉问题，我们可以暂时搁置。

（2）客户群体分类。

定义：客户群体分类是指产品所服务的目标客群。若目标客群不唯一，可提取核心的 1~3 类。

指导意义：这里的客户群体分类是目标客群分类，而不是目标用户分类，原因在于 B 端产品只有先满足目标客群的业务需求，才会有之后的用户体验提升之谈。比如，某 B 端产品的目标客群为银行，客群性质可以为定义产品的界面风格做参考，那么提供给银行类客户的界面的风格应以红色、橙色等暖色为主。

（3）解决方案。

定义：解决方案是指客户所关心的问题对应的解法，其必须与客户问题匹配。

指导意义：体验设计师需要了解解决方案是如何解决客户问题的，并运用专业的设计能力，将解决方案呈现在原型图乃至视觉设计稿中。很多刚入职场的体验设计师，每拿到一个任务，都会尽心尽力去设计。这很好，但这也会带来一个问题——设计精力会分散。因此，我们需要主动出击，梳理产品中最核心的几个解决方案，重点将这些核心解决方案的用户体验打磨好。

（4）独特卖点。

定义：独特卖点是指吸引客户的方法，其通常用一句话来告诉客户为什么该产品值得购买，以及该产品在什么地方与众不同。

指导意义：独特卖点是我们挖掘产品界面视觉风格的核心要素，通过独特卖点，可以提炼出界面设计的关键词，从而指导设计。比如，假若一款 B 端产品的独特卖点是性能出色，那么我们可以提炼出"极速、专业"这样的关键词，随后就可以围绕其进行界面风格打造了。

（5）门槛优势。

定义：门槛优势类似于产品的"护城河"，是指产品的竞争力，具体指产品无法被竞争对手抄袭、复制的竞争优势。贾森·科恩曾说过："真正的门槛优势必须是无法轻易被复制或者购买的。"

指导意义：知道产品的门槛优势对体验设计师有什么用呢？假若产品经理告诉你产

品优势是算法推荐，那么要如何有效地展现算法推荐的内容，就是体验设计师需要思考的了。

（6）关键指标。

定义：关键指标是指评估产品经营状态的一些指标，如激活率、留存率、复购率等。通过分析这些指标，不仅可以看到产品当前的发展状况，还可以做出下一步的决策。

指导意义：关键指标通常会以 KPI 的形式出现，因此体验设计师要分析在 KPI 背后可以做什么，并将之拆解成一个个设计方案。产品的关键指标是客户满意度，体验设计师需要分析设计侧做什么会影响客户满意度。比如，在界面某处放置客服联系电话，让核心交互流程尽可能简短。

（7）渠道。

定义：渠道是指客户可以从哪些地方接触到产品。

指导意义：以 A 公司为例，A 公司的产品主要是由销售人员进行线下售卖与推广的，但线下售卖的成本太高，因此公司启动了线上获客模式，准备重点打造产品官网，统一运营。此时，客户接触产品的渠道多了一个，也就是产品官网。这样，A 公司的体验设计师就需要思考设计侧如何协助产品经理梳理产品内容，并通过对内容进行合理设计来提升客户下单率。

以上 7 部分能从宏观层面打开我们的思路，指导我们更游刃有余地进行数字界面设计。

表 2-1 所示为采用精益画布指导界面设计的模板。将收集到的信息记录下来，方便我们在进行设计决策时随时参考。

表 2-1　采用精益画布指导界面设计的模板

编号	模块	描述	界面设计指导方向
1	问题	描述客户要解决的核心问题	盘点设计可发力的方面
2	客户群体分类	描述客群具体分类	盘点设计可发力的方面
3	解决方案	描述解决客户问题的核心解决方案	盘点设计可发力的方面
4	独特卖点	描述产品的独特卖点	盘点设计可发力的方面
5	门槛优势	描述产品的"护城河"	盘点设计可发力的方面
6	关键指标	描述产品的关键指标	盘点设计可发力的方面
7	渠道	描述当前的获客渠道	盘点设计可发力的方面

企业画像

企业画像也可以被称为企业客户画像、客户画像，是指用标签描述具有相似性质的一类企业，将典型企业信息标签化的过程。《金融产品方法论》描述："企业画像是描述目标企业的基本信息、经营范围、经营数据、资产负债、发展情况、战略目标等维度的模型。"

精益画布中的客户群体分类虽已对产品目标客户进行了抽取，但还不够精细化，我们需要引入企业画像将该部分扩充和完善。

企业画像最终是为使用者服务的，因此使用者不同，其对企业画像的要求也不同。我之前与一些不同岗位上的同事讨论过他们希望看到企业画像中的哪些信息。销售人员期望看到企业画像中的人员规模、营业收入等信息，这对销售人员接待客户有利。研发工程师期望看到企业画像中关于软件资产的情况，这对研发工程师优化系统有利。体验设计师说可赋能他们展开体验设计策略的企业画像才有用，无须收集企业的净利润比、负债总额、融资情况、专利数等信息。

假如产品经理告诉你，产品目前无实际客户，那么你需要通过一些方法与产品经理一起圈定产品的核心目标客群，从而绘制企业画像；假如产品目前只有一家客户，那么你就可以基于这家客户进行梳理。同时，企业画像信息收集是一个持续的过程，随着使用产品的客户数的增加，我们可以丰富企业画像，或者进行分类。

梳理企业画像的前提是我们能拿到一些目标企业的基本信息，我们可以通过量子魔镜、天眼查、企查查、启信宝等网站获取目标企业的基本信息。对于已上市的企业，我们可以查阅公开渠道的年报，提取关键信息。表 2-2 所示是我整理的企业画像维度统计表，你可以根据自身产品的情况进行调整。梳理企业画像虽然并不会直接推动我们做出体验设计决策，但会让我们在实际设计中做到心中有数，不偏离目标。

表 2-2　企业画像维度统计表

一级维度	二级维度	描述
行业属性	所属行业	描述目标客户属于什么行业
	行业趋势	描述目标客户所在行业的现状与未来发展的可能性
企业属性	典型企业	举例说明目标客户所在的典型企业
	人员规模	描述平均人员数量
	年营业额	描述平均年度营业额
	消费特征	描述技术投入度等如何
	核心关注点	涉及期望产品达到的目标与价值
	经营范围	描述目标客户的主营业务（选取与我们产品相关的业务）
	业务特征	描述这些业务的具体情况，以及业务解决哪些问题
	生命周期	目标客户处于什么阶段（如发展期、成长期、平稳期、衰退期）
外采产品（选填）	同类产品	描述目标客户是否采购过与我们的产品类似的产品
	AAA 产品	若有机会可以收集下目标客户都采购过哪些产品，分析目标
	BBB 产品	客户在数字化转型上的投入偏好

"外采产品"是一个选填维度，因为其涉及的数据非常难获取，通常只有驻场的研发工程师、销售人员才会知道一些。如果我们能了解目标客户外采产品的历史情况，就能知道这类企业在采购 IT 系统时大约是什么思路，而这可以帮助我们建立产品设计思路与

把控产品设计方向。根据我自己的经历，当我发现某公司对外采系统的用户体验要求比较高时（如会涉及自有产品设计规范、一体化诉求），就会在这方面提前考虑到界面设计应对之策。

产品定位

定位之父杰克·特劳特曾说："定位就是如何让你在潜在客户的心智中与众不同。"也就是说，我们需要给产品一个定位，让其在用户心中与众不同。产品定位需要整个团队一起来思考，其在一定程度上会影响产品的形态。产品定位常常以定位口号的形式率先开始。我们需要及时调研市场中的空缺位，给产品想一个响亮的、令人印象深刻的口号。我们来看钉钉的定位口号，以及相应的设计策略。

最初，钉钉的定位口号是"钉钉，是一个工作方式"，由此，钉钉率先发力移动端，设计资源与设计策略都优先服务移动端。2022 年 3 月 22 日，钉钉召开主题为"科技向实·万物生长"的发布会，产品定位口号进化为"钉钉，让进步发生"。伴随着此次钉钉定位的升级，品牌 Logo 也发生了变化，官方表示，新 Logo 保留了原有的"翅膀"轮廓，但调整了整体视觉的重心。新 Logo 的视觉重心在"翅膀"上，其不仅高高上扬，而且羽毛更加圆润，呼应了钉钉开放的价值主张：在数字化经济时代下赋能企业的使命与愿景。

可见，产品定位会极大地影响我们在产品设计上的侧重点与决策。不要忽略产品定位，其是团队展开一切活动的基础，设计决策也围绕其展开。

短中长期规划

体验设计师如果能了解产品的短中长期规划，在展开设计决策的时候就会更有信心。那么产品的短中长期规划通常如何定义呢？短期规划通常是指当年规划，中期规划则为未来 3~5 年的规划，长期规划是指未来 5~10 年的规划。对体验设计师来说，了解短期规划是必须的，中长期规划可以有选择性地了解。

我以往负责一个 B 端产品，由于我没有与产品经理明确本年度的产品规划，导致做了很多事情，但都没有发挥应有的作用。此 B 端产品在当年 6 月需要准时上线客户侧，那时候界面交互、视觉，以及很多功能均存在问题，我负责的是优化界面交互和视觉部分。我想终于有机会好好优化产品界面了，于是我将基础视觉样式、组件、页面模板在现有基础上进行了优化。完成后，我让产品经理及前端负责人评审，没想到他们当场就告诉我应先把功能搞定（6 月前产品的规划是功能层面优先满足客户需求），界面视觉等部分有时间了再优化，不是当前重点。这个案例让我知道，不了解产品规划，你的努力很有可能白费，我们需要先观全局再进行设计规划。

假如你可以获取产品的短中长期规划，那是最好的，有利于你提前进行设计规划，让你的设计更有据可依，更有前瞻性，而不至于每一次都是仅针对当下任务匆忙展开设计。

若你无法获取产品的中长期规划，那么能获取产品的短期规划也是好的，一般产品的短期规划会在产品团队的 KPI 中有所反映，我们可以据此获得。

2.2.2 业务需求，设计的源头

"业务"一词在软件研发领域频频出现，可以说是核心词汇。"业务"通常和"需求"关联在一起。《软件方法：业务建模和需求（上册）》提到："需求——描述了为了解决组织的问题，系统必须具有的表现——功能和性能。"这里所提到的需求指的就是业务需求，而业务需求赋予了一款 B 端产品源源不断的生命力。

体验设计师通常习惯一上来就思考用户的需求是什么，跳过了对业务需求的了解，这会导致只见树木、不见森林。我们要先熟悉业务，再调研用户需求，才能把设计做好、做透。业务需求是反映企业或组织对产品的高层次目标的需求，是从业务角度进行的描述，是指导产品开发的高层次需求。

涉众调研

本书前面提到，对一款 B 端产品来说，我们不仅要考虑使用者的体验，还要考虑其他角色的体验，包括决策者、业务人员、IT 主管、维护人员等。他们的诉求会影响产品的设计，我们将这些角色称为涉众（可以是人，也可以是组织）。

对一些业务简单的 B 端产品来说，其涉众也简单；但对一些服务大中型企业的复杂 B 端产品来说，其涉众也复杂。因此，我们可以通过输出和分析涉众调研表，来指导数字界面的设计。为什么我们要准备一份针对产品的涉众调研表呢？

有一次，我由于不了解产品的涉众，只考虑了用户需求，没考虑系统其他方的需求，导致设计方案在初评中没通过。当时总部业务方要求针对不同的导出格式做一个优劣的描述（但设计方案中没表达出来），引导用户选择导出格式，而不是让用户选择任意格式导出数据。如果不做引导，那么当出现问题时用户就会找总部业务人员解决，这样会影响他们的日常工作。

再举个例子。在设计证券柜台类系统时，我们不仅要考虑柜台人员、运营人员、受理人员等角色的需求，还要考虑监管方（关注系统是否合规及维护投资者的利益）、证券公司高管（关注系统是否高效地支撑业务）、运维人员（他们是系统的特殊使用者，关注系统是否容易进行故障定位与快速排查）的需求。以运维人员为例，我们可以调研运维人员的日常办公环境，梳理他们对系统的期望。运维人员有三个诉求：一是系统日志不可散落在各处，而要进行汇总；二是危险级别高的告警信息需要有音效；三是能给出排查问题的相关路径。

体验设计师需要了解产品各方涉众的痛点与需求，把体验设计拔高一层，站在为系统的关键能力服务与赋能的角度去切入。

表 2-3 所示为 B 端产品涉众调研表的模板，包括涉众人员、主要职责、与系统的关系、

对系统的期望四部分，你可以将此作为梳理产品涉众相关信息的参考。

表 2-3　B 端产品涉众调研表的模板

涉众人员	主要职责	与系统的关系	对系统的期望

业务用例

业务用例是指最终用户或其他系统与该系统互动所要达到的一个明确的业务目标，简单来说就是谁用系统完成什么事情。体验设计师了解业务用例，可以明确当前的设计任务到底在解决谁的哪些实际问题。

简单的业务用例由业务执行者（人或系统）、业务目标和系统三部分组成。以产品经理通过项目管理系统分配任务为例，产品经理使用项目管理系统的一个业务目标是给体验设计师、研发工程师分配任务，如图 2-5 所示。在此业务用例中，产品经理是业务执行者，业务目标是分配任务，系统是项目管理系统。

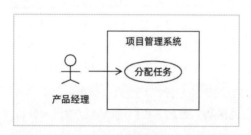

图 2-5　产品经理分配任务的业务用例图

关于业务用例图具体要如何绘制，要注意哪些要点，已经有很多书提到了，本书在此不再赘述。对体验设计师来说，无须绘制业务用例图，但要会看业务用例图，了解业务用例图表达的意思，在设计界面时始终围绕业务目标展开，切记不可养成来一个需求就埋头设计一个需求的习惯，处在不知前因后果的状态中。

业务流程

业务流程与业务用例的区别在于，业务用例通常固定不变，而业务流程作为业务用例的实现方式，会发生变化。还以产品经理通过项目管理系统分配任务为例，我们可以梳理出不止一种实现方式。第一种，产品经理先在需求下面拆解任务，然后逐一分配给任务执行者；第二种，产品经理可以单独创建任务并分配给任务执行者，同时关联需求即可。

对体验设计师来说，不了解业务流程，就无法展开数字界面的设计，其与业务流程息息相关。因此，体验设计师不仅要会看文字版的业务流程，还要能看懂图形版的业务流程。业务流程可以采用活动图的方式绘制。活动图分为非泳道型活动图和泳道型活动图。下面我将对二者进行简单的讲解。

（1）非泳道型活动图：非泳道型活动图的结构不是泳道方式的，呈现为自上而下的信息流方式，如图 2-6 所示。这是一幅我给某系统绘制的"产品经理给设计师派发任务"的活动图，活动图表达的是产品经理给设计师派发设计任务可以有两种方式：一种是直接派发方式（主流程），即产品经理先创建需求，再在需求下创建任务；另一种是任务反插方式（分支流程），即产品经理先创建任务单，再通过任务单关联需求的方式来给设计师派发任务。

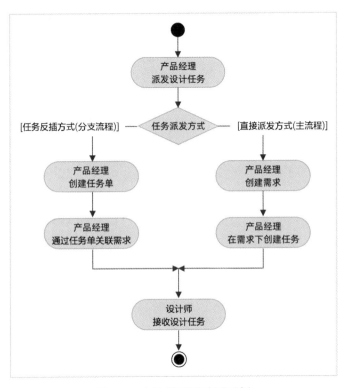

图 2-6　非泳道型活动图示例

我们可以看到，整幅活动图由一些带有具体含义的符号构成，这些符号帮助我们统一了活动图的表达规范，从而降低了沟通成本。体验设计师了解这些符号的含义，有助于快速了解流程表达的意思。活动图常用符号及其含义如图 2-7 所示。

（2）泳道型活动图：如果某个流程涉及的活动主体较多，并且我们期望能表达清楚每个活动主体在活动中的职责，就可以用泳道型活动图来表达，如图 2-8 所示。这是一幅简化的"产品经理给研发工程师派发任务，并且测试工程师完成测试及发布"的活动图。我们可以看到，在将产品经理、研发工程师、测试工程师从活动节点专门提取到泳道中后，整个活动涉及哪些角色，以及他们各自参与了哪些关键活动，就非常清晰了。

符号	称呼	含义
●	开始	表示一个活动的开始
◉	结束	表示一个活动的结束
→	转移	表示从一个活动到另一个活动的先后顺序
（活动符号）	活动	表示具体的一个活动
◇	判断	表示完成一件事情，可以走不同的分支
▬	并行	表示完成一件事情，需要几个活动同时完成

图 2-7　活动图常用符号及其含义

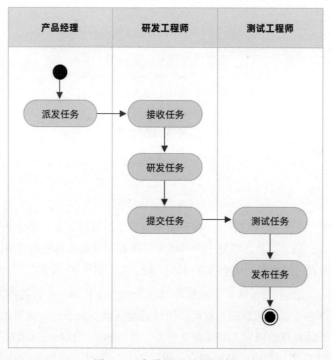

图 2-8　泳道型活动图示例

　　体验设计师为了将界面交互理顺，有时需要自己绘制活动图。其在绘制活动图时，要注意以下 3 点。

第一，先绘制主流程，再绘制分支流程与异常情况。分支流程通常位于主流程两边，为了防止活动图太复杂，可将异常情况单独拿出来绘制。

第二，活动节点的文字描述最好用"主语＋动宾"的方式表现，这会让阅读者感觉逻辑更清晰。比如，"产品经理分配任务"会比"分配任务"描述得更加精准和令人易于理解。

第三，当你发现活动图因活动节点、判断条件、转移线太多而导致绘制复杂及理解困难的时候，就需要将其拆成多个活动图。我有一位刚到产品岗的朋友，画了一幅包括 80 多个活动节点的活动图，还有无数条错综复杂的转移线，导致每个人在见到这幅活动图时都会问："可否先描述一下流程的关键要点？这幅活动图的主流程是什么？想表达的是什么？现在理解起来不太容易。"可见，一幅活动图是否易被理解，不仅在于其文字描述是否清晰，还在于其活动节点的多少。若活动节点太多，建议还是将其拆分更好。

业务研究

业务研究就是业务调研，我们可以通过研究市面上同类业务软件系统的特点、访谈业务专家、调研业务人员等方法，更加深刻地理解产品的业务状况。业务研究实际上是产品经理的职责，但我认为，体验设计师要是能对自己所服务产品的业务较为了解，会更容易设计出友好的数字界面，而不至于当其把界面交互稿拿到评审会上时，出现被大家指出不符合行业特点的一些情况。

记得在我还是一名初级体验设计师的时候，领导就告诉我们，只有设计方面的专业技能根本不够，还需要了解目前所服务产品的业务。那时候，我觉得做设计师还要去了解这些，可太难了。直到我自己成为一名管理者，想要带领团队设计出被用户、业务方认可的设计方案时，我才发现体验设计师了解业务实在太重要了。如果不了解业务，就会把本来需要用复选选择器的方案做成用单选选择器，甚至连哪个数据要重点突出都很难想到。

通常来说，在一些关键业务上，每个行业都有其成熟的、优秀的业务模式，这是需要体验设计师梳理、总结和归纳的。比如，在证券行业的开户业务中，为了符合监管要求，其业务流程、业务要素较为固定与成熟，每一步需要投资者录入哪些信息都有相应的规定。

的确，收集一个行业的成熟业务模式不容易，收集全就更难了。但我们可以尝试去做，一步步来，只有对业务模式相对了解，才能快速设计出符合业务需求的数字界面。

2.2.3 用户需求，好用的根本

在了解了业务需求后，我们便可以收集用户需求了，大量的原始用户需求是我们着手设计可用、易用、令人愉悦的产品的根本。由于 B 端产品的特殊性，体验设计师很难接触到用户，因此习惯了靠直觉与经验来完成数字界面的交互与视觉设计。可是，凭直

觉与经验去设计会带有明显的个人主观性，设计方案很难经得起推敲，往往会存在风险。只有了解用户在使用产品过程中的行为、偏好等信息，再结合产品功能、业务需求，才能设计出用户认为好用的产品。

唐纳德·诺曼曾经提到"概念模式"一词，其包括设计模式与用户模式两部分。设计模式是指设计人员所使用的概念模式，用户模式是指在用户与系统交互过程中形成的概念模式。如果产品的设计模式与用户模式一致，那么会给用户带来更好的体验。

如何使设计模式与用户模式达成相对一致呢？

用户调研

用户调研是了解用户需求的基础，其是指通过一些方法获取用户的意见与建议，并对此进行汇总与分析，从而指导 B 端产品的数字界面设计。用户调研分为定量和定性两种方式，在产品的不同阶段，定量与定性的分配比例也不同。比如，对新产品来说，前期还没有大量用户，适合采用定性方式去做，如用户访谈、现场调研等。对处于从 1 到 N 阶段的产品来说，就可以启动定量调研了，如埋点采集用户行为数据。我总结了针对 B 端产品较为实用的 5 种用户调研方法，包括用户访谈、参与式设计、现场调研、问卷调查和用户代理。

（1）用户访谈。

通过用户访谈我们可以引导用户将心中对产品的想法表达出来。根据用户访谈在实际操作中的可行性，我将其分为严谨式、开放式和混合式三种类型，如表 2-4 所示。

表 2-4　用户访谈的三种类型

	严谨式	开放式	混合式
定义	指访谈时采用预先确定好的提问流程展开，顺序性很强	指访谈时以互相探讨为基调，提问不受约束	指访谈前准备好提问流程，但在实际访谈时灵活调整
特点	严谨、固定	开放、随意	专业又不失灵活
优势	方便汇总数据	被访者参与感强	双方互动节奏感好，访谈既可获取提前想要的信息，又可获取延展信息
劣势	过于流程化，主持人与被访者之间有距离	过于随意，对主持人的场控要求高	后期统计数据较为困难，信息维度多

体验设计师在实施用户访谈时，可以采用混合式来进行，一方面可获取提前想要的信息，另一方面通过与用户进行开放式交流，可获取更全面的信息。同时，用户访谈还可以与问卷调研、可用性测试等结合使用，从而发挥出更大的效用。

关于用户访谈的流程，我们可以将其拆解为访谈前、访谈中和访谈后三部分。访谈前要准备访谈大纲、邀约受访者、邀约志愿者（如记录员）、预定访谈地点等；访谈中要先介绍自己及此次访谈的目的，然后要注意访谈技巧并及时记录关键信息；访谈后需要整理访谈内容，对内容分类、重组、统计等，输出有效结论，最终得到指导数字界面设计的相关依据。

在从事 B 端体验设计这些年中，我和我的团队进行过多次用户访谈，我在"知果日记"公众号写过两篇实战心得，分别是《实践版 B 端用户访谈的 20 条心得（前 10 条）》和《实践版 B 端用户访谈的 20 条心得（后 10 条）》。

（2）参与式设计。

一次访谈结束了，是不是意味着整个访谈环节也结束了呢？从单次访谈来说，答案为"是的"；但从有效性访谈角度来说，答案为"还不够"。体验设计师在完成首次用户访谈并输出原型后，可再次邀请部分用户进行原型体验，让用户参与到产品设计的整个过程中来，保证设计结果是符合用户预期的，这便是参与式设计。

如果你设计的产品是面向企业内部的管理系统的，那么参与式设计就非常值得采用。由于用户与你在同一家企业中，邀约相对来说更方便，成功率也会更高。同时，如果能邀约用户一起参与产品的规划、探讨、设计，给予用户主人翁的感受，那么最终用户对产品的接受度就会比较高。

举一个我曾经主导参与式设计的案例。该项目是企业级一体化导航框架，其是为了让不同 B 端产品在集成时具备一致的体验而产生的。所谓的一致，是指产品不仅在交互和视觉上要一致，还得满足不同使用方的个性化诉求，在共识层面达成集体认可的扩展方案。由于使用方的业务情况不同，其需要的功能性需求、体验需求均有很大差异。于是，我启动了参与式设计，将用户、产品经理、设计师、架构师、前端工程师集合到一起进行共创，进行原型、评审、测试的循环。记得在一次评审中，有一位设计专家提出，可以把导航模式的权限开放给用户，而不是只给一种模式，对此大家都非常赞同，于是我们进行了方案调整。最终，这套企业级一体化导航框架顺利落地，得到了客户的认可。

参与式设计是一种集合各方智慧的创造方法，让大家各自承担产品设计中的相应角色与责任，积极参与到未来自己会使用的产品的设计中来。参与式设计在建筑设计、日常用品设计、软硬件设计中也被广泛应用。比如，小米成功揭示了参与式设计的优势，参与式设计为小米带来了无数忠实的粉丝，用户参与到小米产品的研发过程中，与小米一起成长，他们不仅是小米的消费者，还是小米的创造者。

（3）现场调研。

现场调研是指体验设计师入驻用户的办公现场，观察用户的办公环境与办公行为，与用户一起办公，最后通过访谈用户获取相关资料的调研方式。假如你有机会到用户的办公现场，记得提前明确调研目标、选取调研对象、确认需求收集方法、安排需求收集计划等，保证到了办公现场可以有序展开活动。

我经历过好几次现场调研，最大的感受是，到现场后我发现原来想象中抽象的用户办公环境骤然间变得具象了，原来猜测的内容变得清晰了。同时，我还知道了用户一天的工作流程，以及用户在什么时候会用到我们的系统，等等。

有一次我去某券商出差，观察用户是如何使用我们的系统的，进而为优化界面做准备。在进行现场调研前，我与产品经理一起整理了现场调研的目标、要注意的事项、访谈的内容与范围，提前联系好了到现场要访谈的用户。到达现场后，我们通过观察与访谈完成了现场调研，明确了界面优化点。在此次现场调研中，我最大的收获是了解了用户真正的工作环境——他们从上班到下班前会不间断地使用我们的系统，为客户办理事项，这具象化了我对系统的认知：我了解到他们主要使用哪些菜单，以及很少使用哪些菜单，还了解到他们在查询数据时主要使用哪些查询条件，以及几乎不会使用哪些查询条件。这些为我们优化系统提供了帮助。

（4）问卷调查。

我在刚进入 B 端体验设计领域时，还不知道在进行一些重要的设计前可以采用问卷调查的方式，大多数时候都是凭借自己的经验展开的，或者通过学习其他体验设计专家的设计思路来做。后来我发现，这并不能让我在实际的设计中做到胸有成竹（在评审中频频受阻），但如果有用户数据的支撑，就会更有利于我的方案通过评审。经过探索，我发现通过问卷调查来获取用户数据是非常低成本且有效的，我们只需要准备在线的问卷调查工具（必须带统计功能），并且有可投放的目标人群，就能收集用户想法了。

有一次，我遇到了一个困难。我们在设计企业级图标库时只考虑了样式好不好看，没有考虑到一些图标因视觉相似度有点高，导致体验设计师随意使用。这就致使在将 A 产品和 B 产品集成时，两个产品中同一功能使用的图标却不相同，给用户造成了认知障碍。于是我进行了问卷调查，通过投票的方式选取某一功能的图标。

在写本书时，我也用到了问卷调查。比如，1.1 节的内容就是通过问卷调查获得数据，进行分析、汇总的结果。再如，通过问卷调查我了解了读者对企业级 B 端体验设计的所思所想，在不偏离本书主题的情况下，我尽可能将他们关注的内容写到书中。

在进行问卷调查时，需要注意以下方面。

第一，明确问卷调查要达到的目的与收集到的信息，如此才可展开问题设计。我在第一次设计问卷的时候，没有任何想法，最后将问卷收回来了，才发现没有拿到自己想要的数据，但再发一次似乎又不合适。后来，我在设计问卷时，会考虑做本次问卷调查的目的，据此来设计问题。比如，我想要知道业务团队对企业级 B 端设计体系的满意度，那么我可以围绕资产使用便捷性满意度、资产丰富性满意度展开。

第二，问题设计需要逻辑合理，层层递进，符合被调查者的填写思路。问卷宜先易后难、先封闭后开放、相似成组（基本信息类问题一组，封闭式问题一组）。

第三，要推敲好每一道题目是封闭式的还是开放式的，封闭式的为选择题，开放式的为描述题，两者各有千秋，需要符合我们的统计目标。如果我们想让统计数据更精确，就用选择题；如果我们想了解被调查者的功力有多强，就用描述题。

第四，问题描述要通俗易懂，避免因专业术语过多而让人不知所措，也要避免因敏感信息太多，而导致被调查者放弃回答。

第五，合理控制问卷长度，避免被调查者认为问卷太长而放弃填写，不过也有例外。我之前做过一份问卷，做完这份问卷被调查者平均耗时 15 分钟，简直让我自己都惊呆了。后来我问其中一位被调查者他愿意回答完的原因。他说，一是奖品他想要；二是可以为产品体验提升起到正向帮助作用。

第六，问卷题目采用的组件要选择符合被调查者认知及答题要求的。比如，多选题目不要用单选的组件；被调查者的回答字数可能在 50 字以上的，不要用文本框，而要用文本域。

第七，再好的问卷，若没有一个清晰且有吸引力的标题、让人备感温暖的卷首语和结束语，也会显得不够专业。因此，别忘了给问卷加上标题、卷首语和结束语。

第八，由于问卷发放会偏随机性，因此，有些被调查者并不是目标用户，我们需要在某些题目上设置可终止问卷调查的选项。被调查者若选了该选项，则代表着问卷调查结束。

第九，问卷调查要遵循 MVP 思想，不可设计完问卷就大面积发放，可以先内部自测一下，避免发放后才发现问卷设计得不合理。对于一些比较重要的问卷，我会进行组内测试——修正、删减、补充、模拟答题。

（5）用户代理。

对某些 B 端产品来说，要获取直接用户非常难，特别是当这些产品有多个角色时，要获取直接用户更是难上加难。

不过没关系，你可以试一试用户代理的方式。《敏捷软件开发》提到："我们期望和尽可能多的用户沟通，这些用户代表了产品的不同视角，当我们无法直接和他们接触时，我们需要求助于用户代理，他们本身可能不是用户，但是在项目里他们能够代表用户。"我总结了适用于 B 端产品的用户代理。

① 用户主管。

定义：使用产品的用户的直接主管。

优点：虽然用户主管不是产品的高频使用者，或者根本不使用产品，但他们是距离用户最近的人。通过日常观察与沟通，他们可以对用户使用产品的情况进行总结与分析。让其成为用户代理，可以帮助我们高效地收集用户需求。

缺点：由于用户主管平常比较忙，并且在产品使用需求和习惯上与实际用户不相同，会出现对实际用户的需求表述不准确的情况，也许还会出现在用户原始需求的基础上进行增、删、改的情况，这就需要我们去甄别。

② 研发工程师。

定义：研发目标产品的工程师。

优点：由于研发工程师在研发目标产品上有较为丰富的经验，因此他们对业务的了解是较为深刻的。同时，他们常在一线战斗，有较多的机会与用户或业务人员接触、让其成为用户代理，可以帮助我们获取很多用户的想法与一些用户需求的解决方案。

缺点：研发工程师更关注技术层面的问题，不一定能对用户需求进行充分、真实的表达，这就需要我们提前与研发工程师沟通，让他们知道我们要什么，以及期待达到什么结果。

③ 售前人员与销售人员。

定义：售前人员和销售人员实际上是两个不同的岗位，但由于他们都跑在一线，能接触到客户，并且在一些公司销售人员与售前人员不分家，因此我把他们放在了一起讲。

优点：他们能够通过深度交流的方式获取客户的真实想法，在此过程中，他们也可从客户处获取用户的一些想法。长此以往，他们对产品功能、客户想法、用户需求是较为了解的，我们可以让其成为用户代理。

缺点：售前人员与销售人员的合同压力比较大，主要关注客户需求，而非用户需求，所以我们需要与他们密切协作。

④ 相仿用户。

定义：相仿用户是指同样使用该类型产品的用户。比如，使用云效与 teambition 的用户是类似的，使用 ONES 和 JIRA 的用户是类似的。假如 X 软件是我们生产的，但我们无法接触到其用户，可是能接触到 Y 软件的用户（假设 X 软件与 Y 软件是同赛道软件），那么我们就可以找 Y 软件的用户进行调研。

优点：相仿用户积累了非常丰富的竞品使用心得，我们可以通过对相仿用户进行调研，获取一些有效信息。

缺点：如果相仿用户是 Y 软件的用户，他们给出的需求其实来自对 Y 软件的体验，因此，我们需要在这些需求中，甄别出对自身产品有效的需求。

⑤ 业务分析师。

定义：钻研软件业务、对软件业务极其精通的人。

优点：业务分析师通常比产品经理还懂业务，因此，他们成为用户代理，为用户发声，来表达用户在使用产品时的所需，也是很不错的。我和一位资深的业务分析师交流过，由于其曾经一直工作在一线，长年和用户打交道，因此相对比较了解用户，他们软件的用户需求有一部分直接由他提出。

缺点：懂业务既是优点也是缺点，由于业务分析师认为团队中没有比他更懂业务和用户的人了，导致在某些决策上，他会非常相信自己的判断，认为无须和用户沟通。这是大忌。

⑥ 领域专家。

定义：领域专家是指在某产品领域很有发言权的人，对此产品领域很了解。他可以是高级用户，也可以是该领域资深的研发专家、业务专家、设计专家等。

优点：领域专家长期在某领域内研究和工作，对产品的一些需求比较熟悉，能提出自己的意见。如果领域专家是高级用户，则更佳，其可以表达产品使用心得和提出优化建议。

缺点：他们实在太资深了，他们给出的用户需求通常会非常专业，但这往往是普通用户不太需要的。

综上所述，不同类型的用户代理，各有优劣。虽然我们可以借助用户代理走出无用户的困境，但拥有真实的用户一定比拥有用户代理来得更合适。我们在选取用户代理时，需要和用户代理说清楚他们需要履行的职责，让他们知道自己在为哪类用户代言，促使他们协助我们拿到真实的用户需求。

用户画像

用户画像是一系列有相似特质的真实用户的虚拟代表，通过用户画像我们可以明确产品目标受众的更多细节。在 B 端产品中，用户画像就是角色画像，代表了组织中某一类角色的特征，本书依然称为用户画像，方便大家理解。

在对用户画像进行具体描述前，我们先简单了解 Persona 和 User Profile，它们均被称为用户画像，Persona 还有用户角色之意。而实际上，Persona 与 User Profile 是有差别的，如表 2-5 所示。在用户需求收集阶段，体验设计师需要产出的便是 Persona，通过 Persona 来更好地展开设计决策。

表 2-5　Persona 和 User Profile 的差别

	Persona	User Profile
定义	基于真实用户访谈或行为数据创建的虚拟人物角色	通过收集用户的社会属性、消费习惯、偏好特征等各维度的数据，对用户特征标签化，并对这些特征进行分析，从而抽象出用户的信息全貌
使用阶段	产品定义、产品设计	个性化推送、精准运营、精准营销服务

续表

	Persona	User Profile
价值	为产品定位、原型设计、交互与视觉设计做支撑	为产品进入精准运营阶段提供数据支撑
特点	描述性、感性	数据性、理性

那么 B 端产品的用户画像要怎么做呢？

首先，B 端产品的用户画像不止一个，对复杂系统来说，通常有数个角色要参与其中，我们可以有针对性地区分核心用户画像与非核心用户画像。其次，B 端产品与 C 端产品的用户画像的描述维度也不同，在 C 端产品的用户画像中，会涉及婚姻状况、作息习惯、饮食习惯、网购习惯等层面的描述，但在 B 端产品的用户画像中，偏生活化的特征描述几乎涉及不到。最后，B 端产品的用户画像收集可以围绕产品核心目标用户群展开并完善。

表 2-6 所示是 B 端产品用户画像的描述维度，你可以在此基础上增减。

表 2-6　B 端产品用户画像的描述维度

描述维度	具体内容
角色基础信息	姓名
	照片
	学历
	年龄
	工龄
	办公地点
	办公设备
	计算机熟悉度
角色岗位信息	角色
	当前岗位
	岗位工作年限
	岗位职责
角色与目标产品相关信息	使用原因
	产品熟悉度
	使用时间段
	使用频率
	使用期望
	当前痛点
	使用习惯
	使用场景
	情境故事

下面我将对其中需要注意的部分进行简单阐述。

（1）角色基础信息：角色基础信息中的姓名不要写成李女士、张先生之类的，而要写真名，拉近画像中虚拟用户与我们的距离。照片建议用正面照或 3/4 侧身照，不要用一些俏皮、卖萌或邋遢的照片，要和职业、角色相关。针对办公设备我们可以推出用户的办公场景，如果目标用户使用 Mac 电脑，那么产品就需要考虑在 Mac 环境中运行。计算机熟悉度是指目标用户对计算机使用的熟练程度，如果大部分用户对计算机的基本操作了如指掌，那么我们可以认为目标用户不是计算机小白，在互联网产品的学习与使用上不至于完全不懂，若产品好用，他们是可以自行学习和使用的（但这不是说就不用管用户体验了）。

（2）角色岗位信息：在角色岗位信息部分，主要关注当前岗位与角色。在大多数情况下，当前岗位与角色是相同的；但在少数情况下，当前岗位和角色是不同的。比如，A 是研发岗位上的员工，但由于其刚成为基层研发主管，因此在使用项目管理系统时，他就多了一重角色，在某些时候是研发工程师的角色，在某些时候又是技术经理的角色。这对系统来说是两个角色，但背后是同一个当前岗位。因此，我们在用户画像中需要更关注角色，而不是当前岗位。当前岗位作为附加信息，加深了我们对用户的了解。

（3）角色与目标产品相关信息：该部分的信息基本为重要信息，从这些信息中我们可以看到用户使用产品的期望与痛点。这些信息大部分不难理解，我着重对使用原因、使用频率、当前痛点、使用习惯、使用场景、情境故事展开讲解。

使用原因是指用户是在何种情况下开始使用产品的，通常用户给出的原因会与组织有关。比如，组织发现近一年来客户需求无法有效管理，导致需求变更频繁，影响研发效率，于是采购了项目管理系统，用户作为产品经理，就自然而然地用上了。但我们还要追问，组织对于角色使用项目管理系统有无进一步的原因，如可以监控需求 24 小时内的首次回复率（如果没有该系统，就完全监控不到）。通过层层追问，进而挖掘根本原因。我们在进行界面设计时，可以为那些快要超过 24 小时且未收到回复的需求设计显著的提示标志（如红色警示图标），让产品经理一眼就能看到某条需求必须在当日内处理完。

使用频率是指用户在一段时间内，如一天内、一周内，使用产品的频次。使用频率高，在一定程度上说明其属于核心用户。当然你也可以继续深挖哪些模块的使用频率高、为什么高，以及用这些模块可以解决哪些问题。

当前痛点是指用户在使用产品时急需解决的问题。这些问题要么产品已经解决，但解决方案还不够好；要么产品还未解决，还未形成解决方案。总之，了解用户在使用产品中的痛点，可以让我们知道产品在哪些地方还存在不足，需要优化。

使用习惯是指用户在使用产品时的一些偏好。这些偏好有可能是由用户的喜好、生理条件、经历等引起的，也有可能是由业务场景促使的。比如，年长用户偏好大字号界面，这是因为随着年龄的增长，用户的视力逐渐下降。再如，交易员需要快速录入数据，准确地将指令下达，因此此类用户就偏好快捷键操作表单，这是由业务场景促使的。

使用场景是指用户在什么情况下会使用产品。使用场景决定了我们在进行产品界面设计时是否需要特殊注意。比如，餐厅服务员在协助顾客点菜时的场景通常是站立、手持设备点餐，并且经常被其他事情打断，界面设计要符合该场景的需求，当服务员不小心退出菜品录入界面时，系统要能保留已录入但未提交的信息。

情境故事简单来说就是带有用户使用产品的具体场景的真实故事。

用户画像不是一成不变的，而是会随着产品的发展进行相应调整与完善的。比如，在产品引入期，用户画像的精确性没有在产品成熟期好。

情境故事

在收集用户需求的过程中，我推荐采用情境故事的方法。情境故事来源于我对情境教学理论学习和思考后的总结。有一次，我无意中了解到情境教学理论，其指在儿童教学的过程中，不应将书中的知识孤立起来，而应该将知识带入生活场景中，赋予知识感情色彩，让知识鲜活起来。因此，我就思考，产品中的功能就像知识，也不应该被独立和抽象，而应该与用户互相联系与依存，被置于情境中。

在讲情境故事前，我们先来看看用户故事。我们可以称情境故事中的"故事"为"用户故事"。在敏捷开发体系中，用户故事是一个核心词汇，其是指对系统的用户或者购买方有价值的功能的描述。这么说起来有些晦涩难懂，下面举两个具体的用户故事案例：

案例一，产品经理可以在软件上处理需求，已达到需求受理的目的；

案例二，产品经理可以为每一个需求拆解任务，以达到任务分配的结果。

我们可以发现，用户故事的结构是"什么角色、做什么事、达成什么目标"。

用户故事相比技术人员口中描述的功能，更具有灵活性和可理解性，是一种基于用户目标的叙述。倘若我们希望能更全面、更感性、更立体、更深刻地了解用户需求，就需要在用户调研中主动采用情境故事的方法，一方面引导用户多表达，另一方面我们自身要展开情境型总结。用户故事情境化可以为我们打开"知其然，更知其所以然"的大门，我们不再只获得需求的解决方案，还可获得需求产生的原因。

下面我分享一个自己实践的情境故事案例（简称"产品经理大 D 日常处理需求的情境故事"）。

在某个周三的上午 9:00，产品经理大 D 准时到达工位，他打开项目管理系统，查看自己今天有多少待办需求要处理。他通过排查后发现，今天需要处理 5 个新需求，并安排 3 个需求的任务，其中 1 个需求涉及先给体验设计师分配设计任务和再给研发工程师分配研发任务。于是他先进入需求模块，然后到每个需求的详情页分配任务，此时他需要填每个任务的完成时间、任务处理人、任务所属模块、任务详情等信息。他认为，像任务详情这样的内容，最好可以直接同步需求处理方案，如此便可提升任务录入效率。

由于分配任务比处理新需求更快，因此他每天总是先分配任务，再处理新需求。大 D 还会特别关注快到期的需求（有些需求复杂，无法在 48 小时内处理完），避免超期。他在将 3 个需求的任务分配完后，就开始处理新需求了。大 D 还表示，每天都会有新的需求进来，因此他需要时不时地登录系统查看。

在读了这个描述丰满的情境故事后，你的感受如何？你是不是与我一样，感觉情境故事更加立体、真实、充满细节？通过阅读情境故事，我们对用户需求有了更深层次的理解，也对后续的设计方案有了更全面的把握。的确，通过详细的用户访谈、实地调研，我们若能梳理出用户的情境故事，那是再好不过的了。表 2-7 所示为功能、用户故事、情境故事的区别。

表 2-7　功能、用户故事、情境故事的区别

	定义	描述	案例
功能	做什么	只说明功能是什么	分配任务
用户故事	谁要做什么，期待达到什么结果	说明谁为了达到什么目标使用某功能	产品经理可以为每一个需求拆解任务，以达到任务分配的结果
情境故事	谁在什么场景下要做什么，达到什么结果，其间会发生哪些事情	说明谁为了达到什么目标使用某功能。对在使用某功能的过程中发生的事情进行详述	见案例"产品经理大 D 日常处理需求的情境故事"

需要注意的是，并不是要将产品中所有的功能都梳理成情境故事，而是对于一些核心功能或难以理解的功能，我们可以采取将其转化为情境故事的方法来加深我们对它们的认识。同时，用户的情境故事不是臆想出来的，而是用户与产品的真实互动，情境故事的核心思想是"从用户中来，到用户中去"。

更懂用户

乔布斯曾经说过："如果人们都不知道基于图形的电脑是什么，那么我怎么可能去问他们想要什么样的电脑呢？没人见过这样的电脑。"这就是乔布斯所认为的"用户不知道自己想要什么"。乔布斯认为，只有将真正的电脑放到用户面前，让用户实实在在地体验什么是电脑，他们才会慢慢知道自己希望未来的电脑应该是怎样的。对苹果公司来说，其拥有发现用户隐性需求并满足这些需求的能力，这种能力可以让产品在同质化竞争中脱颖而出。用户表达不出来自己的需求，没关系，苹果公司更懂用户，可以创造用户需要被满足但表达不出来的需求。

我的一位 B 端产品经理朋友就遇到了乔布斯所说的问题——用户不知道自己想要什么。他负责一款产品，也获得了一些试用用户，但是用户觉得产品不好用，于是在试用产品的过程中也在物色其他厂商的产品。我的朋友在知道这个情况后，为了避免该用户流失，就找了用户沟通，期望用户给他们提需求，他们去改进。而用户和他说："我不是这方面的专家，不会设计产品，也不知道该怎么帮助你改进产品。"我们可以发现，如果

我们创造不了用户表达不出来的需求，就会陷入被动。

不过，我们可以尝试去引导用户，让其逐渐表达出更多的想法，从而更懂用户。有一次，我去用户现场，向运维人员调研运维监控系统的体验问题。他们给出的无外乎是"界面有点老式、不好看、不大气、能不能不要那么黑"等较为空洞的说辞，没有清晰地表达出产品哪里不好、为什么不好，以及期待达到什么结果。于是我坐下来和其中一名善于沟通的运维人员细聊，问他"为什么希望界面不要那么黑"，同时我还用 Sketch 将界面的颜色稍微调整了一下，但他还是觉得不妥。数轮沟通后我感觉问题可能不是出在界面的颜色上，我就问他："你们是觉得黑色不好看，还是有其他原因？"他说："我们其实不关心背景是什么颜色，只需要能看清楚文字就行了，现在看字很费劲。"后来，我们没有调整背景颜色，只对文字颜色进行了提亮。从这个实际案例中我们可以发现，用户虽然一开始要的是"界面颜色不要那么黑"，可最终他们想要解决的是界面内容能否看清楚的问题。

我们想要更懂用户，就要多和用户探讨，多问用户几个问题。只有我们比用户更懂用户，才能设计出超出用户期望的产品。

《用户真正需要什么？》中有一个例子：埃森哲对瑞银集团进行过一项研究，瑞银集团的超高净值用户具有很高的比例，并且这些用户对瑞银集团很忠诚。原因在于，瑞银集团比用户更懂用户，其除了提供用户所需的基础资产服务，还会了解这些超高净值用户及其家人的喜好。比如，用户的孩子喜欢体育运动，那么财务顾问会订阅体育杂志，邮寄给孩子。

2.2.4　知己知彼，突破与超越

《孙子兵法·谋攻》提到："知己知彼，百战不殆；不知彼而知己，一胜一负；不知彼，不知己，每战必殆。"孙子兵法中的这段话，不仅适用于产品规划，还适用于进行 B 端数字界面设计。

我们只有对竞争对手的体验设计策略、同类型功能的设计方法做到心中有数，才能游刃有余地设计自己负责的产品。

竞品分析画布

我们可以先采用"竞品分析画布"将需要分析的关键内容梳理出来，再进行竞品分析报告的撰写。表 2-8 所示为体验设计竞品分析画布，涉及五大部分，分别是竞品分析目标、选择目标竞品、竞品分析维度、竞品收集方式、建议与总结。

在使用竞品分析画布时，我们要注意收敛，即从产品的体验设计维度展开，不要将商业模式、价格策略等都一股脑儿地填进去。比如，第 1 题是填写竞品分析目标，我们应该只围绕产品在体验设计上存在的问题和期望达到的目标展开。再如，第 3 题是罗列竞品分析维度，我们应该侧重体验设计的维度。

表 2-8 体验设计竞品分析画布

体验设计竞品分析画布
【1. 竞品分析目标】 为什么我们要展开竞品分析？目前产品在体验设计上面临的问题是什么？ 1-1…… 1-2……
【2. 选择目标竞品】 选择哪些目标竞品？为什么要选择它们？（以直接竞品为主） 2-1…… 2-2……
【3. 竞品分析维度】 从哪些维度来分析竞品？（需要侧重体验设计维度） 3-1 竞品理念和发展路径（描述各种竞品理念分别是如何影响设计策略的） 3-2 用户体验五要素 3-3……
【4. 竞品收集方式】 可以通过哪些渠道来收集竞品的相关信息？ 4-1…… 4-2……
【5. 建议与总结】 通过竞品分析，我们可以得到哪些启发？得出哪些结论？（我们需要考虑可落地性） 5-1…… 5-2……

竞品的设计理念与发展路径

我们在做竞品分析时，应首先关注竞品的设计理念与发展路径。

关注竞品的设计理念可以让我们了解竞品的愿景与价值观、创始人为什么要做这款产品，以及其期望该产品能解决什么问题，从而挖掘这些底层理念是如何影响竞品设计决策的。比如，我们现在准备设计一款协同办公产品，就会找到钉钉、企微、飞书，不能一上来就关注三者的视觉体验和交互体验，而要先关注这三者的产品设计理念。它们的产品设计理念不同，造就了其体验设计上的一些差别。了解竞品的产品设计理念，就像去了解一个人的内在思想一样，我们不仅要通过一个人的外在穿着去了解他，更要通过这个人的世界观、人生观、价值观等内在的东西去了解他，他的穿着是其内在的表达。

关注竞品发展路径可以让我们了解竞品是在什么时候产生的，产生的背景是什么，中间经历了哪些事情，促成了哪几个大版本的迭代，每个大版本迭代的特色和所要达到的目的又是什么，等等。在将竞品的发展路径通过时间线的方式梳理清晰后，我们就会发现，在不同的时间点，竞品的设计策略是不同的，我们可以仔细研究是什么导致了这些设计模式的出现。

我们要记住，任何表现层内容的出现，一定是理念层在起作用，所以我们需要先关注竞品的理念层，再看其表现层，将两者关联起来分析。

用户体验五要素

我们在对竞品进行分析的时候，可以借助"用户体验五要素"模型来展开。"用户体验五要素"模型由美国 AJAX 之父 Jesse James Garrett 提出，其自下而上分别为战略层、范围层、结构层、框架层和表现层。不过我们在该阶段，只需要重点分析上三层即可，分别是结构层、框架层和表现层。

（1）结构层。

在结构层中，产品设计需要解决的问题是如何将碎片化的需求整合起来，构建产品数字界面的整体结构。该层包括信息架构、布局设计和宏交互设计。

以分析竞品项目管理系统为例。

在信息架构上，分析其需求模块、任务模块、版本模块是各自为一级菜单，还是这三个模块均被纳入需求管理一级菜单中，又或者其内容被打散到其他菜单中。信息架构主要体现系统大结构上的内容划分模式。

在布局设计上，分析其某个核心页面的布局是怎么设计的（如项目管理页面），是卡片模式，还是列表模式，并且可以谈谈各种模式的优劣。

在宏交互设计上，分析其在创建完一个需求后，是否会触发邮件或其他方式的通知消息，或者创建需求是通过弹窗模式，还是全页面模式。

（2）框架层。

在框架层中，产品设计需要更进一步地去提炼界面的细节要素，详细地确定每个导航的名称，以及各个导航下的页面内容、组件的交互方式等，让结构性的框架变得有血有肉。该层包括导航设计、信息设计、界面设计、微交互设计。

以分析竞品项目管理系统为例。

在导航设计上，分析其左侧导航菜单或某个菜单内部的多级导航是如何设计的。

在信息设计上，分析其核心数据由哪些信息要素构成，以及这些信息要素之间的主次关系如何。以一条需求为例，我们可以分析竞品在描述需求时都从哪些维度展开，以及竞品又是如何组织它们的。

在界面设计上，分析其典型界面是以怎样的方式呈现的、同类界面是否具备一致性，以及个性化界面又是如何处理的，是否具备一定的规则。

在微交互设计上，分析当"新建关联需求"时，其是否会同步一些默认信息，提升用户的操作效率，以及其查询条件是否给予用户自定义功能，让用户形成自身常用的查询条件。

（3）表现层。

在表现层中，产品设计需要解决数字界面视觉展示的问题，通过美的视觉来抓住用户的眼球。该层主要进行视觉设计，具体包括色彩搭配、页面留白设计、元素尺寸设计等。

我们在对竞品的以上三层展开分析时，还要同时分析竞品体验上的优势和劣势，切不可只分析竞品体验好的方面。

关注好体验

本节我们讲竞品分析，而且主要讲针对直接竞品展开分析的思路。实际上，对 B 端体验设计师来说，要想做到体验的突破与超越，就需要将眼光放得更远些，不能只关注眼前的直接竞品。比如，间接竞品、非竞品、跨行业的体验设计也是可以去参考的。

有一次，我们想优化表格界面的查询体验，可在看了几款竞品后都没有找到灵感，后来在几款根本与我们的产品无相关性的产品上发现了查询可设计的模式——分享模式。分享模式来自我们日常随处可见的分享功能。比如，你觉得一篇文章写得好，可以分享；你觉得一个视频有意思，可以分享；你买了一件好物，也可以分享。那么，一个团队需要共用的复杂查询条件，是否也可以分享？答案是肯定的。只要管理者或团队中某个小伙伴将其设置好了，分享给团队其他成员即可。于是我们将分享模式嫁接到了产品上，获得了用户的认可。

我经常会在使用 B 端产品或者 C 端产品的时候关注一些好的体验设计，思考它们为什么这么做，以及这么做好在哪里。你也可以尝试下，这会让你在设计时更有想法。

2.3　原型模型——绘制可视化界面

原型模型定义了设计 B 端数字界面需要涉及的一系列关于界面构建的方式、方法，从企业级层面指导如何将碎片化的需求、功能转化为界面原型的能力，从而取得数字界面信息展现清晰、流程操作顺畅的结果，最终达成为用户提供友好体验的目标。

2.3.1　信息架构，帮助用户快速定位

我在《B 端思维：产品经理的自我修炼》中用用户找洗发水的例子解释了什么是信息架构。"设计者设计用户找洗发水的流程，用户通过设计者设计的流程顺利找到洗发水

的过程"道出了信息架构设计的原理。

B 端产品的信息架构设计就是将内容规划层级，并引导用户快速找到其想要的内容。但 B 端产品的业务如此庞杂，我们如何才能找到毛线球的线头，将其逐步捋顺呢？我总结了一些方法，帮助你高效地构建数字界面的信息架构。

先框架，后内容

"先框架，后内容"是指先整理产品导航框架部分的信息架构，再整理用户实际操作的界面层的信息架构。我每次在设计产品的信息架构时，都会先将导航菜单的信息层级确定，再进行每个菜单内信息层级的梳理。这个顺序非常重要，这关系到我们的工作是否顺利，避免推翻重来。

比如，要弄明白一款流程系统的每个页面内要放什么信息，以及如何放，就得先确定流程系统的导航菜单。一级菜单是"已办事项、待办事项、新建流程、我的请求、查询流程"的组织结构，与一级菜单是"全部事项（页面内包含已办事项、待办事项和我的请求）、新建流程、查询流程"的组织结构，对后续内容层信息的组织和分类会有不同的影响。

先整体，后局部

"先整体，后局部"是指先对一个模块的框架进行整理，再对框架内的子模块、孙模块等层层进行梳理。图 2-9 所示是项目管理模块的信息架构图。项目管理模块是最高层级，其下一层是任务、文件、日程；任务的下一层是所有任务、今天的任务、未完成的任务、已完成的任务、待认领的任务；文件、日程的下一层在结构上与任务的下一层相似。通过逐层递进的方式，我们可以将很多零散的功能梳理得非常清楚。

图 2-9　项目管理模块的信息架构图

先高频，后低频

"先高频，后低频"是指在展开信息架构梳理的时候，我们不要试图把整个产品的信息架构一次性梳理清楚，需要分步骤：先将属于业务核心的部分与用户高频使用的部分进行梳理，再将次要部分与用户低频使用的部分进行梳理。

比如，对 DevOps 系统来说，需求管理模块、任务管理模块、迭代管理模块与版本管理模块的优先级一定比消息通知模块、工作台模块高。没有消息通知模块，团队协作不会有问题，但没有需求管理模块、任务管理模块等这些基础模块，协作流程就无法跑起来，产品也就不能满足使用者的需求。

先独立，后关联

"先独立，后关联"中的"先独立"是指先把相互之间独立的、不存在包含或者交叉关系的模块梳理清楚；"后关联"是指模块之间虽然是独立的，但均属于某一个类别，可以将它们关联起来，放到一起。对于有些模块，如果你感觉它们之间是有联系的，一时间还拆分不清楚，那么可以先把独立模块梳理出来，再梳理那些真关联与伪关联的信息。

之前我在梳理企业级体验设计网站后台管理系统的时候，一直没有想好是将文章管理模块与视频管理模块当成单独的一级菜单，还是将它们都放在内容管理模块中。如果内容管理模块成为一级菜单，那么文章管理模块与视频管理模块就降级为二级菜单，或者两者被纳入标签页组件中。后来团队经过讨论，发现文章管理模块与视频管理模块是有使用场景的：首先，两个模块均由系统管理员操作；其次，操作较为频繁。这样，就必须保证相关操作临近且单击次数少，所以最终我们决定将文章管理模块与视频管理模块纳入内容管理模块，通过标签页来切换、交互，如图 2-10 所示。

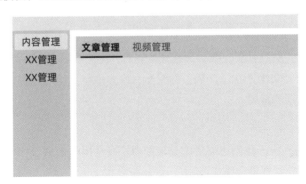

图 2-10　内容管理模块的示意图

平衡深度与宽度

"平衡深度与宽度"是指在梳理 B 端数字界面信息架构的过程中，我们要注意信息层级在纵向上不要太深，在横向上不要太宽。

信息层级在纵向上不要太深是指导航框架的菜单层级尽量在 3 层以内，内容层的信息层级也尽量在 3 层以内（包含弹窗），弹窗层级尽量不要超过 2 层。能少则少，少了才有可能让用户快速定位信息，不会迷失在数字界面的迷宫里。

信息层级的宽度是指信息架构的横向层级数量。通常来说，一旦信息架构的纵向被限制，就会导致信息架构的横向层级数量增多。横向层级数量最好每组不要多于 9 个。

米勒定律提到，人脑最多同时处理 5~9 个组块的信息（将相关信息分别匹配到不同的信息单元中去，组块可以帮助用户快速处理信息，提升用户短时记忆的能力），原因在于我们短时处理信息的能力是有限的。标签页是信息层级宽度非常重要的承载组件，提供了容纳平级信息的大块区域，以保持界面的整洁。

我之前接触过一款 B 端产品，其数据处理页面每个信息层级的横向宽度都比较大，导致内容不好找，如图 2-11 所示。

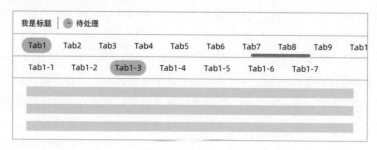

图 2-11　信息层级的横向宽度大示例

平衡易用与延展

"平衡易用与延展"是指我们不仅要考虑到信息架构的易用性，也要考虑到当产品未来的用户越来越多、需求也越来越多时，信息架构的延展性是否能支持。

我之前负责设计一款 B 端产品导航框架的信息架构，由于一开始没有考虑到会有四级菜单的情况，总共就设计了三级，导致开发完后，无法满足业务诉求，只能进行调整。这让我反思，当信息架构还在设计稿上的时候，应多进行易用与延展的双向思考，避免只考虑易用，而忽视了延展。

4 个高效工具

有了指南性的方法，我们还需要工具来助力。我常用的信息架构梳理工具有卡片分类法、站点地图、功能列表与线框图。

卡片分类法（见图 2-12）是指将碎片化的信息依据一定的规则进行归类，形成一个个信息块的一种方法。该方法经常在用户研究的过程中被使用，用户研究员会邀请用户来参与，提供相应的信息，最后一起对信息进行分组。经过拓展，体验设计师也可基于业务诉求与用户需求，采用卡片分类法对数字界面的信息进行分类。

卡片分类法可以分为封闭式和开放式两种。封闭式是指团队内部已经确定了一些分组（建议设立一个"其他"分组），后续只需要将信息池中的信息挪到相应的分组下即可。开放式是指没有预先分组，所有信息都处于零散状态，需要逐一归类。如果你恰好在从 0 到 1 设计一款 B 端产品，那么用卡片分类法来梳理产品的导航结构与菜单层级是非常有效的。

图 2-12　卡片分类法

站点地图是描述产品整体层级结构的一种方法，常见的形式有纵向树状与平铺树状，如图 2-13 所示。我们常用的 Axure 原型软件中的左侧导航栏就采用了站点地图的形式。

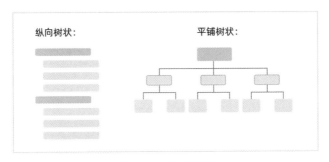

图 2-13　站点地图

功能列表，顾名思义，就是产品 / 模块 / 界面的功能集合列表。当产品经理已经将功能大致梳理出来，就差将它们更好地组织起来时，就可以使用功能列表来梳理信息架构了。通过功能列表，我们可以清晰地知晓菜单间的层级结构，以及功能的从属关系。为了让阅读对象理解每层信息的具体含义，我们可以为它们加上简要说明。功能列表可以用 Xmind 等思维导图工具绘制（见图 2-14），也可以用 Excel 等列表型工具绘制。

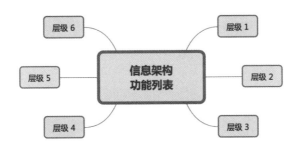

图 2-14　用思维导图工具绘制的功能列表

线框图可以是一个页面，也可以是一个内容区域，其可以帮助我们表达数字界面的信息架构雏形，你可以将线框图想象成建筑草图的样子。相比于卡片分类法、功能列表和站点地图，线框图在形式上更具象化，在内容上更丰富，包含界面上的导航、内容、功能、元素位置等。

对一些信息架构不复杂的 B 端产品来说，我们可以直接在纸上或者绘图软件上绘制其线框图，通过线框图将产品界面的信息要素层级表达出来。在画线框图时要注意，除非图是给我们自己看的，否则应尽量保证所绘制内容的可理解性和整齐统一。线框图具有低保真与高保真之分，你可以依据当前设计阶段的需要采用你认为可行的方式，核心目标是通过线框图表达设计思想。图 2-15 所示是线框图的大致样式。

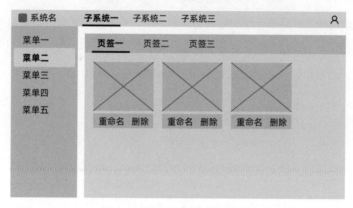

图 2-15　线框图的大致样式

虽然每一种信息架构梳理工具都有其最优的使用方式，但如果你对这些工具掌握较为熟练，也可以混合使用。我们的目标不是使用工具，而是通过使用工具梳理出清晰的产品信息架构。

2.3.2　任务流程，引导用户行为动线

设计任务流程，就是设计用户行为。

我曾经体验过一个 B 端产品的某项多步骤任务。该任务总共有 6 个步骤，每个步骤下方都统一设有"下一步"按钮（页面底部常驻）。当完成第一步的时候，我发现"下一步"按钮并没有被激活，于是我就想是不是哪个表单项没有填对。在几次调整后，我发现表单项填写无误。于是我咨询了相关人员，发现"下一步"按钮在所有步骤完成后才会被激活，而当前步骤进入下一步，是由另外一个非常隐蔽的按钮控制的。这让我的体验不佳，一来颠覆了我的原有认知，二来让我无法自助完成操作。

通过这个案例，我们可以发现设计出符合用户操作习惯的任务流程的重要性。

那么，如何设计出合理的任务流程呢？

契合目标

契合目标是设计出一条合理的任务流程的基础，这个目标包括两方面：一方面是业务目标，另一方面是用户目标，少了哪个目标都不行。下面我们来看两个少了其中一个目标的案例。

案例一：少了用户目标。

我曾经参与一个设计评审，汇报者是 A 设计师，其负责大会网站购票流程的设计。他从自己的角度考虑购票流程应该是怎样的。比如，他将每种类型的票直接平铺在界面上，让用户选择。当用户进入具体票种的购票详情页时，发现该票不是其想购买的票，想换票，需要先退出当前页，不可以在当前页直接切换票种。他本来觉得"先分类，再让用户操作"很直观，却忽略了用户根本不了解每种票的具体情况。只有当他们进入购票详情页时才会知道自己是否需要购买此票；同时，用户还有快速切换票种并对比不同票种包含的信息的诉求。

后来 A 设计师访谈了一些目标用户，收集了他们购票时的一些需求，调整了方案。在上线后，购票流程设计不仅得到了需求方的认可，也得到了用户的好评。

案例二：少了业务目标。

我的一位体验设计师朋友曾经参与过一个比较特殊的 B 端功能设计——下载功能。在开始设计时，他在表格上方添加了"下载"按钮，允许用户非常方便地下载数据。可以说，这是 B 端常用的下载设计。但他在该功能上线后发现，当业务数据量很大时，用户直接下载数据到本地会导致界面频频卡住，无响应。对业务系统来说，程序响应慢会大大降低业务操作的效率，让用户觉得产品不专业。于是，经过调研，他在将数据下载到本地之前添加了一个中转站步骤（数据临时存储站点），友好地解决了这个问题。

可见，将数据直接下载到本地对用户来说是简单方便的，但也要考虑业务性质（该业务的数据量大多数时候极大），只有平衡好这两者，输出的流程设计方案才更经得起推敲。

逻辑合理

逻辑合理是指我们设计的任务流程要符合用户使用习惯，符合他们思考事物的常规方式。

拿做饭的流程打个比方，我们在做饭时通常会先将米放到电饭锅里，再在锅里装水反复对米清洗，接着在锅子里装入适量的水，最后将电饭锅的插头插到插座上，按下做饭开关，就开始做饭了。试想，现在新推出了一款电饭锅，打造的做饭逻辑是先把电饭锅的插头插到插座上，按下做饭开关，5 分钟后，再将米放入电饭锅里、洗米、放入干净的水，最后再次按下做饭开关，开始做饭。虽然以上两种做饭流程均可以将米饭煮熟，但我们发现，只有第一种做饭流程是符合人们的习惯与常识的。因此，新款电饭锅可能会卖不出去。

关于如何梳理逻辑合理的任务流程，我总结了三个方法：第一，多观察身边的物和事，多思考它们的合理与不合理之处，补充你的任务流程设计素材库；第二，把自己当成用户去体验自己设计的任务流程，如果有机会，可以邀约团队小伙伴一起来体验下；第三，深入学习和理解业务，这会极大地提升你设计的用户任务流程的合理性。

流程完整

流程完整包括两部分。一部分是指设计既要保证主流程的完整，也要尽可能地覆盖分支流程和异常流程。特别是异常流程，由于异常情况复杂，很难完全一次排查清楚，难免会出现遗漏的情况。另一部分是指每个流程都要形成闭环，包括输入内容与输出内容。

我曾参与一款产品的设计，下面以其"体验设计师查询指派给自己的设计任务"的流程为例进行说明。

产品经理提出在任务模块界面添加一个"指派给我的任务"按钮，通过快捷方式让体验设计师可以快速查询到结果。但我们在对已经存在的任务模块进行排查时发现，体验设计师还可通过其他方式查询到相应的结果，需要一并考虑进去。于是我们梳理出了图 2-16 所示的流程图。

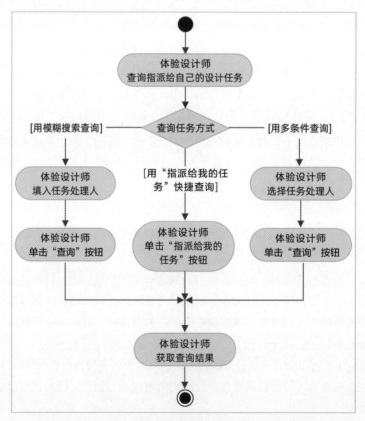

图 2-16 设计师查询指派给自己的设计任务的流程图

在图 2-16 中，用"指派给我的任务"快捷查询的流程为主流程，"用多条件查询"与"用模糊搜索查询"为分支流程。在梳理出主流程和分支流程后，我们就需要梳理每条流程的输入内容与输出内容了。通常来说，在产品经理的 PRD 文档中，会写明流程的输入内容与输出内容，我们只需要把这些要素进行从文字到图的转译即可。以"用模糊搜索查询"这条分支流程为例，我们需要明确用户通过哪些字段可以查找指派给自己的任务，以及字段是否包括任务处理人工号、任务处理人姓名、任务处理人邮箱等相关要素。经过与产品经理沟通，我发现在模糊搜索查询中，用户可以通过任务处理人姓名进行查询，其他输入内容则不可行。而输出内容则是输入内容后的结果，在大部分情况下是字段加上字段值。至于其在展现上是表格，是卡片，还是详情，我们可以在厘清流程后进行设计。这里要注意，我们在绘制界面的时候，应尽量给出真实的数据，不要随意乱造或者直接拿模板占位。

异常流程分为两种类型：一种是通用型异常流程，另一种是业务型异常流程。在体验设计师查询指派给自己的任务时，发生网络异常的情况，这属于通用型异常流程；体验设计师"用多条件查询"，但查询不到对应的结果，这属于业务型异常流程。

针对通用型异常流程，团队内部最好形成一份异常对照清单，保证在每次设计任务流程时可进行对照检查。针对业务型异常流程，我们只需要专门进行设计即可。表 2-9 所示是一份梳理异常流程的思路表。

表 2-9 梳理异常流程的思路表

类型	流程	举例
通用型异常流程	用户无访问权限	/
	服务器繁忙	/
	网络异常	/
	浏览器不兼容	/
	刷新数据失败	/
业务型异常流程	操作错误	输入内容不符合规则
	反复操作错误	反复输错登录账号和密码
	放弃当前操作	取消当前指令
	重新修正	修改导出文件的格式
	长时间不操作	长时间没有操作当前账户
	时间段限制	非某时间段能否操作
	高频操作	反复操作是否要禁用

简洁轻盈

简洁轻盈是指我们在设计任务流程时，要尽量减少用户操作步骤，降低用户操作难度，提升用户学习效率。合理规划页面之间的前后顺序，避免让用户在流程中折返、跳出与被干扰。

我们来看一个案例。该案例的背景：用户为了避免被无效信息干扰，需要自定义界面的表格字段与面板字段，涉及的功能需求包括表格字段与面板字段的互换、字段的显示与隐藏。体验设计师在接到任务后，很快输出了用户自定义界面的表格字段与面板字段的设计稿（方案一），如图 2-17 所示。

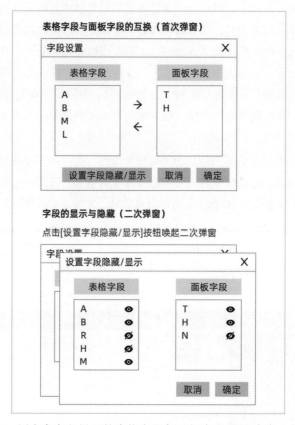

图 2-17　用户自定义界面的表格字段与面板字段的设计稿（方案一）

很明显，用户操作"表格字段与面板字段互换"的流程没有问题，但操作"字段的显示与隐藏"涉及了二次弹窗。用户的操作步骤其实不是线性的，而是需要来回折返的。比如，用户打算将表格中的 R 字段移动到面板中，可打开字段设置弹窗发现表格中不存在 R 字段，那么他就需要单击"设置字段隐藏 / 显示"按钮，唤起表格字段显示与隐藏的二次弹窗，将字段 R 设置为显示，才可以将表格中的 R 字段移动到面板中。可见，方案一还有很大的优化空间。

我们来看方案二，方案二用一个功能开启了这条流程，并且将表格字段与面板字段的互换、字段的显示与隐藏做到了一个弹窗中，让用户可以一站式线性完成该任务，如图 2-18 所示。

对方案一来说，用户任务的可完成性是没有问题的，但任务流程太零碎，导致用户的操作步骤增加，用户在操作过程中来回折返。对 B 端产品来说，用户通过运用产品能高效、顺畅地完成任务是首要的，因此体验设计师在任务流程的设计上需要多关注流程的简洁轻盈。

防错容错

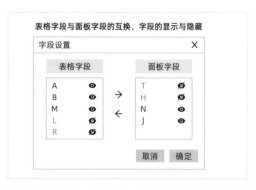

图 2-18　调整后的用户自定义界面的表格字段与面板字段的设计稿（方案二）

防错容错包括两部分：一部分是事前预防错误，即在用户开始操作之前，可以预置和提供与当前操作相关的合理建议与引导，帮助用户明确操作需要掌握的条件，防止错误发生；另一部分是事后纠正错误，即在用户已经发生错误的情况下，通过增加有效提示或提供撤销操作的功能，避免因用户操作失误而造成损失。

下面举 4 个案例，前两个是事前预防错误的案例，后两个是事后纠正错误的案例。

事前预防错误案例一：某 B 端产品是一个用户权限系统，核心功能是为组织创建用户并为用户授权。但由于其菜单较多，用户反馈无法通过菜单名称知晓自己该如何展开任务。用户若无法开始最重要的第一步，就很难展开后续任务，而且还有可能因为操作流程失误而报错。于是在菜单面板页，体验设计师为核心功能设计了任务流程引导图（见图 2-19），解决了这个问题，避免了用户的一些失误操作和无效操作。

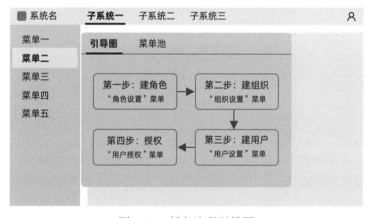

图 2-19　任务流程引导图

事前预防错误案例二：图 2-20 所示是某 B 端产品的用户在开始受理某业务前，被告知当前有业务在途，不可继续受理业务的情形。为什么不允许用户同时受理两个业务呢？原因在于，如果允许用户同时受理不同客户的两个业务，就会出现受理错误（如误将 A 客户的信息填成 B 客户的信息），或出现客户信息泄露的情形。采用事前提示，较好地规避了风险。

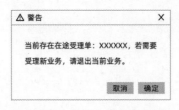

图 2-20　预防错误弹窗示例

事后纠正错误案例一：我之前参与设计一款网盘系统，用户可以将文件上传到网盘中，为了避免用户误删文件而无法挽回的情况出现，我与产品经理沟通并设计了"还原站"菜单。该菜单会在一段时间内保存被用户删掉的文件，若用户想找回删掉的文件，可以从该菜单中进行还原。

事后纠正错误案例二：我们之前为一款产品设计了操作日志，该操作日志的一个特点是除了展示谁在什么时间做了什么动作，还将内容修改的细节进行了清晰的展示。这有助于当操作人员误操作时，能找回原来的内容（特别是对于大段的文本性内容很友好，免去重复打字的麻烦），使操作还原到某个阶段的样子，如图 2-21 所示。

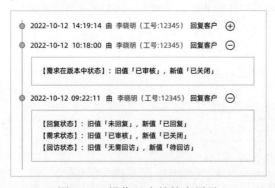

图 2-21　操作日志的特点展示

2.3.3　布局结构，给予用户清晰信息

我们可以将 B 端数字界面想象成画面，那么其布局结构就是画面构图。我们如何布局信息才能达到既美观又好用的目标呢？可以试着从以下几个方面展开。

大局为重

大局为重是指我们在进行 B 端数字界面布局时，需要先确定大的布局结构，完成大的后再进行小区块的布局。微软公司的 Word、PPT、Excel 办公软件三件套，均采用一致的上中下大布局结构。上部包括快捷操作区、导航条、工具栏三部分；中部为主内容编辑区；下部为一些不常用或显示类的功能。在大布局下，设计师对 Word、PPT、Excel 的上部、中部、下部中具体的内容继续进行功能布局。该布局追求两个目标：首先是保证 Word、PPT、Excel 都有的功能被放在同一位置；其次是针对 Word、PPT、Excel 的个性化功能，在符合产品设计规范的前提下专门进行布局。

Word、PPT、Excel 完美诠释了以大布局为重的设计策略，在遵循各自特性的前提下，做个性化设计。比如，Word 因其属于文字处理软件，所以中部的主内容编辑区的默认布局为大块面卡片形式，方便用户进行文字编辑；PPT 属于演示文稿软件，所以其中部的主内容编辑区的布局为左右结构，左边为幻灯片导航区域，右边为单张幻灯片编辑区域。

我们在大多数情况下只为一款 B 端产品设计布局结构，但不妨碍我们参考 Word、PPT、Excel 的布局设计模式：先从大布局开始，再推进到小布局。比如，遵从从导航框架到整个界面，再到卡片这样的路径。

重要优先

重要优先是指我们要优先考虑业务核心界面、用户高频使用界面的布局结构，在把它们的布局结构定下来以后，再去衍生其他次要界面的布局结构。在负责知识图谱的布局结构时，我就遵循了重要优先原则。

知识图谱的菜单不算多，核心菜单主要是类、实例、属性，而实例和属性又属于高频菜单，于是我在了解了知识图谱的整体业务情况后，优先对实例和属性这两个菜单进行了布局设计。考虑到业务人员会频繁地在界面上操作，并且需要快速地对界面上的数据进行对比与增、删、改、查，于是我将线框图阶段的侧边弹层抽屉改成了侧边常驻抽屉，让用户可以根据自身需求收起抽屉与展开抽屉。界面的布局结构如图 2-22 所示。该布局结构为左中右结构，中间区块因属于关键信息展示区域，在宽度上比左右两边大。

图 2-22　界面的布局结构

整体和谐

整体和谐有两个方面：一方面是指从产品整个布局来说，要让用户随便点开任意页面都觉得其非常符合产品的整个布局调性；另一方面是指当我们将静态的单个页面看成一个整体时，要让用户感知到布局是协调的。

我们来看两个案例，感受下布局结构整体不和谐与整体和谐的差别在哪里。

案例一：布局结构整体不和谐。

图 2-23 所示为我使用过的一个 B 端产品的 A 页面和 B 页面，A 页面和 B 页面均为全表格页面。我们仔细看可以发现，A 页面的表格较为宽松，可展示的数据较少，而 B 页面的表格较为紧凑，可展示的数据较多。还有一点差别是，A 页面的查询条件区域在上方，B 页面的查询条件区域在左侧。这两处差别让我无法想象 A 页面与 B 页面都属于一个产品。A 页面与 B 页面都是全表格页面，但整体布局差异很大，不仅让用户感觉不美观，还让用户的学习成本增加。

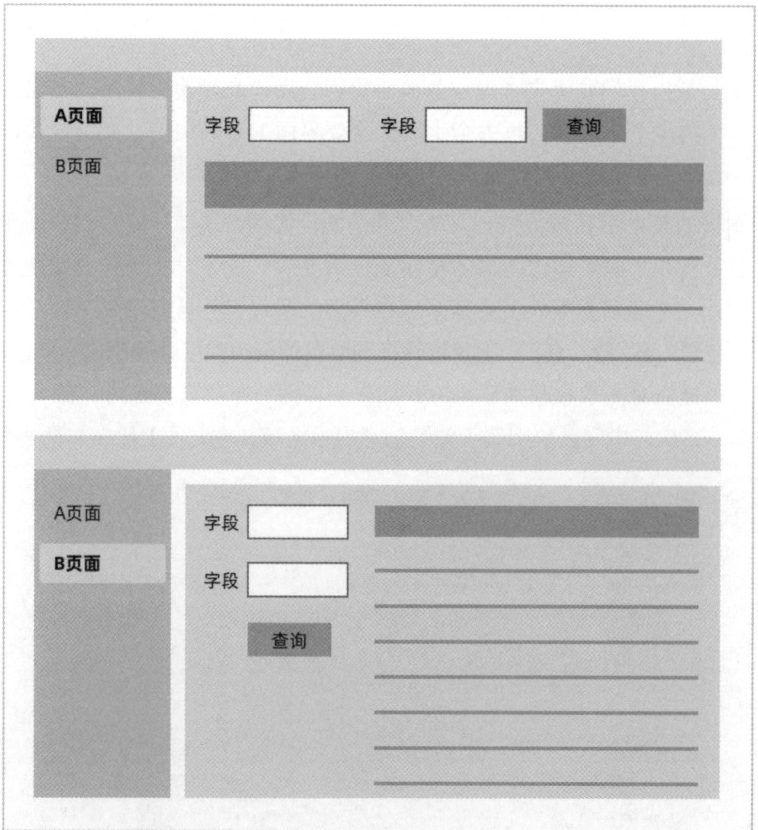

图 2-23　布局结构整体不和谐示例

案例二：布局结构整体和谐。

图 2-24 所示为我负责过的企业级设计规范的 C 页面和 D 页面，C 页面为树表格页面，D 页面为全表格页面，虽然两者不属于同一种类型的页面，但由于我们根据整体和谐原则对两个页面进行了专门的设计，所以我们感觉将两个页面放到同个产品中并不违和，反而很协调。我们仔细看可以发现，C 页面上的表格大小和查询区域位置，与 D 页面是一致的，C 页面仅比 D 页面多了左侧的树控件区域而已。我们并没有因为 C 页面多了左侧的树控件区域而把右侧的表格区域进行重新设计，这是保持整体和谐的一个很重要的思路，即在同一个产品中尽可能沿用同样的布局。

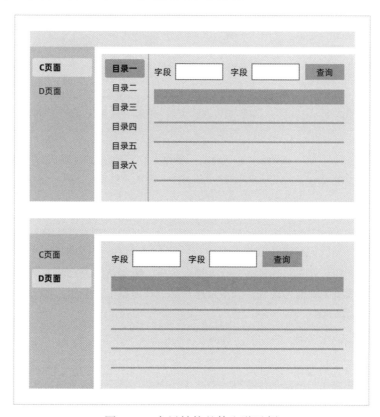

图 2-24 布局结构整体和谐示例

吸引力法则

我们总会不自觉地靠近具有美的外表的事物，总会喜欢价值观与自身相符的人，还会喜欢和自己性格、做事方式差不多的人，这就是吸引力法则。因此，我们在对 B 端产品界面进行布局结构的设计时，也要遵循吸引力法则。

比如，我们在布局时要考虑适当留白，不要为了呈现更多的信息而导致界面拥挤不堪，留白会让用户在长时间使用产品的情况下依然心情舒畅。再如，我们要考虑布局是否符合人眼的视觉动线，一般在阅读信息的时候人眼的视觉动线呈 Z 形或 F 形，那么我们在布局的时候要遵循这一规律，把重要的信息放到界面的左上方。

图 2-25 所示是一个违反吸引力法则的界面设计示例。E 页面是某 B 端产品的卡片页面，体验设计师为了将卡片页面做出特色，将原本属于同一卡片上的信息进行拆分设计，分为了上、中、下三层。上层为图片，是第一个容器；中层是描述文字，是第二个容器；下层是按钮，是第三个容器。再加上界面上还有其他模块的容器，导致整个界面的信息块非常多，较为零碎。同时，界面整体排版拥挤和卡片尺寸不一也是问题。人类喜欢的美是整体美、和谐美，因此，体验设计师应当从界面整体布局上进行考虑。

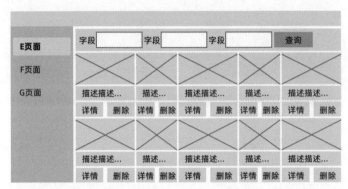

图 2-25　违反吸引力法则的界面设计示例

适配终端

适配终端是指我们在进行 B 端产品的布局结构设计时，要考虑目标产品会在用户的哪些终端上被使用。如果目标产品会在大屏、手机、电脑这三类终端上被使用，那么我们在布局的时候就要提前考虑到；如果目标产品只在电脑上被使用，那么我们只需要设计电脑端的布局即可。

在适配多端的布局中，我们要注意两点：大框架布局和内容布局。

下面以适配手机端和电脑端为例：首先，手机端和电脑端的布局需要在大框架上一致，保证用户能感知到产品的整体性，但也无须完全一致，如内部子区块的布局可以针对手机端和电脑端专门设计；其次，要考虑展示的内容在手机端和电脑端是否要一致，通常来说，由于电脑端屏幕空间大，呈现的内容会比手机端多，手机端只能展现产品非常核心的内容。以上两点是我们在处理多端布局结构时需要考虑的。

图 2-26 和图 2-27 所示的是 Worktile 电脑端（MAC Web 界面）和手机端（iOS）的界面布局。我们可以发现，在大框架布局上，电脑端和手机端是有差异的，手机端将最重要的消息、项目、工作台、应用放在了醒目的位置，而电脑端所包含的内容比其多。在内容布局上，由于手机端的屏幕空间有限，只展现了我的任务、统计报表、人员视图这些常用模块。

图 2-26　Worktile 电脑端的界面布局

图 2-27　Worktile 手机端的界面布局

如果前端框架使用了响应式布局，那么体验设计师只需要输出一份设计稿，就可以实现一个网站兼容多端，它可以在一定程度上快速为用户提供一致的用户体验。为什么是在一定程度上呢？因为虽然一份设计稿可以搞定多个终端，但终究不是为每个终端的特定场景设计的，用户体验达不到最佳。

提炼典型

针对 B 端数字界面的布局结构设计，我们可以通过提炼典型的方式，加快进程，提升方案的专业度。

不同页面由于其面向的业务场景不同，在布局上是有差别的，但对其自身来说，又有布局规律。下面我以驾驶舱类页面、全表格页面、全页面结果页为例进行说明。

（1）驾驶舱类页面。

驾驶舱类页面（见图 2-28）通常作为产品首页出现，产品内各种重要的数据和信息都会展示在驾驶舱类页面上，供用户总览全局、做出决策使用。因此，驾驶舱类页面的页面布局更加注重模块化、主次有序、整体性。驾驶舱类页面的布局结构多以卡片形式出现，卡片大小以实际需要承载的数据及图表类型为准，通常饼图的卡片宽度比折线图的卡片宽度要小。

图 2-28　驾驶舱类页面

（2）全表格页面。

全表格页面（见图 2-29）以大量数据为主，用户在全表格页面上的主要操作是查询信息、编辑数据、导出数据等。该页面主要由查询区／按钮区、表格区、分页器区等模块组成。为了保证模块间的层次分明，我们需要从上至下对这些模块进行有序的展示。全表格页面的布局结构围绕表格这个核心组件展开，其他模块依次围绕其布局展开。我们可以发现，表格已经占据了用户视觉的中心区域，其余内容只能摆在表格的上部和下部。根据用户查询与操作数据的习惯，全表格页面的布局可以分成上、中、下三部分，上部为查询区／按钮区，中部为表格区，下部为分页器区。

图 2-29　全表格页面

（3）全页面结果页。

全页面结果页（见图 2-30）主要呈现用户在完成页面操作后得到的反馈，反馈结果有失败的，也有成功的。用全页面展示操作结果，通常是因为该结果对用户来说很重要，需要用户重点关注。全页面结果页的布局结构由五部分组成，从上至下依次是配图、标题、描述、操作、补充信息。

配图：用图形化的方法将结果明确地反馈给用户；

标题：该位置放置结果标题；

描述：在对结果进行简要解释时使用；

操作：引导用户完成后续的工作，或返回首页；

补充信息：在通知结果的同时，有补充信息需要展现给用户的，可以进行说明。比如，对一些 SaaS 产品来说，可以给用户推荐一些运营内容，这些内容最好要和本次任务有相关性，否则会让用户感觉自己受到了打扰，觉得产品不专业。

图 2-30　全页面结果页

2.3.4　交互设计，定义人机互动模式

假设你要分别进入两个房间拿东西，两个房间均黑乎乎的，现在你需要打开每个房间的灯，才能拿到东西。其中，A 房间灯的开关就在门口，你按一下就可以打开，但 B

房间灯的开关在屋子里面，并且在墙壁较上方，很难够着，你需要将开关连续按三下才能打开灯。你觉得哪个房间灯开关的交互好呢？我想你心中已有答案。

那么，对体验设计师来说，该如何为产品设计友好的交互模式呢？

由面到点

首先，我们来了解 B 端产品的宏交互和微交互。宏交互是指页面之间、组件本身的一些常规性交互。宏交互是必不可少的交互，其指向用户能否完成任务，如单击 A 页面的"新增"按钮、跳出新增数据弹窗。微交互是指那些给用户带来小惊喜的交互，如徽标数（通知未读消息数量）、按钮动效（用户单击按钮时的动效反馈）、页面下拉刷新动效（刷新数据时出现的有趣动画）。微交互用得恰到好处，会带给用户惊喜，并起到引导用户行为的作用；如果用得不好，就会分散用户的注意力，影响用户展开任务。

我们在展开界面交互设计时，要避免一会儿设计 A 页面中 A-1 模块的交互，一会儿又去设计 A 页面与 B 页面之间的交互，从而导致输出的交互逻辑漏洞百出，或考虑不周。

那么，我们该如何做，才能尽量避免自己设计的交互逻辑不合理呢？我们可以根据由面到点的设计原则展开（从宏交互到微交互），逐层去设计，依次是页面间交互、模块间交互、组件间交互、组件内交互、微交互。

页面间交互是指页面与页面之间的交互。比如，单击 A 页面的某个功能，系统会跳到 B 页面。

模块间交互在这里是指页面内的模块交互。比如，A 页面的 A-1 模块与 A-2 模块之间的交互。以全表格页面的查询区与表格区举例，单击"查询"按钮触发表格数据展示，就可以被定义为模块间交互。

组件间交互是指组件与组件之间的交互。比如，选择 A 组件的某个选项，会联动 B 组件内部被填入某个值。

组件内交互是指组件内部的交互逻辑，通常来说，B 端产品使用的是第三方开源组件，因此无须考虑组件内部的交互逻辑，但有些组件属于业务组件，需要我们自己设计，这就涉及组件内交互。比如，设计单选选择器的键盘交互，需要用到哪些快捷键，才能符合用户习惯。

符合用户常识

《常识工作法》一书说："常识是指人类基于经验、观察、智力和直觉形成的并不完善的判断和本能。在常识存在的地方，人们的幸福感、生产率和生活质量往往都会得到提升；在缺乏常识的地方，人们会抓狂。"

在展开 B 端产品的交互设计时，我们需要遵循用户常识。试想，如果界面交互在很多时候都与我们的日常认知不符，那么我们还会传达好的口碑出去吗？

语雀虽然是 Web 端的产品，但其使用便捷程度堪比 C/S 产品。语雀保留了很多友好的、通用的快捷键使用方式，如在苹果电脑中保存的快捷键为"Command+S"等。我接触过的 B 端产品从客户端升级到 Web 端后，保留了很多常识性的快捷键，方便用户直接上手操作。

产品的使用者是真实的人，而人是活在常识中的，用户体验设计只有遵循常识，才能拥有长久的生命力，放弃常识只会让用户离开。

不干扰用户

不干扰用户是指我们不要设计一些过度的交互来影响用户正常的操作。比如，频繁使用弹窗，打断用户当前的操作流程；再如，在不该加微交互的地方加了各种微交互，导致用户无法将视线定位在重要数据上，总被无效交互干扰。

我接触过一款 B 端产品，它有一个神秘功能：不论通知消息的重要等级是多少，只要有消息来，系统就会发出"叮当——叮当——"的声音，而且你怎么找都找不到关闭声音的地方。我只能在打开这个产品时，先把电脑的声音关了，但这影响我进行其他活动，如视频会议。后来我不得不咨询客服人员，才得知这个功能被隐藏到了非常深的地方。

B 端产品的核心是解决组织与用户实际的问题，因此我们在进行 B 端产品的交互设计时，要注意克制，切不可为了把交互设计得很有趣，干扰了用户正常的操作。

直观性

B 端产品的交互设计要以直观为主，尽量避免使用隐藏式交互，并不是说完全不能用，但要尽可能少用。比如，需要通过鼠标 Hover 功能才出现就属于隐藏式交互。一些约定俗成的隐藏式交互可以采用，但颠覆式创新最好不要用，除非能让用户明显感知到此处可以通过鼠标 Hover 或其他手段来获取更多功能。用户打开系统并不是来体验生活的，而是来完成任务的，因此交互要直观。

图 2-31 中有 A、B 两个页面，我们仔细看每个页面的右上角，A 体验设计师将 A 页面中的"更多"按钮放到了界面上，对用户来说很直观；而 B 体验设计师将 B 页面中的"更多"按钮隐藏了起来，需要鼠标经过按钮附近区域才会显示。B 页面的按钮交互，用户若没有探索的心态，是很难发现的。

交互规则统一

交互规则统一是指依据 B 端产品的实际情况，制定一些交互上的通用规则，避免同一个功能又衍生一个新的交互。

在 B 端工作这些年，我见过太多的产品只做了视觉规范的统一，但没有做交互规则的统一。我见过一个 B 端产品，其 A 页面和 B 页面的分页器不同，这导致交互方式差异较大，如图 2-32 所示。

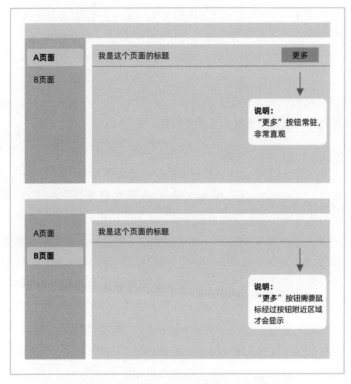

图 2-31　"更多"按钮的不同交互

图 2-32　A 页面和 B 页面的分页器

　　还有，某 B 端产品的两个全表格界面 A 页面和 B 页面，对表格单行数据的操作不相同。A 页面的操作按钮常驻界面上，使用直接单击的交互模式；B 页面的操作按钮默认隐藏，使用鼠标 Hover 显示的交互模式。同样的功能却使用了不同的交互模式，显得产品不专业、用户体验不友好。

　　因此，对同一个产品的同一功能来说，体验设计师要根据全局性的交互规则做统一梳理，从而提升设计效率，降低沟通成本，提升研发效率。如果我们能够对这些多处使用的交互模式进行及时整理,那么在实际工作中只需要随时查找和调用即可。在第 4 章中,我会对交互规则进行更详细的讲解。

2.4　视觉模型——制定产品设计风格

视觉模型定义了设计 B 端数字界面需要涉及的一系列视觉设计方法,从企业级层面指导组织对数字界面风格进行整体定义与规范,形成具有品牌个性、感知一致、体验友好的用户界面。

视觉模型需要根据业务复杂度来逐层建立,不建议一次性构建全面而无效的视觉模型。

2.4.1　品牌个性,定义产品 DNA

《品牌设计法则》一书提到:"如果能够立足于品牌的高度去思考自己的工作和项目,就会让你的设计变得具有商业深度,也更加成熟、可信、落地。"在《运营之光》中,teambition 的创始人齐俊元曾经说过:"我们(teambition)一直都在关注品牌的维护,从第一天有这家公司起我们就一直通过各种方式对外去传递 teambition 到底是一家怎样的公司,以及想要做一些什么样的事等。"可见,产品需要建立品牌已经被很多企业家认同。

以往,体验设计师在设计数字界面时会忽略对产品品牌的塑造,现在,是时候拾起来了。将品牌思维融入数字界面,可以让产品更具有故事力与市场竞争力,拉近用户与产品的距离,建立用户忠诚度。同时,这也是让自己的产品区别于竞争对手产品的有利法宝。你可以这么认为,品牌是产品与用户沟通的桥梁,让用户在茫茫同类产品中第一时间想到你的产品。当你的产品最先出现在用户脑海中时,你就成功了一大步。

在我们进行具体的 B 端数字界面品牌视觉识别元素打造前,需要先对产品的品牌个性进行定义。品牌个性是指产品所具有的人格特质,我们可以使用"友善的、年轻的、可靠的、时尚的"这类描述人的特质的词汇来描述产品。对品牌个性进行定义,可以为后续展开 Logo、吉祥物等品牌符号的设计提供必要的信息支撑。品牌个性的推导,具体可以从以下几个方面展开。

产品属性

产品属性从产品自身的角度描述了品牌个性,产品各维度的属性是构成品牌个性的基础要素。那么产品属性具体是什么呢? 我们一起来看看。

假如一个人叫钱明，是一名男性，36 岁，有房有车，职业是高端理财销售顾问，那么他给人的印象就是专业的、成功的、自信的。姓名（钱明）、性别（男）、年龄（36 岁）、职业（高端理财销售顾问）、资产（有房有车），这些就是钱明的人物属性。而"专业的、成功的、自信的"是我们通过钱明的人物属性推导出来的。产品属性和人物属性类似，包含了一系列对产品基本情况的描述，如产品名称、产品定位、目标客户等。表 2-10 所示是 B 端产品属性收集表的模板，你也可以根据情况进行调整。

表 2-10　B 端产品属性收集表的模板

编号	内容	描述
1	产品名称	该产品的简称与立项名称
2	产品简介	包括产品解决的痛点、产品定位、产品亮点、产品主要模块等内容（该部分内容可根据实际需要进行拆分，如将产品定位拆分出来）
3	服务行业	该产品所服务的行业，包括主要行业与其他行业
4	目标客户	宜引入客户画像（企业画像），包括核心客户、其他客户
5	目标用户	宜引入用户画像，包括核心用户、其他用户
6	功能范围	宜阐述核心功能，包括其分别解决客户哪些痛点
7	价格区间	该产品的价格情况
8	备注	其他未说明事项

竞品属性

竞品属性是指核心竞品所具有的一系列特征，其从竞品角度为产品品牌个性的形成出谋划策。体验设计师收集到了核心竞品的属性，就可以制定差异化的设计策略，帮助自身产品在市场上形成独有的品牌个性。

同属研发项目管理解决方案领域的 B 端产品 JIRA 和 ONES，就呈现出不同的品牌个性。JIRA 是传统的、沉稳的、老牌的代表，而 ONES 是年轻的、活力的、新兴的代表。如果 ONES 没有对 JIRA 做深入的竞品属性分析，就不会有现在的品牌个性。不论是在功能全面性方面，还是在界面体验上，ONES 都与其竞品 JIRA 有差异。

关于竞品属性该如何收集，可参考 B 端产品属性收集表。我们还可以在此基础上，新增两栏内容：竞品的"品牌个性"与"视觉设计风格"。"视觉设计风格"这栏还可以配图并展开详细分析。

客户期待

客户期待从被服务方维度回答了其所期待的产品的品牌个性，是从目标客户角度推导出品牌个性的方法。

假如你是一个平时穿着很随意、个性大大咧咧的人，你的目标是进入一家大公司成为人力资源主管。招聘企业对候选人的期待是什么呢？我想，一定不是一个穿着随意、显得不够专业的人，而是一个穿着正式、对自己有要求、专业能力过硬的人。同理，对产品品牌个性的定义，也需要考虑目标客户所在的行业特性与使用期待。比如，我们服务的目标客群是医疗企业，为它们提供数字化转型所需的相关系统，而医疗企业不会希望使用的系统的界面风格是卡通的，那么我们就要避免使用卡通的设计风格。医疗企业的系统界面适合采用绿色与白色搭配的清新风格，或者蓝色与白色搭配的专业风格。

客户期待是客户站在自己的角度考虑的，客户并不会直接告知我们其在期待什么，因此我们要用客户画像推导客户期待。

人格理论模型

人格理论模型属于心理学范畴，其是通过一系列的测试机制，描述一个人的个性特质的一种方法。目前业界有卡特尔人格特质理论、特里根七因素模型、珍妮费五大品牌人格量表、大五人格模型等人格理论模型。我们可以借助人格理论模型提炼产品的品牌个性，得出品牌个性的关键词。当然，没有借用人格理论模型，问题也不大。

由于人格理论模型是用来描述人的个性的，因此，有些词汇并不适合描述 B 端产品。比如，大五人格模型中有一种人格是开放性，开放性具有想象、审美、情感丰富、求异、创造、智能等特质。而审美、情感丰富这类词汇不适合用到 B 端产品中，但想象、创造、智能对 B 端产品来说可用度较高。当然，不同领域的 B 端产品在品牌个性的打造上也不尽相同。

在简单了解了人格理论模型后，我们可以根据企业所在行业的实际情况，对现有人格理论模型的描述词汇进行调整和优化。以大五人格模型为例。大五人格模型经过各种演绎，衍生出很多模型。比如，黄胜兵和卢泰宏总结了具有中国特色的品牌个性维度——"仁、智、勇、乐、雅"；1997 年美国著名学者 Jenniffer Aaker 总结了美国文化背景下的品牌个性维度——纯真、刺激、胜任、教养、强壮。

2.4.2　风格定义，成就特色品牌

风格定义是指定义 B 端数字界面的视觉表现形式，其概念远远比色彩定义更加宽泛，色彩定义只是其中的一部分。比如，用 C4D 打造的 3D 画面，不仅有色彩，还有造型、轮廓、点缀物、背景等元素，它们共同构成了 3D 画面的视觉设计风格。

打造产品风格是区分产品与竞品的极好方法。比如，即使把苹果电脑的 Logo 遮住，你依然可以快速识别出这是苹果电脑，它的外轮廓、质感、设计细节无一不在向用户传达着"我是苹果电脑"的声音。并且，风格在区分同产品的不同版本时也同样适用。用户如何区分 iPhone 4S 和 iPhone 12 呢？图标的拟物化和扁平化是其中一个识别点，从 iOS7 开始，苹果界面中的图标都扁平化了。

对 B 端数字界面的风格进行定义，要在品牌个性的基础上展开。风格定义在被完成之后，就可以反哺品牌视觉识别符号的样式设计了。在定义数字界面视觉设计风格的过程中，可以利用情绪板、设计趋势、色彩倾向展开。

情绪板

情绪板诞生于 20 世纪，设计者在定义自己产品的风格前，会将报纸上符合关键词的图片减下来贴到一起，从而作为设计方向的参考。参考方向可以是色彩、材质、背景元素、元素 / 组件方圆角、布局紧凑度等，只要是视觉能感受到的，均可以被吸收进来。这也是目前大厂都在用的定义数字界面视觉风格的基础方法。

由于每个人对同一词语视觉展现的感知是不同的，使用情绪板的好处在于让大家的感知可视化。比如，在听到"舒适"一词的时候，你脑海中产生的画面是"在大草原上呼吸新鲜空气，仰望蓝天，沐浴阳光的感觉"；而他脑海中产生的画面是"躺在暖暖的被窝里，吃着薯片并追着电视剧"。因此，采用情绪板可以将所思所想具象化，提前将大家不同的感知拉平。

这里要注意，由于品牌个性的关键词有 3~5 个，这些关键词有时候不足以支撑我们推导出情绪板，这时我们就需要加入衍生关键词。

比如，某 B 端产品的一个关键词是"活力的"，我们可以根据"活力的"推出一些衍生关键词，如橙色、绿色、明亮、旺盛、草芽、春天。其中，"橙色、绿色"是颜色词语，"明亮、旺盛"是形容词，"草芽、春天"是名词，我们可以找到与它们对应的图片，将这些图片汇集到一起。

我们每次在从 0 到 1 构建一款 B 端产品时，都会采用情绪板来辅助产品团队决定产品的视觉设计风格，通过一遍遍的设计改稿，决定最终风格。

设计趋势

定义风格需要考虑视觉设计的趋势潮流。设计趋势会随着时代环境的变化而变化，就像 iOS7 前后的拟物化风格与扁平化风格一样。

B 端数字界面有其使用环境的特殊性。3D 设计风格、新拟态设计风格、毛玻璃设计风格、卡片式设计风格、多色弥散渐变设计风格等，即便它们是设计趋势，也并不都适用于数字界面。比如，新拟态设计风格的前景层元素与背景融合较为紧密，导致前景层元素的识别度低，因此其不适合追求内容清晰的 B 端产品。

假如我们要在数字界面中引入设计趋势的风格，要怎么办呢？可以根据以下步骤展开。

（1）掌握设计趋势的风格：我们希望引入当下流行的 B 端产品设计风格，那么我们需要对设计趋势的风格有所掌握，如此才能在里面选出合适的那一种，否则就成了自创，当然，我们自创的风格有时也能成为设计趋势。

（2）确定大基调：确定大基调是指定义数字界面的整个风格走向，如是宽松卡片式，还是紧凑单背景式。我们可以依托情绪板等视觉研究工具，进行设计风格筛选，最终明确设计风格的大基调，为后续细致刻画做准备。比如，Google 的卡片式设计风格——Material Design，为 Google 手机、平板电脑、桌面等不同终端上的一系列产品提供了总的设计指南。

（3）小范围使用：小范围使用是指在大的设计风格基调下，把风格小范围地纳入数字界面中使用，而不是在数字界面的角角落落都要采用。我们团队在设计某款桌面客户端产品时，想让产品采用轻盈的 3D 风格，但因 3D 风格不适合大面积使用，因此只在其安装界面、版本更新弹窗等位置融入了一些 3D 元素，打造该款产品的 3D 调性。

将 B 端数字界面打造成卡通式设计风格的似乎并不合适，但钉钉的做法值得借鉴，钉钉也采用了小范围使用的方法。钉钉的体验设计师绘制了一套线面结合的卡通风插图，将其应用在缺省页等一些用户使用频率不高的场景中。图 2-33 所示、图 2-34 所示为钉钉搜索结果页无数据和钉钉知识库无数据的设计风格，均为卡通式设计风格，既没有破坏钉钉专业的协同办公形象，又增添了一丝活泼、俏皮的感觉。

图 2-33　钉钉搜索结果页无数据的设计风格

图 2-34　钉钉知识库无数据的设计风格

色彩倾向

　　色彩是 B 端数字界面风格定义中的关键因素，用户可以通过色彩来感知产品传达的调性。红色给人热烈、温暖的感觉；蓝色给人专业、冷静的感觉；绿色是自然、清新、健康的代表。

　　对 B 端产品来说，界面色彩的运用十分考究，色彩可以定义产品是谁、其与竞品之间的差异是什么，以及可以传递什么样的品牌个性。虽然 B 端数字界面的色彩可以通过换肤来解决，但是我们要知道，产品默认色也极其重要。我特意向身边的朋友进行调研，结果发现对于面向工作场景的 B 端产品，大多数用户基本不会改变其界面颜色，通常使用产品的默认配色方案。在 B 端数字界面的色彩方案输出中，可以从标准色与辅助色展开。

　　（1）标准色：标准色也称主色，通常是某一个特定的颜色，或者是一组色彩，表达了产品的品牌个性。在 B 端数字界面中，标准色通常只有一个，使用在 Logo、主按钮、文字按钮、选中内容上。不过也有例外情况，在我们团队服务过的某个项目中，标准色为两个，与该企业的 Logo 相呼应。

　　数字界面标准色的建立，要符合行业调性。比如，银行业系统常使用红色、橙色；资产管理系统常使用蓝色；无特殊行业要求的 OA 系统常使用绿色、蓝色、紫色；科技行业的人工智能系统的界面标准色以高饱和度的蓝色为主；一些投资交易系统禁用绿色（在我国股市中绿色代表"跌"）。

　　（2）辅助色：仅有标准色，还不能满足 B 端数字界面的需要。比如，文字就不适合用标准色，鼠标 Hover 的颜色也不适合用标准色。同时，一些特定的场景，如操作失败、操作成功，也不适合直接沿用标准色。界面仅用标准色，不仅会显得很呆板，还不能更好地向用户传达关键信息。因此，在标准色的基础上，我们还需要引入辅助色。辅助色包括功能色、背景色、阴影色、文本色等，具体详见 3.3.1 节。为 B 端数字界面选用辅助色，要符合界面场景的实际需求，不建议一次性引入很多种色彩（等到将来需要时用），而应遵循"用时添加"的原则。

2.4.3　品牌符号，融入用户内心

在完成产品风格的定义后，我们需要考虑数字界面的哪些元素可作为品牌识别符号呈现给用户。通过把风格融入符号中，可以打通用户与产品的情感连接。我经过实践总结了一些方法，在具体构建过程中，可以从 Logo、辅助图形、吉祥物、其他元素展开。

Logo

说起品牌，很多人首先想到的是 Logo，也就是我们常说的标志。的确，Logo 是品牌传递的核心元素，是企业对外进行信息传播的主导力量，是企业区别于竞争对手的最好资源。它不仅是一个可视化的符号，更是企业的无形资产。苹果的 Logo、星巴克的 Logo、麦当劳的 Logo、可口可乐的 Logo 可以说非常成功，连几岁的小朋友都认识它们。

Logo 是产品的核心品牌符号，完成对 Logo 的定义，便可以开展一系列符合品牌定位的视觉识别元素的设计了，如吉祥物、辅助图形。假如是刚起步的创业公司，产品 Logo 基本会沿用企业 Logo，而当企业内产品越来越多的时候，设计产品的专属 Logo 就被提上了议程。关于 Logo 的设计流程，已经有很多书进行了细致的讲述，我在此不再赘述。下面，我将对 B 端数字界面中 Logo 设计宜遵循的原则进行阐述。

（1）简约化。

简约化是指 Logo 的形态要简洁，不能过于复杂。从理论上来说，产品 Logo 会被使用在官网、白皮书、桌面图标、PPT、钉钉群头像、数字界面登录页与顶部导航等位置，Logo 要适应如此众多的环境，就需要形态简洁。

我经过多次实践发现，在设计 Logo 时，可优先考虑符合数字界面顶部导航的场景，原因在于此场景属于刚需场景且限制因素多，若在该场景下 Logo 应用基本无误，那么在其他场景下也不太容易出错。通常 B 端数字界面顶部导航的高度为 34px~52px，这就需要保证 Logo 足够简约，才可以在该空间下让用户识别，不至于看不清楚。Logo 适合采用圆形、椭圆形、正方形这种饱满的形状，不适合用线条、有机图形、长条状纯文字图形这类缩小后识别度较差的图形。如果 Logo 具有负空间，那么负空间不可占比太大，否则在缩小后容易只见空白不见形。

以我开发的两款 B 端产品的 Logo 在数字界面顶部导航上的使用效果为例（已脱敏），前一个 Logo 清晰可识别，后一个 Logo 因元素复杂在缩小后不易被识别，最终效果不佳，如图 2-35 所示。

图 2-35　两款 B 端产品的 Logo 在数字界面顶部导航上的使用效果

（2）独特性。

独特性是指 Logo 的特殊视觉卖点，是将产品与竞品区分开的关键因素。要将 Logo 设计出独特性不容易，需要对产品、竞品，以及 Logo 的设计手法都有深刻的认知才行。

阿里云的 Logo 可以说是具有独特性的典范，至少在它被发布那一刻，我就快速记住了。2016 年，阿里云发布了全新的 Logo，取代了之前的"云"字 Logo。新 Logo 从计算出发，"[ ]"符号来自代码中常用的符号，代表计算，中间的"–"代表流动的数据。阿里云管控台的 Logo 直接沿用阿里云的新 Logo（见图 2-36），代表着阿里云从服务中国到服务全世界的梦想。

图 2-36　阿里云的 Logo 在管控台顶部导航的使用效果

（3）易记忆。

易记忆是指用户一见到 Logo，就会想到产品，最终想到品牌背后产品提供的服务及能力。就好比我们看到"M"这个黄色大字母，就会想到提供薯条、炸鸡、可乐的麦当劳。

一些 B 端产品的 Logo 很简约，也有独特性，但是其不容易让用户记忆，那么产品就很容易被遗忘，更不用说品牌背后的服务了。比如，"张三"就比"李三可一乐二王五"这个笔名好记（笔名为虚拟），虽然"李三可一乐二王五"这几个字笔画不多，但不容易记忆。而"张三"非常好记，那么用户想到"张三"，就可以顺势想到与张三相关的各方面。Logo 也是类似的道理。

很多 B 端产品为了让用户记住自己，直接用了文字 Logo，如 salesforce、北森、SAP；还有一些产品使用了"图标＋文字"的 Logo，如纷享销客、gitee、Worktile，如图 2-37 所示。易记忆对应了易传播，假设有人问我纷享销客是什么，我会马上想到一只小蜜蜂，然后就可以继续介绍纷享销客了。

图 2-37　易记忆的各种 B 端产品的 Logo

（4）易延展。

易延展是指原本主要为 B 端数字界面顶部导航场景设计的 Logo，也需要适当考虑未来在其他场景下使用的可能性，如桌面图标。此外，体验设计师还需要提前考虑从 Logo 延展到辅助图形等元素的场景，避免定稿后推倒重来。

图 2-38 所示的 Logo 在 B 端数字界面顶部导航场景下清晰、易识别，但在设计桌面图标时就出现了细节识别度不佳的情况，需要重新调整。

图 2-38　延展性差的 Logo 示例

辅助图形

对于企业重点打造的 B 端产品，我们需要引入辅助图形来打造其品牌识别符号。我们以 Logo 为主线，对辅助图形进行定义，丰富 B 端数字界面的视觉风格。辅助图形可以用在卡片组件封面、特殊弹窗（如产品更新弹窗、产品亮点介绍弹窗）、帮助引导卡片 / 界面、特殊图标、块状元素背景中，通常与插图元素结合使用（插图资产详见 3.4.1 节），提升视觉丰富性。下面我们来看 B 端数字界面辅助图形的设计方法。

（1）拆解法。

拆解法是指将 Logo 进行有序化拆分，拆分的部分成为单独的元素，一般会被使用在界面插图的点缀层或背景层。

（2）特征法。

特征法是指选取与 Logo 相似的特征，进行设计发散。比如，Logo 由方形组成，那么界面辅助图形适合使用方正、有角的几何图形，如长方形、正方形、六边形、三角形，而不适合使用圆形、椭圆形这些给人圆润、柔和感的图形。

（3）衍生法。

衍生法是指根据 Logo 的特性，如颜色特性、图形特性、寓意特性等，对辅助图形进行有针对性的衍生，但要尽可能与 Logo 的风格气质保持一致，避免让用户感觉设计毫无规律。

（4）几何法。

几何法，顾名思义，就是直接运用几何图形设计辅助图形。由于 B 端场景的特殊性（用户以完成任务为主，以界面素净为先），几何图形可以说是万能法宝，屡试不爽。

我们要注意，不论采用何种方法，B 端数字界面辅助图形的设计都不宜太复杂。不同几何图形的组合、云朵与水波纹等较为朴素的有机图形，比较合适 B 端数字界面辅助图形的设计。

吉祥物

要想让产品的品牌识别度更高，吉祥物是我们可以考虑的方向。在 B 端，钉钉的钉三多、阿里云的小 ET、金山文档的金小獴、校宝的小宝是广为人知的吉祥物，它们给用户带来了特别的体验感受，拉近了产品与用户之间的距离，如图 2-39 所示。

图 2-39　四个吉祥物

为 B 端产品设计吉祥物，其设计步骤与方法和设计一般吉祥物相似，宜遵循以下原则。

（1）选择对象。

选择符合产品调性的原型作为设计参照对象，作为吉祥物的基础造型，这样就有了设计落脚点。比如，钉三多以尖尾雨燕为原型，金小獴以狐獴为原型，小宝以犀牛为原型。再如，人工智能产品就不适合用卡通的小猪、小马等现实中存在的形象作为原型，适合使用有科技感且现实中不存在的虚拟原型，小 ET 就是如此。

（2）塑造故事。

虽然吉祥物在大多数时候只存在于数字界面上，在特殊情况下才有可能被制作出来，但这都不影响我们需要赋予吉祥物一个故事，让它拟人化。故事包括它的名字、身份、性格、特点和由来，以及与产品相关的一些内容。通过组织这些内容，可以让吉祥物鲜活起来，进而拉近产品与用户之间的距离。下面我们来简单看下金山文档金小獴和恒生光仔的故事。

金小獴是一个有点懒、爱睡觉，但一被戳就会很精神的"同学"。它性格活泼，喜欢交朋友，在团队合作中非常尽心尽职，是每一个人工作中的好伙伴、好战友。这非常符合金山文档的产品定位。

还有我们团队设计的恒生首席技术体验官——光仔，它是一个虚拟形象，被定义为思维敏捷、有点害羞、乐于解决技术问题的"同学"，如图 2-40 所示。透过眼镜，它可以快速对环境和趋势进行判断。它的世界观是永不满足，渴望创造和改变世界。

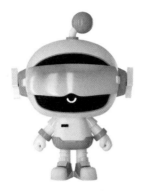

图 2-40　光仔

（3）关联品牌。

在设计吉祥物时候，需要关联品牌个性，不能孤立设计。假设产品的品牌个性是专业、科技、安全，那么我们就不能设计一个粉色小猪作为吉祥物。关联品牌可以说是一个基础要求，不论是吉祥物的配色、造型，还是衣着打扮，都要和品牌有关联。

阿里云的吉祥物小 ET 拥有棱角分明的外形，脑袋大，身体小，非常抽象。大脑袋代表高超的智慧；外形可以随时变换状态，代表科技的持续发展；亮银色赋予小 ET 独特的科技感，与阿里云面向人工智能、大数据、云计算等前沿科技很搭。小 ET 除了有一款亮银色的，还有一款橙色的，与阿里云 Logo 的橙色一致，这是品牌关联的极佳实践，如图 2-41 所示。

图 2-41　小 ET（亮银色与橙色）

其他元素

打造 B 端产品数字界面的品牌识别系统，还涉及其他元素，包括欢迎语、登录页、缺省页等。就像我们要打造自己的某种形象（如高知女企业家），只穿一套合适的衣服是远远不够的，还需要点缀一些配饰，如耳环、胸针、项链等。

（1）欢迎语。

欢迎语是在用户登录系统后，在工作台页面或者欢迎页面呈现出来的具有引导性的标语。合适的欢迎语表述方式，可以达到品牌传播的效果。我们打造的欢迎语若简洁、明了且有亲和力，将大大提升用户对产品的信赖感。Worktile 企业系统管理后台的欢迎语是 "张果果，欢迎使用 Worktile，您现在所在的是果果工作室的企业系统管理后台"，其相对来说表达还是不错的，既点明了产品是谁，又表达了当前使用系统的用户是谁，还告知用户你在哪里，以及可以做什么，如图 2-42 所示。

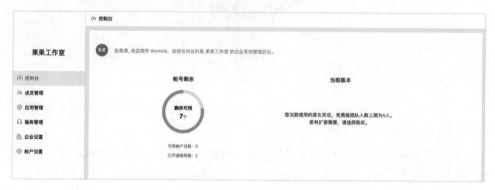

图 2-42　Worktile 企业系统管理后台的欢迎语

（2）登录页。

登录页作为用户在打开产品链接后第一眼看到的对象，非常适合植入品牌元素。最直观的是添加产品名，当然还可以在登录页背景上加入辅助图形、吉祥物、插图等品牌识别元素。图 2-43 所示是阿里巴巴旗下团队协作工具 teambition 的登录页。teambition 的登录页含有 teambition 的文字版 Logo，以及图形版 Logo 中的一部分元素。

图 2-43　teambition 的登录页

（3）缺省页。

虽然缺省页在数字界面中出现的频率不高，通常在"用户无权限、服务器异常、网络繁忙"时出现，但也是我们提升品牌识别度的地方。图 2-44 所示是我们团队设计的某款 B 端产品中"用户访问页面不存在"的缺省页，它使用了产品的吉祥物这个品牌元素。

图 2-44 "用户访问页面不存在"的缺省页

（4）图标。

我们可以直接使用 iconfont 上开源的图标，也可以为产品绘制符合其独特气质的图标。图标虽小，但其品牌传达作用不可小觑，已经有很多体验设计师看到了 B 端数字界面风格化图标的力量，在图标绘制上纷纷展开了行动。图 2-45 所示是 teambition 的左侧菜单导航图标，体验设计师采用了与 teambition 图形 Logo 的设计方式相似的设计方式，设计了一系列菜单图标。这些图标的风格气质与 Logo 相似，具有很好的品牌延展性。

图 2-45 teambition 的左侧菜单导航图标

（5）排版布局。

排版布局是一个容易被体验设计师忽略的品牌传达场景。事实上，假如我们对排版布局进行研究，就会发现布局可以做出特色。特别是在 B 端数字界面的导航框架上，如顶部导航高度与左侧菜单导航宽度的比例、导航框架上的元素排布位置等，在一定程度上都可以带上品牌特色。再加上数字界面宽松或紧凑的布局，以及界面中一些区块的排版方式，均可传达品牌特色。图 2-46 所示是 Ant Design Pro 的查询表格页，即使遮住其 Logo，我们依然可以识别出这是 Ant Design Pro 的风格。

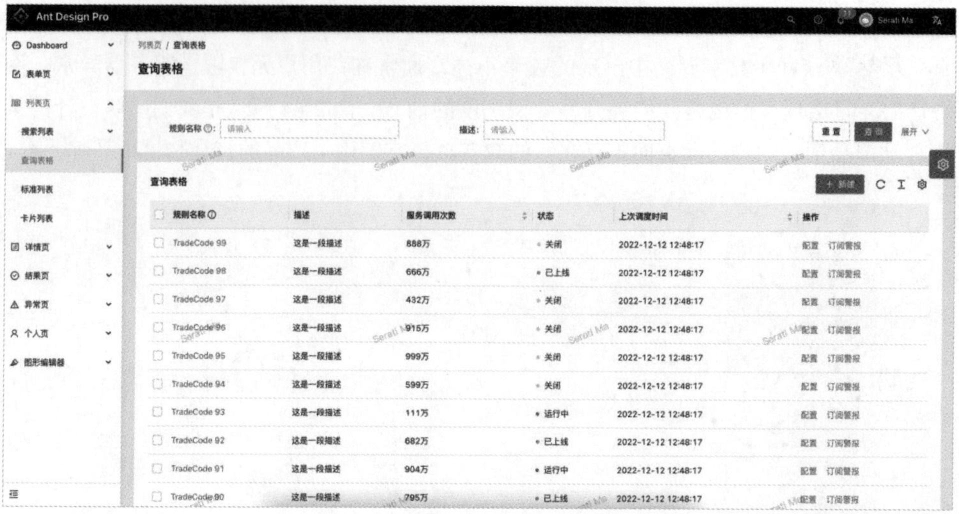

图 2-46　Ant Design Pro 的查询表格页

（6）插图。

为突出产品个性化定制的插图，若在数字界面的不同地方有规律地出现，不断触达用户，那么也能有效地进行品牌传达。图 2-47 所示是 Ant Design Pro 的 404 异常页，其使用了企业级 HiTu 插画。

图 2-47　Ant Design Pro 的 404 异常页

（7）组件特色。

通常，不同厂家的 B 端组件在样式上大同小异，摆在一起基本看不出是哪家的组件。但这并不代表在组件样式上我们就无须体现品牌调性了。组件占了数字界面 90% 以上的空间，特别是表格、表单组件的占比极高。对于这些组件，我们可以考虑在细节上植入一些品牌特色。图 2-48 所示为 Ant Design 的日期范围选择器，其非常具有特色，原因在于体验设计师对开始日期与结束日期中间的小图标做了特殊处理。在业内，只有 Ant Design 的日期范围选择器才被设计得如此精致。

图 2-48　Ant Design 的日期范围选择器

（8）背景层。

背景层是指居于 B 端数字界面内容层最后面的一层，大部分产品的背景层以中性灰或者偏蓝色的灰色为主。其实，背景层要是被利用得好，是非常能带来产品氛围感和品牌调性的。图 2-49 所示是 Worktile 门户模块场景中的背景层设计，体验设计师引入了一些实物照片来烘托品牌氛围。

以上只是 B 端数字界面品牌识别符号的一部分。其实，只要用户与产品之间产生触点，我们就可以适当地去安排品牌视觉元素，加强产品与用户的情感连接。不过，我们也不能过度设计——在数字界面各处都采用品牌识别符号，吸引用户的眼球。你可以按照以上的思路，基于你所负责产品的实际需求，对其他元素进行拓展。

图 2-49　Worktile 门户模块场景中的背景层设计

2.4.4　设计规范，定义资产风格

设计规范是一系列具象化的设计资产，其可以直接被用于数字界面的创建，包含全局视觉、基础组件、业务组件、典型页面模板等资产。

那么，这些资产该如何构建呢？我会在第 3 章进行全面阐述。在此处，我将介绍用设计规范定义资产风格与用设计体系定义资产风格的差异。

设计规范

设计规范属于设计体系中最具象化、最实用的部分，目前国内大部分企业的体验设计团队都处于产品设计规范的构建阶段，或构建单个产品的设计规范，或构建产品线的设计规范。设计规范的核心要素包括全局视觉、基础组件、业务组件和典型页面模板这"四大件"。若遇到体验设计师资源不够的情况，设计规范只包括全局视觉和产品组件（基础组件与业务组件混合在一起）这两部分。

对项目交付型 B 端产品，或者只需要考虑自身的产品型 B 端产品来说，设计规范足够用了。但对集成型 B 端产品来说，设计规范不能满足其日益发展的业务需求。比如，A 产品与 B 产品在界面层需要融合，A 产品在某种场景下与 C 产品也需要融合，而三者原来的设计规范是不一致的，那么，如何保证集成后的产品在用户体验上的一致性呢？当产品互相集成时，不仅界面层的用户体验遇到了难题，而且技术层的用户体验也遇到了极大的挑战。此时设计规范的局限性就体现出来了，我们需要设计体系来救场。

可见，设计规范定义的资产风格狭窄，不够全面，不具备普适性。

设计体系

设计体系是站在企业全局视角来审视产品体验设计该如何构建的一种方法，其不仅包括具体性的设计规范，还包括设计价值观、设计方法论、设计工具、角色、流程、文档等其他层面的内容。通过内容之间的互联互通、互相协作来打造企业级设计体系的生态，从而全方位赋能用户体验、研发效能、业务增长。

由于设计体系内容庞杂，涉及的使用角色不仅有用户，还有体验设计师、产品经理、研发工程师等，并且使用的产品也各有特色。这就使得，一方面，设计体系在构建上无法由一位体验设计师完成，而需要团队作战；另一方面，设计体系的构建是边构建、边使用、边迭代的过程，无法一次完成。

由于设计体系服务于企业级 B 端产品，因此，其定义的资产风格会更全面、更普适、更稳重，但缺乏一些惊喜。

复用与借鉴

对企业内各条产品线上的产品来说，可以直接依托设计体系构建数字界面，也可以基于设计体系梳理出适合自身使用的部分。我把这两种情况称为复用与借鉴，这两种情况我都遇到过。

（1）复用。

复用是指产品全部使用或者部分使用设计体系中的内容，几乎不进行修改，只根据自身的业务需求进行添加与完善。

优点在于，首先，具体产品的体验设计师无须关注通用层的内容，可以有更多时间进行用户调研、业务逻辑整理等，设计出更符合客户与用户需要的产品。其次，设计效率提升较大，并且新手体验设计师也可设计出质量较好的数字界面。最后，进行复用的产品在与其他也使用设计体系的产品集成时，毫无问题。

缺点也很明显，产品的个性没有被表达出来，界面风格趋向普通。比如，使用 Ant Design Pro 的产品，基本都是一个模子刻出来的，要是没有 Logo，基本看不出这是哪款产品。

（2）借鉴。

借鉴是指产品没有直接使用设计体系的内容，而是根据自身需求，对设计体系中的全部内容或部分有效内容进行调整。优点在于，依托设计体系进行再建，成本低且符合产品特性。缺点在于，进行借鉴的产品未来在与企业内其他产品集成时，需要重新调整设计规范，拓展性较弱。

体验设计师在借鉴设计体系对产品的设计规范进行调整时，需要明确产品未来至少3 年内的目标。若一年后产品会和其他产品集成销售，那么就需要考虑是否要调整设计规范。调整只是动作，要先弄清楚调整的原因，才不至于在调整时出错。若产品后期无集成需求，明确不直接采用设计体系中的内容，那么需要列出依据设计体系调整的内容的清单，一方面为后期追溯做准备，另一方面也让团队成员明确调整的范围，达成一致的意见。

可见，用设计规范定义资产风格与用设计体系定义资产风格的差异是微观与宏观的差异。单个产品关注设计规范，企业级产品关注设计体系，没有谁更好之说，只要适合当下的实际情况，就是好的。当然，企业在各项资源合适的情况下，可采用设计体系的模式，这是 B 端产品提升用户体验的法宝。

2.5　支撑模型构建与迭代的五大要素

本节来讲讲若企业希望有一套属于自己的 B 端体验设计冰山模型来指导实践，则需要关注哪些方面。

2.5.1　以指导为思想

在构建企业级 B 端体验设计冰山模型的初期，我们需要明确其定位：它是一套指导性模型，并非一套强制性流程。

体验设计师面临的设计场景丰富多样，大到产品迭代改版，小到一个图标优化，两者的实际流程和用到的设计方法会有很大的差别。比如，小米有品的爆款详情页设计流程，针对不同产品是不同的，有些产品要用到建模渲染（如音响），有些产品就不需要（如衣服）。因此，小米有品将爆款详情页的大致设计流程梳理了出来，指导体验设计师按需使用，助力其设计出爆款详情页。

因此，企业级 B 端体验设计冰山模型就像一本指导手册，指导我们如何一步步地展开 B 端产品体验设计，助力体验设计师找到适合自己的设计方法，打造好用的用户界面。体验设计师在使用的时候，并非模型中的每一个步骤都要用到，而应该按需使用，按需调整。

2.5.2　以用户为中心

《产品设计思维》提到："产品的核心是用户。产品首先要满足用户的需求，解决用户在生活中遇到的问题。这样这个产品才会变得有意义，并提供给用户一定的价值。与之相反，如果问题本身并不存在，或者说解决方案没有对这个问题对症下药，那么这个产品将变得毫无意义，甚至没有用户会使用，这也导致了产品的失败。"

虽然 B 端产品不是用来解决用户在生活中遇到的问题的，而是用来解决用户（员工）在工作中遇到的问题的，但《产品设计思维》提到的这句话依然适用于 B 端场景。因此，企业级 B 端体验设计冰山模型需要能指导体验设计师关注用户需求。我在实际的工作中发现，B 端产品经理很少关注用户体验，不是他们不想关注，而是他们要处理的事情实在太多，对精细化打磨用户体验心有余而力不足，那么这项艰巨的任务就落到了体验设计师的身上。

我在持续思考，体验设计师到底该不该为用户发声，到底要不要为提供好的用户体验努力。我认为有必要。如果体验设计师不为用户发声，那么哪个岗位更合适做这件事情呢？最终我们发现还是体验设计师更适合做这件事情。很多体验设计师向我反映："B 端产品因为逻辑复杂、业务复杂，产品团队只关注功能全不全、性能好不好，用户体验提升被排到了十万八千里以外。"是的，现状确实如此，但不代表现状是正确的。一来，客户和用户实际上都非常想要好的用户体验，只是在遇到功能不满足需求和体验还需要优化时，他们不得不优先选择把功能完善，但这并不能推导出 B 端产品的用户体验不重要。二来，SaaS 化的到来已经将用户体验摆到了重要的位置上，我的一些 SaaS 创始人朋友、SaaS 体验设计师朋友，都认为用户体验在开放的 SaaS 环境下非常重要。试想，用户打开产品链接，映入眼帘的是配色难看、排版纷乱、字体大小不一的数字界面，并且使用起来也不顺畅，你觉得他们会推荐自己的企业采购这款产品吗？即便因为预算而采购了一年，第二年还会续费吗？答案是显而易见的。

因此，企业级 B 端体验设计冰山模型的构建和迭代需要以用户为中心，这样设计出来的 B 端数字界面才能让用户感觉好用。

2.5.3　以可用为基石

不论是我们个人购买生活用品，还是企业购买产品，都离不开可用。一款产品不可用，会很大程度影响用户后续的行为，如用户会打差评、不复购、不推荐等。

什么是"可用"呢？其实有两个场景：一个是满足用户需求的对象可用性；另一个是不满足用户需求的对象可用性。我们关注的当然是前者；对后者来说，即便对象可用，但不满足用户需求，也是不可用的。比如，在炎炎夏日的沙滩上，给游客兜售雨鞋就是不合适的，因为人们只有在下雨天才穿雨鞋。

我们在构建和迭代企业级 B 端体验设计冰山模型时，也需要遵循可用原则：一方面是指模型本身要可用，可让体验设计师在遇到设计困惑时通过查阅模型指南，知道自己应该怎么做；另一方面是指根据模型设计出来的 B 端产品要可用。你可能要问了，每个体验设计师的技术能力、理解力、工作经历均不同，怎么能保证他们根据模型，就能直接设计出可用的界面呢？确实，我们无法保证有了这个模型，体验设计师就能据此毫无差错地工作。因此，各个体验设计团队内部还需要据此模型开展宣讲、案例分析、手把手指导、工作坊等形式的活动，让每个体验设计师知道模型应该怎么使用、有哪些注意事项，以及能取得什么结果。特别是对新手体验设计师来说，企业级 B 端体验设计冰山模型可以帮助他们在短时间内了解 B 端体验设计的关键点，并据此展开设计任务。

2.5.4　以度量为常态

度量是指我们要定期对企业级 B 端体验设计冰山模型进行盘点，如定期收集使用反馈、亲测使用效果。这里要注意，对体验设计师来说，企业级 B 端体验设计冰山模型中有些步骤可能一年也用不到一两次，如收集产品战略、梳理信息架构，但并不是说这些步骤对 B 端体验设计来说是无用的，它们在潜移默化中拓展了我们的思路，改善了我们处理事情的方法，也让我们看事物更加透彻了。

因此，我们在度量企业级 B 端体验设计冰山模型时，不能只关注高频使用的内容，而把不常用的内容删除。就像研发流程中有个"详细设计"步骤，它不是每个需求都会用到的，一些极小的需求直接跳过此步骤就进入研发了，但这不代表详细设计就是无用的，复杂需求就非常需要研发工程师对架构进行详细设计。企业级 B 端体验设计冰山模型从设计思路上来说，是指导从 0 到 1 进行产品的体验设计的，一些简单的设计任务（如设计一个图标）确实用不到它。

由于企业级 B 端体验设计冰山模型是指导性模型，因此对其进行度量无须非常严格，保证其提到的要素可真实赋能体验设计团队、B 端产品用户体验，打开体验设计师的设计思路，那就是好的模型。

2.5.5 沉淀标准库

企业级 B 端体验设计冰山模型涉及一系列环节，这些环节都会有一些可操作的方法，我们应该及时记录下来，形成标准能力。比如 2.3.4 节提到的交互设计，我们可以沉淀一些比较好的交互模式，再配合一些案例，后续让体验设计师直接调取使用。再如 2.4.4 节提到的设计规范，可将其沉淀下来，方便体验设计师随时取用，提升设计效率。

沉淀标准库是一件需要长期坚持的事情，初期会有很长一段时间的反复调整，即便标准被评审过，在被放到产品中使用时也会产生颇多问题，那么就需要迭代。我们在输出基础组件标准时，就经历了漫长的调整期，主要原因在于第一版本不能满足部分产品的需求。虽说第一版本是经过评审的，但评审并不能发现所有问题，实际上也确实无法发现所有问题，因此需要一边使用，一边调整。

第 3 章

构建企业级 B 端设计体系

  通过学习第 2 章的企业级 B 端体验设计冰山模型，我想你对 B 端数字界面构建的流程与方法已经有了一定的认知。本章将对如何构建企业级 B 端设计体系进行详述，主要涵盖设计体系基础板块的内容，包括设计价值观、设计原则、全局视觉、基础组件库、图标库等，而设计体系生态板块的内容会在第 4 章被详细讲解。

3.1 企业级 B 端设计体系概述

设计体系是企业级视角下的产物，其产生最主要的目的是赋能业务增长、提升产品用户体验、提升产研效率，因此，我们需要先对设计体系有一定的认知，再展开实际操作，这样会更为妥当。

我当时负责设计体系，一直试图在自我层面弄明白三件事：一是设计体系的使命与愿景；二是设计体系的能力蓝图；三是如何让产品被用户愉快地使用。使命与愿景就如海上的灯塔，可以指引设计体系这艘船不偏离航向；能力蓝图是使命和愿景的具象化表达，可以让我们明确构建设计体系具体要做哪些事情；让产品被用户愉快地使用，是最终的目标。

3.1.1 设计体系的使命与愿景

马云曾说："使命就是你做一件事情的最终目的。而愿景是以三年、五年，甚至十年为期限，这件事会成为什么样子。"我认为，每当团队站在不知何去何从的分岔路口，不知道设计体系应该如何建设的时候，设计体系的使命都会起到很大的作用。而愿景告诉团队的每一位成员，设计体系在三年、五年，甚至十年后会达到什么结果。这样便可制定实实在在的战略目标、绩效目标，将团队成员凝聚在一起，共同为同一个目标努力。《铁军团队》提到："从使命、愿景到战略目标、绩效目标，这一系列远期、中长期和短期目标之间是整体联动的。使命要愿景化，愿景要战略化，战略要组织化，组织要绩效化……这就是使命、愿景的层层落地。"

最初的时候，我一直想找到一个至少让我自己知道该如何带领团队往前走的答案。我曾写过数版设计体系的使命的定义，比如"用设计让产品体验更美好""构建有品质的用户体验，赋能业务增长"，目的是把自己的思路整理清晰。

最终，我写下的设计体系的使命是："让数字界面的设计变简单"。我写下的设计体系的三年愿景是："建立企业级 B 端数字界面设计标准，打造统一资产，明确设计流程，保障体验设计团队的输出品质和效率，提升产品的用户体验"。

若你想确立设计体系的使命与愿景，这里有三点建议：

- 从公司的使命、愿景、战略切入去思考；
- 多和领导沟通，获取企业要建立设计体系的初衷；
- 使命与愿景不急于一时确定，可在实践中迭代。

3.1.2 绘制可执行的设计体系能力蓝图

绘制一幅可执行的设计体系能力蓝图，是非常关键的一步。设计体系能力蓝图就如同积木城堡的搭建说明书，一步步指引我们建立起最终的设计体系。虽然有蚂蚁集团 Ant Design、阿里巴巴 Fusion Design、阿里云 Xconsole 的设计体系可以参考，但只得其貌，不得其本质，即便绘制出设计体系会涉及的零碎要素，也不足以推动产品侧落地。因此，外部的设计体系只可作为参考，不可拿来就用。

假如你所在的组织目前只有一款 B 端产品，那么在绘制设计体系能力蓝图时可以只关注与该款 B 端产品有关的核心要素，如全局视觉、基础组件库、图标库、典型界面等。若经过一段时间，你所在的组织逐渐形成了产品矩阵，那么设计体系能力蓝图涵盖的范围就需要扩展，扩展的内容包括设计原则、设计模式、验收标准等。当然，还有第三种情况，也就是组织发展迅速，形成了包括业务事业部与中台事业部的架构模式。此时设计体系面向的场景就变得更加复杂，设计体系不仅需要兼顾业务型 B 端产品，还需要考虑中台型 B 端产品，偏向哪一方都不行。

这里面对的就是第三种情况，设计体系需要考虑业务型和中台型两大类产品。但由于业务调研不全面，设计体系能力蓝图在刚被推出的时候只涵盖了非常基础的部分（基础组件与典型界面），以致一部分复杂的业务型 B 端产品不适用现有设计体系框架内的要素，我们不得不调整与迭代，让设计体系能适应更加广泛且复杂的业务诉求。这也说明，设计体系能力蓝图不是一蹴而就的，是随着业务诉求与用户需求的发展而发展的。

如果你正准备着手构建企业级 B 端设计体系，应先将设计体系能力蓝图梳理出来。不论设计体系能力蓝图完善与否，总比没有好很多，团队可以将设计体系能力蓝图当成一份指南手册，依据这份手册有序展开能力蓝图中各个部分的设计。图 3-1 所示是我整理的企业级 B 端设计体系能力蓝图，包括生态板块与基础板块。

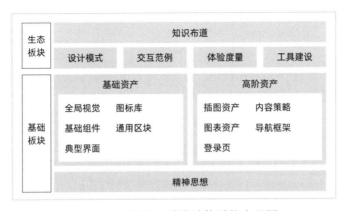

图 3-1　企业级 B 端设计体系能力蓝图

3.2 精神思想，让设计体系具有生命力

从现在开始，我们要构建设计体系的精神思想了。假如我们将设计体系看作一个活生生的人，那么它就应该有自己的精神思想。对一个有着自己特有的精神思想的人来说，他的任何行为是为其精神服务的，他也更能战胜恐惧与困难，并且在分岔路口，他更知道该如何做出正确的决定。

我在刚负责构建企业级 B 端设计体系时，并没有思考设计体系的精神思想部分。我开始考虑要梳理清楚其精神思想，是因为遇到了一个问题——收到来自客户的各种需求（听着都很有实现的必要性），可如果我们照单全收，就会把设计体系越做越混乱。同时，我们也没有那么多资源可以投入。因此，我们迫切需要构建设计体系的精神思想，由其来指导团队处理需求，从而让设计体系更规范且具有生命力。

设计体系的精神思想包括设计哲学、设计价值观、设计语言、设计原则和设计规范，下面让我们一起来一一认识它们。

3.2.1 设计哲学

在讲设计哲学之前，我们先来看看什么是哲学。爱因斯坦曾如此谈论哲学，他说："哲学可以被认为是全部科学之母。"《周易·系辞》提到："是故形而上者谓之道，形而下者谓之器。"哲学就是形而上的智慧，是关于世界观的学说，属于上层建筑。事实上，对于哲学的定义，哲学家们一直存在争议。由于本书不是讲哲学的书，因此对哲学不做详细的讨论与解读。

在简单了解了哲学是什么后，我们再来看看什么是设计哲学。《提升设计竞争力：设计管理中文化力的整合研究》提到："设计哲学是设计组织处理内部与外部各种矛盾的一种哲学，它能够将一些貌似不可能融合的矛盾巧妙地协调成一种促使组织向上的动力，而不是一般人认为的那样，它们是相互独立、相互排斥的价值观。"从这句话我们可以看出，设计哲学不仅是指导我们展开设计的一种方法，更是一种调和组织内外矛盾的哲学，是企业获得持续竞争力的保障。

在构建企业级 B 端设计体系的过程中，我们需要找到设计体系的原始出发点，以及设计体系存在的理由与价值，让设计体系的设计哲学指导我们的设计实践。定义设计体系的设计哲学，就是在思考设计体系在整个组织中的位置。只有具有优秀设计哲学的企业，才能生产出属于体验经济时代的产品，才能获得用户的青睐。

这里，我想用苹果公司来举例，它的设计哲学对我们构建设计体系的设计哲学具有非常重要的借鉴意义。

在以技术驱动的信息化、数字化的社会中，苹果公司有其自己的思考。其中一个思考便是提升设计在企业文化中的地位，提升设计对商业的影响力。著名的工业设计师加蒂·阿米特曾说："苹果公司伟大的贡献在于它证明你能通过贩卖情感而成为亿万富翁，证明设计也是一种有效的商业模式。"苹果公司通过优秀的创新设计串联起技术、产品、商业与体验，将设计作为企业的核心战略。为了真正达到设计驱动产品创新，苹果公司调整组织架构，将首席设计官与首席技术官、首席营销官等并列，让设计决策真正发挥作用。在苹果公司工作过的人都有一个共同的感受，那就是在苹果公司，对设计的重视程度高于技术。

苹果公司的设计哲学不仅体现在组织架构上，还体现在产品设计中。乔布斯对苹果公司的设计是苛刻的，这种几乎完美的设计诉求，让消费者对苹果公司的产品爱不释手。苹果公司的产品在设计上给消费者的感受是：富有美学气息、引领时尚、简洁易用、体验卓越。

在 2022 年 5 月，苹果公司宣布在将 iPod touch 的剩余库存售完后，就彻底下架 iPod。回顾 iPod 的历史，我们可以发现，iPod 独特的外观设计与优雅的交互设计，早已超越产品本身，它代表着一种文化现象，引领着设计潮流。初代 iPod 上有一个很经典的设计，被称为"滚轮式按键"，这是专门为用户能更便捷地选择音乐而设计的。用户通过调整滚动速度，可以控制音乐的浏览速度。同时，iPod 没有可拆卸的电池，没有我们普通认知中的开关，没有螺丝，这一切都反映了苹果公司简洁易用的设计哲学。随后，苹果公司在第二代、第三代、第四代的 iPod 上，从第一代的滚轮式按键逐渐进化为触摸式转盘、电容式触摸按键、点按式转盘，这是苹果公司的设计哲学与用户需求、科技的平衡。

苹果公司坚持以极致用户体验与简单主义的设计哲学，强烈地传达出创新、优雅、美、简约、生命力，以及用户体验卓越的设计价值观。苹果公司明白要为世界与消费者带去什么，以及其存在的意义又是什么。苹果公司就是为好用且美的事物而生的，从宣传册、网站、Logo 到手机、笔记本，均体现了苹果公司的设计哲学。

回到设计体系的设计哲学，我们可以从以下三部分展开思考。

设计体系是什么？它要成为什么？

设计体系为什么存在？

设计体系如何存在？

（1）设计体系是什么，它要成为什么？

设计体系是基于企业的业务、用户需求来构建 B 端产品数字界面体验设计的一种方法。其不可孤立存在，要可表达企业的品牌、业务诉求与用户体验。

（2）设计体系为什么存在？

打造用户喜爱并持续促进业务增长的数字界面。

（3）设计体系如何存在？

设计体系以可表达、可执行、可持续的方式存在。可表达是指人人（用户、产品经理、体验设计师、研发工程师，以及一切与设计体系接触的人）都懂；可执行是指设计体系可落地到产品中；可持续是指设计体系具有生命力。

因此，设计体系的设计哲学的核心是提升用户体验、持续促进业务增长、提升企业的品牌影响力。

3.2.2　设计价值观

马云曾说："价值观是人们共同做事的方法和标准，人的性格可以不一样，但做事的方法必须一样。"也就是说，价值观可以指引不同性格的人采取一致的决定与行为，从而凝聚力量，达成好的或坏的具体结果。价值观可以使人们的决定与行为趋于稳定。

那什么是设计价值观呢？在 Ant Design 中，如此描述设计价值观："为设计者提供的评价设计好坏的内在标准。"也就是说，设计价值观一方面指引着体验设计师在处理设计需求时，以设计价值观为导向，做出符合设计价值观的设计决策与设计行为；另一方面为评审者建立了一致的评价标准，即符合设计价值观的设计决策或者设计结果才是好的。

对企业级 B 端设计体系来说，其非常需要引入对自身发展有利的设计价值观，来指导体验设计团队中每位体验设计师的设计行为，最终实现有利于设计体系长久发展的愿景。

Ant Design 的设计价值观是自然、确定性、意义感、生长性，试图建立人机交互自然及充满生命力的设计体系。

Arco Design 的设计价值观是清晰、一致、韵律、开放，试图建立务实而浪漫的设计体系。

Fusion Design 的设计价值观是化繁为简的交互模式、驾驭技术、追求新鲜和潮流、聚变 / 裂变、效率。

有了这些设计价值观来指导 Ant Design、Arco Design、Fusion Design 设计团队的决策与行为，就可以保证 Ant Design、Arco Design、Fusion Design 的设计体系朝着越来越好的方向发展。

3.2.3　设计语言

"语言"是指人类所特有的用来表达想法、交流思想的工具。"设计语言"是将设计作为一种语言（沟通方式），在特定场景下，承载着产品与观者、用户交流的目的。

对 B 端产品来说，拥有优秀的设计语言可向用户传达产品的视觉调性、交互特性、品牌独特性。产品通过运用设计语言，可以建立起与用户沟通的桥梁。当产品拥有独特的设计语言时，会很轻易让用户在茫茫产品中一眼就认出它是谁。苹果公司的 iOS 设计语言与谷歌的 Material Design 都非常具有识别度，包括界面视觉与交互语言。我们一看到用这些设计语言设计出来的界面，就知道这是苹果公司的产品还是谷歌的产品。

随着企业业务的发展，产品线增多，跨部门合作频繁，我们在建立企业级产品的设计语言时，需要进行更全面的考虑，需要站在更大范围的视野下统领数字界面的设计规则，最终赋能企业级产品数字界面的独特性与统一性。在企业级设计语言指导下的不同产品的数字界面设计，可以保证具有很高的识别度。

在企业级设计语言的构建上，可泛可深。"泛"是指设计语言的构建可以只到理论层，或者到视觉层，如颜色；"深"是指设计语言的构建可细化到组件样式、界面布局、容器方圆角等，具体依据实际情况来定。同时，我们还需要注意两点：第一，设计语言要符合行业特性。若企业级产品是面向金融行业的客户的，就不适合用可爱、活泼的设计语言，而适合用专业、前沿、安全、富有科技感的设计语言；第二，设计语言要考虑跨终端。针对跨终端的产品，要统一构建设计语言，保证产品在不同终端依然保持一致的视觉规范与交互形式。

设计语言不仅可以保证不同的体验设计师输出的数字界面在风格与交互上的一致性，提升产研效率，还可以赋予产品统一的品牌文化，让用户更容易理解产品，形成产品与用户的顺畅交流，最终让产品赢得用户的好感，为产品提升市场占有率助力。

3.2.4　设计原则

《About Face 4：交互设计精髓》一书提到，"设计原则作用于不同的层面，上至普遍的设计规则，下至交互设计的细节"，还提到："设计原则的主要目的之一就是优化用户的产品体验。"Ant Design 也提到设计原则："设计原则是践行设计价值观过程中行之有效的导向或提示。"可见，设计原则是一种可以指导体验设计师设计出符合设计体系价值观要求，并且符合优秀用户体验的数字界面的设计指南。

目前广为人知的设计原则有尼尔森十大可用性原则、迪特·拉姆斯好设计十大原则、格式塔原理、排版四大原则等，这些都是我们在设计 B 端数字界面时可参考的重要原则。我们在负责设计体系中设计原则的构建时，既可以直接参考被业内广泛认可的优秀设计原则，也可以在调研企业级产品的基础上，有针对性地输出可落地的指导原则。

当然，要想发挥设计原则的效用，整理符合目前产品发展需要的设计原则一定是最合适的，或者在优秀设计原则的基础上进行有针对性的调整和优化。比如，迪特·拉姆斯的好设计十大原则中有一条是"好的设计是创新的"。该设计原则本身并没有问题，但要让每一位体验设计师都能理解并践行它，或许有些困难——到底怎么样的设计才算实现了创新呢？我们可以加入对应的设计创新案例，来达到对"好的设计是创新的"的解读，以展开数字界面创新的设计活动。

一套设计原则也是基于相同方法推导与构建出来的。我们团队选取了尼尔森十大可用性原则作为设计体系的基础性指导原则，并在此基础上通过设计调研、内容梳理、内容评审、排版设计，最终发布了一整套设计原则。

设计调研

在定义设计原则的时候，要先进行设计调研，而不是直接输出一套自认为不错的设计原则并写到文档中。合适的做法是主导方先梳理设计原则启动会需要用到的内容，接着召集干系人进行评审，在与参会者充分交流的情况下，完成设计原则条目范围等信息的确认，最后就可以展开设计原则内容的梳理了。

内容梳理

在梳理设计原则的内容前，我们需要确定设计原则内容的基础框架，这样才可以将任务分派下去，让团队成员协同梳理。比如，我们可以将设计原则内容的基础框架划分为"名词解释、使用目标、引用出处、具体说明、最佳实践"五部分，这也是我们目前用到的框架。当然，你也可以根据实际需要增减或修改这个框架。我整理了一张设计原则基础框架表，清晰地展示了每个部分的定义，如表 3-1 所示。

表 3-1　设计原则基础框架表

名词	描述
名词解释	描述设计原则条目的定义
使用目标	描述采用该设计原则可达到的目标
引用出处	描述该设计原则来自哪里
具体说明	通过具体的说明，解释设计原则表达的意思
最佳实践	展示使用该设计原则的示例

关于最佳实践，我想单独将它拿出来讲一讲。一开始，我们在将设计原则交给使用者时，发现他们不清楚在实际场景中应该如何使用，导致无法将一些具有指导意义的设计原则真正落地。因此，我们考虑增加最佳实践部分，通过向产品部收集相关案例、剔除重复案例、补充案例描述的方法来丰富设计原则的内容，从而加强设计原则的指导性与落地性。

内容评审

在完成内容梳理（包括文字与配图）后，就需要开启内容评审了。这里和你分享一个小心得：由于设计原则的内容过多，若直接进行会议评审，会让参会者无法当场提出好的建议，并且也会导致会议时间过长。因此，在内容评审环节，应提前将梳理好的内容打包发给参会者进行预评审。我们通过预先进行问题收集，在会议上只需要与其他参会者一起处理一下有疑义的部分即可。

排版设计

为了方便使用者随时查看，我们将设计原则放到了网站上，因此多了对所有设计原则的内容排版设计这一步。若你不准备将设计原则放到网站上，也就无须进行这一步。依据在设计中遇到的问题，我总结了在对设计原则的内容进行排版设计时，需要注意两点：第一，页面以传达信息为主，而不是以突出设计创意为主，因此排版设计要重点信息突出、内容区分层次、界面整齐有序；第二，图片不仅要清晰、尺寸大小一致，还要保证在信息表达上与文字表达相符，不可出现文字和图片信息对不上的情况。

3.2.5　设计规范

设计规范是对设计数字界面所涉及的具体要素的定义，其属于设计语言中最为具象的部分，一般包括全局视觉、基础组件、通用区块、典型页面等。有了设计规范，即便是新加入团队的体验设计师，也知道该如何设计出符合要求的、基于合格线之上的产品界面。设计规范不仅极大地提升了产研效率，还提升了不同体验设计师设计的一致性。

设计规范有三类：第一类是为某一款产品定义；第二类是为某一条产品线定义；第三类是从企业视角出发，为企业级产品定义。本书正是站在企业视角去定义设计规范的，从而提升企业级产品的界面质量。

定义企业级设计规范不是一件容易的事情，不仅耗时，还需要投入一定的人力去完成。当然这都不是最难的，难的是设计规范的范围要如何定义、哪些部分要先展开做、各部分如何研发落地（"你用的所有设计资料，小到 Sketch 样式工具中的颜色、字体、字号、投影、边框、尺寸、组件，大到一套完整的中后台产品系统，均能找到其对应的代码，完整地释放整个团队的前端生产力"）、落地后如何维护与迭代，均需要考虑到位，依次有序展开。企业级设计规范要基于设计价值观来逐层定义，避免定义完成后不符合产品的实际需求，要推翻重来。因此，我们需要把握关键点，包括设计路径、设计范围、设计元素等，并通过项目化的方式安排团队成员协作完成。

在 3.3 节和 3.4 节，我会详细地对设计规范的各个组成部分进行阐述，帮你建立起对设计规范的全方位认知。

3.3　基础资产，为数字界面打基础

在企业级 B 端设计体系中，基础资产基本涵盖了构建数字界面的高频基础类元素，有了这些元素，体验设计师就可以更专注于设计创意、商业思考。设计体系本身也可在此基础上拓展出更为丰富的高阶资产，以及其他需要围绕基础资产才可展开的内容，如验收标准、提效工具等。

　　数字界面的基础资产包括全局视觉、图标库、基础组件、通用区块、典型界面这五部分。构建它们运用的是原子设计理念，该理念在 2013 年由网页设计师 Brad Frost 因受元素周期表的启发而提出。我们可以先将色彩、文字视为原子，将按钮、输入框等组件视为分子，再用分子构建区块、页面等更高维度的东西。

3.3.1　全局视觉

　　全局视觉为用户提供了数字界面统一、和谐的视觉体验。

色彩

　　在 B 端数字界面中，色彩的使用不仅可以让界面更生动，还可以辅助界面元素传达特定的含义。比如，我们给打钩图标加上绿色，可以表达成功、正确等含义。相比让用户通过阅读文字来理解界面信息，色彩可以让用户更快地理解信息。B 端数字界面的色彩可以分为主色（标准色）、功能色、中性色和其他色。

　　（1）主色：主色通常基于产品的定位来定义，确定了产品主色，也就确定了产品的主基调。比如，医疗类产品的主色以绿色居多，银行类产品的主色以红色居多，协同类产品的主色以蓝色居多。主色的应用场景包括主按钮、某些组件的选中状态、提示信息图标等。

　　（2）功能色：功能色通常出现在数字界面的信息模块，表达信息的某种状态，如成功、失败、警告、提示等。在某些产品中，信息状态比较丰富，还有等待、启动等状态，可以在通用的基础上添加功能色。我们在功能色的选取上应遵循用户对色彩的基本认知，将可理解性摆在第一位。同时，在同一个产品中，同类型的信息状态应保持功能色的一致。

　　（3）中性色：中性色被大量使用在产品界面的文字、边框、分割线、背景块等场景中。中性色可以协调界面的色彩平衡，保持产品界面整体的稳定和专业。中性色可以采用 #000000 加透明度去体现，也可以直接采用 #333333、#666666 这类不加透明度的颜色。

　　（4）其他色：数字界面除会用到主色、功能色、中性色以外，还会用到其他色。其他色不会太多，通常因为已有色彩无法满足现有设计需求而被使用。在一个产品中，其他色不宜太多，需要控制数量，一般来说，主色、功能色、中性色若可以覆盖所有的场景，不宜再拓展其他色。

　　图 3-2 所示是四类色彩在一个产品中的示意图。

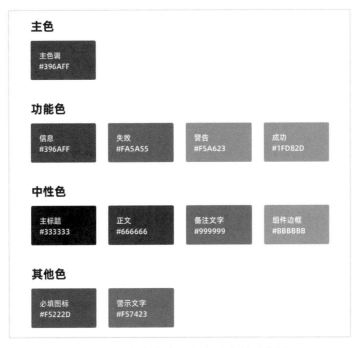

图 3-2　四类色彩在一个产品中的示意图

在定义企业级色彩体系的过程中，我也总结了一些需要注意的地方。

第一，若色彩体系包含暗黑模式，就需要控制色彩的数量，避免因色彩太少而无法表达界面视觉效果的丰富性，或因色彩太多而在映射暗黑模式时复杂度呈指数级上升。

第二，色彩之间宜具有换算关系，并非随意为之。比如，主色和悬浮色之间有换算关系。具有换算关系的色彩，后期可以较好地支持前端换肤工具的实现。

第三，若不同的元素均使用了主色的色值，那么在特殊场景下需要拆分。

以主按钮和链接按钮举例。当系统主色为蓝色时，主按钮与链接按钮均为蓝色，这是没有问题的。但当换肤时（假设换为红色），主按钮会切换为红色，而链接按钮需要依然保持蓝色，不会因为主色换为红色也要换为红色。因此，主色需要根据场景拆分，如分别命名为 color-main 与 color-link，这样换肤时就互不影响了。此点可进行拓展，不仅限于主色，应依据实际场景需要对同一颜色进行拆分，满足更为灵活的企业级 B 端产品的换肤需求。

第四，要给每一个色彩命名。我们习惯给前端研发工程师一堆颜色，这些颜色除了有色值属性，并没有其他属性。但在实践中我们发现，每个色彩在研发侧都是需要被命名的，若我们需要对某个色彩进行调整，应根据该色彩的名称来找到要替换的色彩。因此，体验设计师需要对色彩进行命名，并让该命名与研发侧的色彩命名形成对应关系。

阴影

当光线无法穿过不透明的物体时，物体下方就会出现较暗的区域，这就是物体的阴影。对数字界面上的元素来说，它们并不完全在同一平面上，而是具有上下层关系的。通常，距离界面平面越远的元素的阴影越大。在元素阴影的设计上，我们可以从元素分组、光源位置、色值选用、阴影深浅四个部分展开。

（1）元素分组：在为元素赋予阴影之前，我们需要对界面元素进行排查与分组，这样便可以按组进行阴影的统一规划与设计。我们可以将界面元素从下到上分为无阴影组、低阴影组、中阴影组和高阴影组。

无阴影组中的元素直接被放置在界面上，与界面完全重叠，如输入框、表格等。低阴影组中的元素与基准面的关系是展开并跟随，该组中的元素主要是下拉面板。中阴影组包含的元素为存在于界面上的常态悬浮元素，如目录组件、添加按钮、客服组件。高阴影组中的元素通常为临时层的元素，如弹框、侧边抽屉等。

（2）光源位置：在将界面元素分完组后，我们需要设定光源的方向，这可以保证被赋予阴影的元素的阴影位置是统一的，这样界面的视觉效果会更加自然有序。

记得一开始我们没有统一光源方向，导致 A 元素的阴影出现在该元素的正下方，而 B 元素的阴影出现在该元素的右下方，不太合理。后来，我们统一设定光源来自正前方，只需要在 Sketh 软件中将每个元素的 Y 轴进行数值调整即可，X 轴则无须设定（为 0px），并且阴影的扩展值也可不设置，如图 3-3 所示。

阴影颜色（rgba）	方向（X,Y）	模糊（Blur）	扩展值（Spread）
rgba(51, 51, 51, 0.15)	0px, 1px	6px	0px

图 3-3　Sketh 软件中的阴影设定示例

（3）色值选用：在色彩理论中，物体阴影的色值取决于环境色，但在数字界面设计中，这一理论不太适用。如果考虑环境色，界面中元素的阴影就会显脏，比如，A 元素受到边上红色主按钮的影响，其阴影会变成红黑色，显然不合适。界面中适合选择柔和的中性色作为阴影的色彩。

（4）阴影深浅：阴影太深会让用户感觉界面整体不协调，太浅又会让用户感觉阴影似有似无。阴影深浅需要我们专门在界面上进行调试，直到调整到一个合适的色值。当然，我们还可以借助色彩算法来调试阴影，让不同层级的阴影具有阶梯效果，而不是随意呈现色值。

间距

间距是指物体和物体之间的距离，我们可以将之理解为留白。在间距的设计上，我们可以从内容主体与内容背景的间距、文本行间距、元素内部间距、元素与元素的间距、常用间距与拓展规则五个部分展开。

（1）内容主体与内容背景的间距（见图 3-4）：当内容主体与内容背景的间距为 0px时，会给人内容要溢出屏幕的感觉；若在它们之间适当留白，就会好很多。因此，合适的间距与留白会让界面的排版更加整齐且有呼吸感。

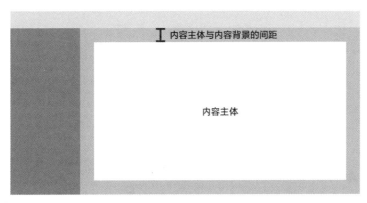

图 3-4　内容主体与内容背景的间距示意图

（2）文本行间距（见图 3-5）：文本行间距通常涉及信息的传递效率，太紧凑或太宽松的文本行间距都会增加用户的阅读负担。行高可以是字号的 1.3 倍或 1.5 倍，也可以是字号加 8px 等，具体计算方法你可以根据产品的实际需求来定。同时，你可以依据文本的使用场景，定义几个适用于不同场景的文本行高。

图 3-5　文本行间距示意图

（3）元素内部间距（见图 3-6）：元素内部间距是指元素内文字与组件边框之间、文字与图标之间等的距离。以选择器为例，我们可以看到选择器内部各元素间的距离。

图 3-6　元素内部间距示意图

（4）元素与元素的间距（见图 3-7）：元素与元素的间距决定了用户获取界面信息的速度与理解界面信息的能力。比如，体验设计师若将不属于同一模块的元素靠得太近，就会让用户误以为它们是一起的，加大了用户理解的难度。通常，关联度高的元素会靠得较近，关联度低的元素会离得较远。

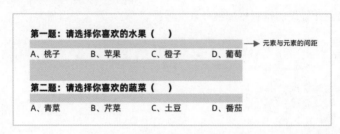

图 3-7　元素与元素的间距示意图

（5）常用间距与拓展规则：在数字界面布局中，元素与元素的有规律性的间距是保证界面整齐和舒适的重要因素。为了让不同产品的界面设计保持一致性与节奏感，在企业级 B 端设计体系中，我们可以给出一些常用间距，通常为 4~6 个，如 8px、12px、16px、20px，并标注这些间距使用的场景。体验设计师可以根据这些间距去搭建数字界面。

与此同时，我们也要给出间距设计的拓展规则，因为常用间距不一定适合数字界面的所有场景。比如，我们可以给出公式"$(8+4n)$px，n 是自然数"或"$(16+2n)$px，n 是自然数"，由此可以计算出更多的间距。

圆角

不同的形状给人不同的视觉感受和心理感受。三角形给人稳定、平衡、尖锐的感受；圆形给人完整、统一、圆润的感受；正方形给人可靠、严肃和权威的感受。B 端数字界面是由一个个几何图形组成的，如输入框、卡片就是矩形。那么，改变它们的边框圆角（也可称为容器的边框圆角），会给用户带去不一样的感受。

（1）0px 边框圆角：给人冷冰冰、硬朗的感受，假如数字界面上都是 0px 边框圆角的容器，会让用户感觉产品很生硬。

（2）2px/4px 边框圆角：容器在加上 2px/4px 边框圆角后，顿时变得柔和了，而这种柔和又不失立挺，给用户传达出产品很专业的感觉。

（3）8px 边框圆角：8px 边框圆角比 2px/4px 边框圆角显得更加圆润，在传达出专业、严谨之余还带给用户亲切之感。

（4）纯圆角：容器直接使用纯圆角也是很常见的，但很少在 B 端数字界面中出现，在 C 端产品中较为常见。纯圆角容器更适合在母婴类、女性类等产品中使用，带给用户亲切之感。

图 3-8 所示为采用不同边框圆角的选择器样式。

图 3-8　采用不同边框圆角的选择器样式

在企业级层面定义 B 端数字界面中容器的默认版本圆角时，我们需要综合考虑企业级各类业务产品的现有情况。任何一种边框圆角都可以在产品界面中出现，但选择合适的边框圆角可以有效地表达企业的品牌特性与产品特质，同时增强界面的视觉美感和专业性。

文字

文字不仅可以起到传播信息的作用，还可以起到传递界面视觉美感的作用。在 B 端数字界面中，除了色彩、组件、间距等要素，文字占据了界面 80% 以上的空间，因此，文字的使用就显得格外重要。在 B 端数字界面文字的使用上，我们可以从字体家族、字号、字重、字体颜色这四部分展开。

（1）字体家族：在 B 端数字界面中，建议使用字体家族，而不是各式各样的字体来设计页面（如 A 页面用宋体，B 页面用微软雅黑），以保证界面信息展示的易读性和舒适性，同时也体现出产品的专业与友好。但由于存在侵权风险，我们宜优先使用系统默认的字体家族，Windows 系统是微软雅黑，苹果系统是苹方。

（2）字号：我们基于电脑显示器的屏幕大小、行业用户习惯、最佳阅读距离等要素，可对数字界面的字号进行约定。目前有两种常用字号模式：一种是内容字号为 12px，标题字号为 14px；另一种是内容字号为 14px，标题字号为 16px。后一种在适老化方案中比较常用，对年长、视力不佳的用户友好。若技术允许，我们也可以让用户自定义调整界面字号，当然，前提是我们给出几个字号选项。最后，B 端界面在字号的使用上尽量不要超过 3 种，若必须用多种字号，需要保持字号的增长节奏。

（3）字重：字重是字体的粗细程度，一般一种字体有 4~6 种字重。通常在设计稿中，体验设计师会使用苹方 regular（常规体）及 medium（中黑体）/bold（中粗体）来设计，但如此的设计前端工程师不理解，他们会凭经验将之转化到代码中。那要如何设计才能一一对应呢？这就需要体验设计师和前端工程师约定设计侧的字重与代码字重的映射关系，如苹方 regular 对应代码中的 400，medium/ bold 对应代码中的 700。

（4）字体颜色：在数字界面字体颜色的使用上，我们需要从两个维度进行控制，分别是数量与质量。在数量上，字体颜色的数量在 4 种以内为佳，尽量不要过多，避免界面显得太花哨，让信息没有主次。当我们想新增一种字体颜色时，可以考虑通过调整字重来解决。在质量上，要遵循无障碍设计原则，保证文字的清晰性和可读性。

暗黑模式

暗黑模式可以说已成为 B 端产品的标配。暗黑模式是指把数字界面所有的 UI 换成深色的一种主题模式，其能让用户的眼睛在长时间工作的情况下，没那么疲劳。在暗黑模式的设计上，我们可从视觉表现的舒适性、符合 W3C 原则、相关色沿用、避免全黑这四部分展开。

（1）视觉表现的舒适性：在暗黑模式下要避免使用对比很强的颜色（如 #000000 和 #FFFFFF），使用对比很强的颜色会让用户感觉界面很刺眼，长时间对着这样的界面会让用户的眼睛感到疲劳。

（2）符合 W3C 原则：暗黑模式在设计上需要符合 W3C 原则，否则会让用户看不清楚界面上的信息。在暗黑模式下，除了要保证正文符合 W3C 原则，禁用文字、占位文字、卡片边框线等也需要尽量让用户看清楚。

（3）相关色沿用：只要浅色配色体系中的主色、功能色与背景色在对比度、色彩和谐性等方面没问题，仍被沿用到暗黑模式中，就无须对它们另行调整。

（4）避免全黑：虽然叫暗黑模式，但并不是说界面就是纯黑色的，纯黑色（#000000）会让用户感觉界面不通透。建议在界面上使用黑偏蓝或黑偏某种色彩的颜色。黑偏某种色彩的颜色与文字的对比较为柔和，可缓解用户的用眼疲劳。

松紧模式

松紧模式是指 B 端数字界面整体布局的宽松或紧凑，与间距有关系。布局宽松模式是指数字界面上的基础组件、容器等元素之间的距离都比较大，这会让用户感觉界面的透气性很强；布局紧凑模式是指数字界面上的元素之间的距离都比较小，这可以让用户在电脑首屏尽可能多地看到信息。

在实际情况中，还会出现第三种模式，如超级宽松模式。我们对这些模式抽象一下，可以分为三种：默认模式、紧凑模式、宽松模式。

（1）默认模式：默认模式符合企业级大部分产品的数字界面基础排版诉求，可以说是一个比较保险的设计方案。以基础组件中基础输入框的高度为例，一般为 32px 左右。元素与元素的基础间距为 10px 左右。

（2）紧凑模式：本地部署的传统型 B 端产品，如电力行业、金融行业、政府部门用的系统,大部分会采用紧凑模式。以基础组件中基础输入框的高度为例,一般为 26px 左右。元素与元素的基础间距为 6px 左右。

（3）宽松模式：SaaS 化的 B 端产品多采用互联网设计风格，注重界面的空间留白与透气性。以基础组件中基础输入框的高度为例，一般为 36px 左右。元素与元素的基础间距为 16px 左右。

若我们要开启企业级设计体系布局的多种模式，就要梳理各种要素的映射关系，专门抽取出来，做到一次调整、处处生效。比如，我们可以将默认模式、紧凑模式、宽松模式中 A 元素的高度统一抽取出来，命名为"A-height"，只要更改"A-height"的具体数值，就可以调整界面中所有用到"A-height"的内容。

Z 轴高度

对 B 端数字界面的元素来说，除了有 X 轴和 Y 轴的设计规则（对应元素的长宽），还有 Z 轴的设计规则，如选择器的下拉框、模态弹窗就涉及 Z 轴高度的设计。

我们在服务产品的过程中发现，原本某元素（如组件下拉框）应该高于页面中的基准元素（可理解为 Z 轴 =0px），却出现穿插到基准元素下面去的情况，还有当前触发的内容没有在最高层级，却被其他物体挡住的情况，等等。这些其实就是由对元素 Z 轴的高度设计不合理导致的。

那么，我们如何让数字界面的元素按照合理的顺序排列到界面上呢？我们先要对元素进行拆解。元素可以分成基础层、固定层、触发浮层、模态层、全局层、当前层。

（1）基础层：基础层默认安安静静地待在界面上，是 Z 轴为 0px 的元素，如按钮、表格、卡片、表单等。

（2）固定层：固定层是当界面上下滚动时，界面上依然常驻的元素，如列表表头、锚点等。其 Z 轴高于基础层的 Z 轴。

（3）触发浮层：触发浮层是当鼠标被单击、悬浮时，触发的浮层，如各类选择器的下拉框。其 Z 轴高于固定层的 Z 轴。

（4）模态层：模态层最显著的特征就是有蒙版，蒙版上是对话框组件。其 Z 轴高于触发浮层的 Z 轴。但当模态层内的元素包含触发浮层的元素时，触发浮层的元素就高于模态层的元素，原因在（6）中会提到。

（5）全局层：全局层的元素有全局提示、通知提醒框，它们始终位于顶层。全局层的 Z 轴最高。

（6）当前层：当前层是指当下鼠标触发的元素，当鼠标聚焦某元素时，该元素因置于最上层，不会被其他元素遮挡，阻碍用户操作，但全局层的元素除外。

3.3.2　图标库

图标是对现实世界的概括、抽象、隐喻。图标品质的优劣，直接影响界面整体的美观度和识别度。因此，如何提升图标品质，是设计体系需要去解决的问题。一套标准化且拓展性强的图标绘制方式，可以提高图标的质量，同时提升图标的一致性。

规格

我们需要给所有图标构建一个绘制区域，让图标在这个区域内起舞。绘制区域的大小没有严格的规定，可以是 1024px×1024px，也可以是自定义的 200px×200px、24px×24px 等，只不过绘制区域越大，设计细节越丰富。同时，需要设置出血位（见图 3-9 ）。出血位起到的作用为两个：第一，防止图标不小心贴边后，在其应用的过程中出现图标内容被裁切掉的现象；第二，允许体验设计师在绘制一些特殊形状的图标时有调整空间，保证视觉平衡。

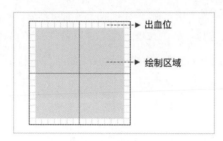

图 3-9　出血位

我们除了需要设定整个绘制区域的规格，还需要设定线条、圆点、圆角的规格。

首先看线条。我们需要给线条的粗细设定一个主基调，如宽度为 16px，那么在通常情况下，我们只需要用 16px 宽的线进行图标绘制就好。但对线条较多的图标来说，16px 宽的线不能满足需求，因此需要设定线宽递增与递减的规律。以基准线宽 16px 为例，定义线宽的设计规律为 4 的倍数，即 1 倍的时候线宽为 4px，2 倍的时候线宽为 8px，以此类推。当我们遇到图标某些部分的线宽无法使用 16px 时，可以使用其他按照规律得出的线宽数值。

其次看圆点。线条几乎会出现在任何一个图标中，但圆点不是，其只有在特定的图标中才会出现，如笑脸图标。不过我们依然需要设定圆点的设计规格，方法和线条一致，先定基准值，再定拓展方式。

最后看圆角。一个图标是由圆形、矩形、三角形等不同的图形拼凑出来的，因此会形成很多圆角。圆角总体来说包括外圆角和内圆角。我们需要对外圆角和内圆角的数值进行定义，保证整套图标的视觉一致性。

秩序

构建好了绘制区域，我们需要对该区域进行分层，从下至上依次为背景区域、实际内容绘制区域、基础图形参考区域、图标，如图 3-10 所示。有秩序地划分绘制区域，目的是让体验设计师在协作中产出视觉体验一致的图标。

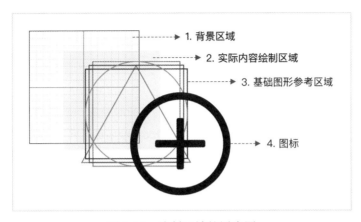

图 3-10 绘制区域的层次图

规整

所有图标的绘制都是从基础形（如圆形、矩形、三角形、正方形等）开始思考的，以保证设计构图上的节奏感和规整性。当基础形无法满足需要的时候，以它们为准向外散发。所有图标最后都要合并路径，保证图形的规整和干净，以便正确输出和使用。

平衡

虽然按照规则绘制图标可以保持整套图标的统一性，但要保证在视觉体验上的平衡，光靠标准化制图还不够。体验设计师需要对特殊的图标做适当的微调，以达到视觉体验上的平衡。比如，倾斜的线条会比立挺的线条看起来细。因此在绘制倾斜图标的时候，需要适当加大线的宽度，使之达到和立挺图标一样的视觉重量，如图 3-11 所示。

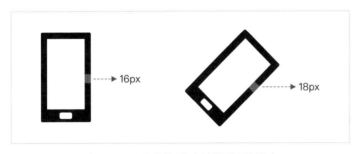

图 3-11 立挺图标与倾斜图标的线宽

线面

在 B 端数字界面，需要用到面型图标的场景不多，原因在于，当界面图标较多时，采用面型图标会显得页面很重，会把用户的视线引导到图标上而不是重点数据上。有些场景很需要面型图标。比如，在导航菜单上，默认展示用线型图标，选中用面型图标；再如，在界面标题区域，若需要使用图标，则一般会采用面型图标。因此，在企业级基础图标库中，我们给一些线型图标同时绘制了一份面型图标。

以上是图标设计的基础规则，但在实际落地的过程中，我们还遇到了一些规则之外的情况。

第一，相同功能的图标重复绘制。

虽然我们给出了一套按照图标设计规范设计的企业级基础图标库，但由于宣讲不到位，出现了体验设计师重复绘制具有相同功能的图标的现象，导致在产品集成过程中，出现了不同模块中同类功能的图标各不相同的情况。若你也遇到了类似的情况，可以整理一份图标清单给各个业务团队的体验设计师，让他们一目了然地知道企业级图标的现状。表 3-2 所示是图标清单模板示例。

表 3-2　图标清单模板示例

图标名称	示例	解释
标准图标名称	此处放置图标的图片	解释图标的含义

第二，图标使用场景不明确。

图标使用场景不明确也是我们在图标落地过程中发现的情况。在 B 端场景中，"导入、导出、下载、上传"功能几乎每个产品都有，而且大部门产品都会采用图标而不是文字来展现。这就导致虽然企业级基础图标库中包含了"导入、导出、下载、上传"的图标，但具体哪个是哪个，在哪些场景中使用，大家在使用时是模糊的。因此，我们需要将图标的使用场景进行简单描述，帮助图标使用者统一认知，如表 3-3 所示。

表 3-3　图标使用场景描述示例

图标名称	示例	使用场景	场景示例
标准图标名称	此处放置图标的图片	描述图标可使用的场景	给出相应示例，配合图片展示，以 2~3 种为佳

第三，规范下的图标在视觉上无新意。

企业级基础图标库给出的图标通常较为中规中矩，一来是为了适应与平衡庞大的企业级产品的界面调性，二来是因为只有规则简单，才有利于企业内部所有体验设计师的理解与协作。但这也带来另一个问题，即一部分人认为图标在视觉上无新意，没有视觉冲击力，这也是我们在推广图标库时遇到的一个真实情况。后来经过深入调研发现，他们认为这些图标用在个性化场景中不合适，而不是用在基础组件上不合适。因此，我们需要让体验设计师自己定义这些个性化场景。企业级基础图标库无法覆盖数字界面的所有场景，把设计权交出去是一个有效的方法。

第四，图标绘制有方法，但无内涵。

在有了图标设计规范后，体验设计师绘制图标就非常快了，但这也出现了问题，即绘制出来的图标虽然符合规范，但缺失了应该有的内涵。也就是说，用户通过看图标，无法理解图标要表达的含义。事实上，B 端产品首先是以可用、易用为主的，图标也不例外。

在评价图标设计好坏的时候，我们要看图标是否具有可理解性，是否可以让用户联想到这个功能是什么。正如意大利认知学家克里斯蒂亚诺·卡斯托弗朗奇所说："它不需要特殊的学习、训练或传递，只不过利用了日常行为的知觉形态和对它们的认知。"我们完全可以把句中的"它"替换成"图标"。因此，我们作为规则制定方，要引导体验设计师设计符合用户认知的图标。

3.3.3　基础组件

B 端数字界面由大大小小的组件构成，它们之间通过互相联动来协助用户完成相应的业务目标。这些组件中的一部分非常通用，可以说 10 个产品中有 9 个产品都会用到，那么这部分组件就可以被抽取出来，放到公共池子里供所有产品调用，我们称之为基础组件。在企业级层面定义基础组件，可以大大提升设计效率与研发效率，保证企业级 B 端产品体验的相对一致性。

在对比 Ant Design、Element、Xconsole 等的基础组件后，我们发现，它们的基础组件有一部分是重合的，有一部分是各自独有的。即使是同一类型的组件，所包含的功能也是有差异的。Ant Design 4.21.6 版本的表格，可实现对单列数据的精细化筛选，但这个功能在某些设计体系的表格中是没有的。这其实就是业务场景决定基础组件的形态与功能范围的例子。

因此，我们在构建企业级 B 端设计体系的基础组件时，需要根据实际业务的情况决定如何设计。关于企业级 B 端设计体系的基础组件包含哪些，我在这里不再赘述，你可以到 Ant Design、Element 等的官网查看，这些网站上将用到的基础组件逐一罗列了出来，还是非常友好的。你也可以到"知果日记"公众号学习，相应的文章为《B 端通用组件使用法则（一）—基础、表单》《B 端通用组件使用法则（二）—表格、树形控件》《B 端通用组件使用法则（三）—导航、反馈》《B 端通用组件使用法则（四）—数据展示、其他》。

我在负责基础组件的设计过程中也遇到了不少问题，包括如何梳理组件的设计要素、如何推动研发落地等。我现在将自己在实战中遇到的点滴，整理为表 3-4 所示的 8 个设计注意点。

表 3-4　基础组件的 8 个设计注意点

编号	设计注意点
1	是从 0 到 1 构建基础组件，还是用开源组件
2	确定基础组件的设计范围
3	梳理基础组件的设计维度
4	梳理基础组件的功能点
5	梳理基础组件的视觉方案
6	梳理同类基础组件的统一交互

编号	设计注意点
7	梳理每个基础组件的独立交互
8	从零散到 Symbol 化

接下来，我们一起来看看这些设计注意点应如何解决。

是从 0 到 1 构建基础组件，还是用开源组件

有很多读者问过我，构建基础组件是从 0 到 1 开始，还是直接采用开源组件。其实，不论是企业自己构建组件，还是采用开源组件，都没有问题。关键取决于在作出决策之前，我们需要评估两者带来的价值与风险。

采用开源组件的好处不用多说，不仅可以直接将组件引入项目中使用，极大地提高了研发效率，而且开源组件的功能也较为完善，基本可以满足通用 B 端产品的界面设计需求。但我们要考虑的是，作为企业级的基础组件，面向的是复杂的 B 端业务场景，必定会出现开源组件无法满足现有业务的情况。此时，我们需要在开源组件上进行二次开发（包括视觉、交互、功能、性能），这就需要考虑二次开发的成本和难度了。

当时，我们研发了一款在业内口碑不错的高性能表格，但因对其进行二次开发非常困难，于是我们放弃了。比如，其中一个点是字段排序图标默认无法展现，而这会妨碍用户对目标字段进行快速排序，其需要对一个个字段单击一下才知道。

采用从 0 到 1 构建基础组件的方式，最大的优势在于我们可以自主定义组件的视觉、交互与功能，因此迭代和调整都是自主可控的。由于我们对组件非常了解，因此未来基于组件的工具化构建的可行性也非常大。劣势在于从 0 到 1 设计与研发基础组件，投入的时间成本、人力成本都是非常高的（如调研、设计、评审会花费大量的时间），并且组件研发需要有经验的前端工程师参与，保证在设计之初就尽可能地将架构考虑全面。企业如果准备自建基础组件，就要做好投入各项资源的准备。

如果企业打算拥有一套企业级基础组件，又没有那么多时间与资源投入，可先调研市面上的开源组件，看它们现有的功能是否满足企业级各产品的需求，再看它们在二次开发上的难易程度，然后选择一套开源组件引入使用，并在使用过程中迭代升级。

确定基础组件的设计范围

假设我们选择了从 0 到 1 构建基础组件，那么我们就需要确定基础组件的设计范围，即需要设计基础组件的哪些方面，包括组件分类、组件类型、组件形态。

我建议分三步走：第一步是调研企业内部产品使用组件的情况（此时你会看到基础组件与业务组件均有）；第二步是调研几个较为主流的 B 端开源组件库，以及其涉及的基础组件范围；第三步是依据第一步和第二步总结出来的结果，形成一个期望设计的基础组件范围。

确定基础组件设计范围中的组件分类不难，原因在于 B 端基础组件的分类大同小异。难点在于组件分类下的组件类型与组件形态有哪些，这是非常需要第一步来支持的。同时在第一步中，我们还得有效识别在产品用到的组件中，哪些是基础组件，哪些是业务组件，把业务组件从设计体系的基础组件库中剥离出去，这部分后续需要各条产品线依据基础组件的设计规则来拓展设计与自行研发。表 3-5 所示是基础组件的设计范围示例。

表 3-5　基础组件的设计范围示例

组件分类	组件类型	组件形态
导航	面包屑	基础面包屑、带图标面包屑、带下拉菜单面包屑
	下拉菜单	基础下拉菜单、按钮形式下拉菜单
表单	级联选择	基础级联选择、搜索型级联选择
	多选框	基础多选框、带图标多选框

梳理基础组件的设计维度

我们在将基础组件的设计范围梳理出来后，就要设计组件了，包括设计组件的视觉、交互。我们是不是可以直接设计呢？当然不是。在这之前我们还需要对设计维度进行有层次的梳理，如此才能将上百个组件形态设计清晰（在设计中，真正设计的是组件形态）。我们可以将组件设计维度定义成状态类别、鼠标交互、键盘交互这三者。表 3-6 所示是组件设计维度示例（以输入框举例）。

表 3-6　组件设计维度示例（以输入框举例）

组件类型	组件形态名称	设计维度
输入框	基础输入框	状态类别（可输入、输入成功、输入失败、可修改、禁用、只读）
		鼠标交互
		键盘交互
	带图标输入框	状态类别（可输入、输入成功、输入失败、可修改、禁用、只读）
		鼠标交互
		键盘交互
	复合输入框	状态类别（可输入、输入成功、输入失败、可修改、禁用、只读）
		鼠标交互
		键盘交互

梳理基础组件的功能点

我们在完成基础组件设计维度的梳理后，就需要逐一整理每个基础组件所包含的功能点了。这可不是一项简单的工程，需要产品部、研发部、设计部三方协作才可完成，当然，设计部可以主导。梳理基础组件的功能点和梳理一个产品的功能点是类似的，我们要梳理的功能必须是用户刚需、业务刚需、有价值的功能，而不是我们自己想象出来的并觉得很好的功能，或者竞品有我们也必须得有的功能。

虽然基础组件很小，但一个基础组件的功能可以多到数不清，而且设计侧梳理出来的功能，对应到研发侧，会呈现一对多的情形。因此，通常设计侧梳理的功能是用户直观可见的，而研发侧梳理出来的功能，通常是技术实现层必须拥有的功能。

表 3-7 所示是我整理的表格的功能点示例。我在梳理表格的功能点时，先将几个开源组件中表格的功能点罗列出来，再去产品部逐一调研这些功能的使用率。一些开源组件中有，但在企业内部调研中发现用不到的功能，可以先放入功能池，待后续有需求了再拿出来讨论。

表 3-7　表格的功能点示例

表格形态	功能点
基础表格	列筛选
	列排序
	带边框
	无斑马纹
	固定表头
	固定列
	可编辑行

梳理基础组件的视觉方案

全局视觉定义了企业级 B 端数字界面涉及的色彩使用范围和色彩值，现在，我们需要选取合适的色彩和色彩值纳入基础组件中了。当然，在实际过程中，全局视觉中色彩值的定义和每一个基础组件配色方案的确定并没有非常强的前后关系。通常来说，应先定义色彩使用范围，然后拿到具体的组件中使用，如果发现其不适合实际场景，再进行调整与优化。

在定义每一个基础组件的视觉方案的时候，建议先对开源组件做一次调研，看看其视觉方案是如何被定义的。比如，哪些基础组件用到了主色，基础组件哪些部分的色值可以是一样的，等等。当时我为了收集组件用到的色彩，让团队制作了组件色彩地图，通过组件色彩地图可以一览组件色彩的使用情况，从而判断哪些色彩可以合并。

梳理同类基础组件的统一交互

为了达到降低用户学习成本、提升用户体验的目的，我们有必要对同类组件的交互方式进行统一规划。以表单组件为例，通常用户在进行数据录入时，需要操作不同表单组件才能最终完成数据录入工作，若随意设计同类组件的操作模式，就会加大用户的操作难度。因此，表单组件同类功能的交互方式需要保持一致。快捷键模式下的一致交互如下。

- 表单为 Z 字形输入方式；
- 按 Tab 键可切换到下一个组件；

- 按 "Tab+Shift" 组合键可切换到上一个组件；
- 当焦点定位到某个组件时，按 Enter 键可唤出下拉面板；
- 按 "Ctrl+C" "Ctrl+V" 组合键：在输入框内复制、粘贴内容。

梳理每个基础组件的独立交互

在梳理完同类组件的统一交互后，我们可以展开每个组件的交互方案设计了。在设计中需要注意三点：一是要覆盖每个组件梳理出来的功能点；二是每个组件的交互流程均需要配图，保证前端研发工程师可以看明白，不要让其想象文字对应的画面；三是每个组件都有鼠标交互，但是否需要引入键盘交互要在调研后确定。图 3-12 所示是基础输入框的鼠标交互设计示例。

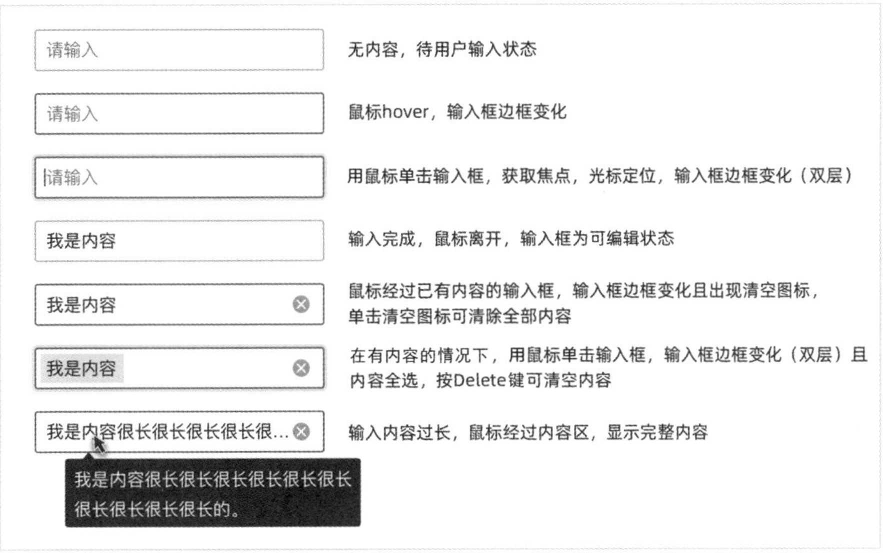

图 3-12　基础输入框的鼠标交互设计示例

从零散到 Symbol 化

对企业级 B 端设计体系来说，基础组件 Symbol 化是最基础的能力，无 Symbol 化就无设计体系一说。Symbol 化最大的优势是我们在改变组件原子级的样式后，能够同步修改引用该样式的组件，进而同步更新页面中使用这些组件的地方，非常方便。这是修改一处、同类处处生效的效果。

举个按钮的例子。在按钮没有被 Symbol 化前，若产品经理要将蓝色按钮改成绿色按钮，而且现在 100 个页面上均有这个元素，体验设计师就需要打开这 100 个页面逐一修改。但若对它进行 Symbol 化，只需要将源头的蓝色按钮改为绿色按钮即可，这样这 100 个页面中的蓝色按钮就一键变成了绿色按钮，极大地提升了设计响应需求的效率。

当然，基础组件 Symbol 化的好处不止这一个，还有组件被赋予自适应布局的能力，以及在基础组件 Symbol 化后，其未来可以和研发工具进行较好的对接，如 Symbol 化有利于转码实现。

不过我们需要注意，基础组件 Symbol 化是有前提条件的，也就是尽可能地在基础组件稳定一段时间后再对其进行 Symbol 化，避免还未在生产上对基础组件进行充分验证就将其 Symbol 化，导致体验设计师需要反复修改，降低了工作效率。

企业要自研一套基础组件并不是一件容易的事情，并且随着基础组件在生产上被使用，还会出现一系列的需求，如紧凑版、国际版、适老版等。我分享一些关于基础组件的构建与迭代的思考：第一，在构建基础组件前需要充分调研与评审，这是涉及企业级基础组件的大事情，省略这两步，会导致基础组件在实际使用中的问题变多。你可能会问："调研和评审过就没问题了吗？"实际上，还会有问题。通过调研和评审我们可以将出错率降低，但不代表不会出一点儿错误。第二，在迭代中要明确迭代边界，这就像做产品一样，我们需要分辨真伪需求，防止把用户提的需求都迭代到产品中，导致产品臃肿不堪，脱离设计的初衷。

3.3.4 通用区块

通用区块介于基础组件和典型界面之间，其功能比基础组件多，比典型界面少。通用区块是由不同基础组件构建而成的。比如，表格区域上方的查询条件区块就是很典型的通用区块，如图 3-13 所示。

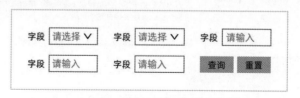

图 3-13 表格区域上方的查询条件区块

那么，设计体系通用区块要如何梳理出来呢？在梳理中又要注意哪些方面呢？下面我将讲述一个自己经历的案例（因保密需要，我对案例做了处理）。

发现、收集与整理

我们在展开设计体系通用区块的梳理时，首先要确定痛点是存在的，即类似功能的区块因视觉有差异、交互不一致导致用户反馈体验不友好，期望能改善。这是一个主内容区左侧导航树的通用区块。图 3-14 所示为左侧导航树的具体位置。

当时我收到一些用户反馈，期望改善该区块的用户体验，原因在于同产品的不同模块都有左侧导航树，但样式、布局五花八门，并且交互行为各异，导致用户的理解成本与使用成本增加。

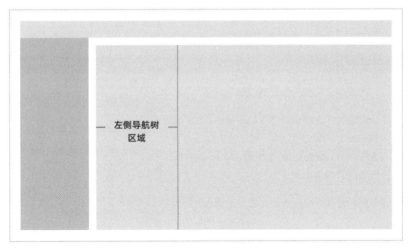

图 3-14　左侧导航树的具体位置

　　在发现这个问题后，我展开了对企业内部相关产品中左侧导航树素材的收集，并将它们整理到一起，统一观察。我发现，虽然它们各式各样，但它们之间是有共性和规律的。比如，它们中的大部分都有标题、搜索、添加节点等功能，小部分有展开 / 收起、刷新、标签页等特殊功能。我将这些功能统一整理到了一张表上，表中包括了左侧导航树的整体性功能与树节点功能，如表 3-8 所示。这里需要注意，不论功能是否通用，都应先将其梳理进去，避免遗漏。

表 3-8　左侧导航树的整体性功能与树节点功能示例

功能分类	功能
整体性功能	标题
	标签页
	新增节点
	搜索
	展开 / 收起
	刷新
	筛选
	仅属于操作整体的各类功能（如添加分类、管理目录）
树节点功能	新增节点
	展开 / 收起
	仅属于操作节点的各类功能（如重命名、删除、编辑）

分组、设计

　　在完成对上述功能的整理后，就要进入具体设计阶段了。不过在着手绘制设计稿之前，还需要对功能进行分组。表 3-9 所示是我对功能进行的分组，它们分别被分到左侧导航树的三个区域，从上至下我分别将这三个区域称为 Header-1 区、Header-2 区和 Body 区。

表 3-9　功能分组示例

组名	组描述	组包含的功能
Header-1 区	通常是一些全局性质的说明与操作	左侧：标题、标签页、筛选等 右侧：展开 / 收起、刷新等
Header-2 区	搜索区（无搜索功能可以不放）备注：若 Header-1 区的功能过多，建议往 Header-2 区放置。若 Header-1 区无功能，则 Header-2 区只展示搜索功能	左侧：搜索框 右侧：放不到 Header-1 区的整体性功能，可放到该区域
Body 区	树控件区，可放置对树节点的操作	仅放置属于操作节点的各类功能（如重命名、删除、编辑）

接下来，就要开始设计了。我从企业级基础组件库中取出合适的组件，依据设计规范将其放到合适的位置，完成区块的内容组织与视觉呈现。图 3-15 所示为左侧导航树通用区块的设计内容。如果想要通用区块能被使用者轻松地学习和使用，我们还需要将规则解释清楚（文 + 图）。比如，说明默认使用基础形态，以及若基础形态无法满足，又该如何拓展。

图 3-15　左侧导航树通用区块的设计内容

评审、发布与验证

在完成设计效果图后，就要进入评审环节了，看看相关人士对设计效果图的看法。待评审通过后，就可以正式发布了。这里需要注意，设计效果图在评审环节没问题，不代表在使用中不会出问题，因此我们需要在实际场景的验证中逐步迭代和完善设计效果图。

最后，我简单总结下在构建通用区块时需要注意的地方。

第一，在设计通用区块的过程中，应优先保证视觉的一致性，其次探索交互的一致性。为什么说交互可以后考虑呢？原因在于交互方式涉及业务逻辑，不属于纯用户体验的范畴。比如，左侧导航树搜索交互的搜索方式既可以采用模糊搜索，也可以采用精确搜索；在搜索结果的呈现上，既可以采用筛选，也可以采用定位。

第二，由于不同产品对相同通用区块的诉求有差别，因此企业级通用区块无法完全覆盖它们的同类场景，此时我们可以按照基础形态与拓展示例的思路展开。

第三，企业级通用区块的抽取范围与设计范围的确定，应根据本企业产品的具体情况（如客户诉求、用户需求等）展开。比如，医疗类产品与金融类产品因面向的业务不同，在表格查询区块、左侧导航树区块上就会有差别。

3.3.5　典型界面

有了基础组件和通用区块还不够，我们还需要典型界面来为 B 端数字界面高度一致的视觉体验保驾护航。典型界面最重要的作用是提供了 B 端数字界面布局的一般性通用方法。我们当时准备梳理企业级典型界面，有很大一部分原因在于产品设计人员在拿到企业级基础组件库后，依然不知道如何才能设计出符合设计规范的数字界面。图 3-16 所示为不同团队使用同样的组件搭建的全表格页。试想，这若是在一个产品中出现的情况，那么这个产品该多么不专业。

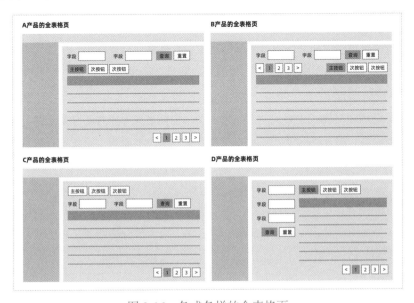

图 3-16　各式各样的全表格页

于是我们展开了对现有产品界面的调研，从调研开始一步步推导出最终符合各产品实际的具体典型界面。下面我们一起来看看典型界面的类型、布局模式和动态布局三部分内容。

典型界面的类型

梳理企业级典型界面包括哪些类型，与企业级通用区块的梳理思路差不多，均需要从企业涉及的产品类型等方面出发。从我的实际经验来看，有一些典型界面是极其通用的，几乎所有 B 端产品均会涉及，如全表格页、分步骤表单页、高级表单页等。还有一些典型界面，其覆盖率在 50% 上下，即有些产品会涉及，有些产品中不会出现，如嵌套型分步骤表单页。针对典型界面的覆盖率，我们可以先整理覆盖率高的典型界面，再整理覆盖率低的典型界面。实际上，随着典型界面被用到实际场景中，一定会有不满足业务需求的情况发生，这就需要我们对典型界面进行迭代。表 3-10 所示是我整理的企业级典型界面类型统计表。

表 3-10　企业级典型界面类型统计表

典型界面分组	典型界面类型
Dashboard	工作台、监控页、分析页、新手引导页
表格页	全表格页、左树右表页、上下表格页、左右表格页、折叠表格页
表单页	基础表单页、高级表单页、分步骤表单页、带树表单页、锚点表单页、嵌套型分步骤表单页
详情页	基础详情页、高级详情页、带树详情页、可编辑详情页
列表页	标准列表页、卡片列表页
异常页	403、404、500、网络异常、浏览器不兼容
结果页	基础成功结果页、高级成功结果页、基础失败结果页、高级失败结果页

在《B 端思维：产品经理的自我修炼》中，我提到典型界面的一些知识，包括典型界面有哪些、典型界面的概念及其设计注意点，因此，本书就这些内容不再赘述。

典型界面的布局模式

典型界面的布局模式主要从三方面来定义，包括定义界面各信息要素的分区、定义不同分区的位置、定义不同分区之间的视觉区隔形式。下面我们以左树右表页为例，讲解典型界面的布局模式。

第一，定义界面各信息要素的分区。

在设计左树右表页的布局模式前，我们需要梳理左树右表页所涉及的功能。这些功能大致可以分为两部分，一部分功能属于树区域，另一部分功能属于表区域，汇总起来如表 3-11 所示。

表 3-11 左树右表页的功能统计（仅为示例）

主区域	功能
树区域	搜索
	标题
	全部展开 / 全部收起
	新增节点
	删除节点
表区域	查询数据
	新建数据
	删除单条数据 / 批量删除数据
	查看单条数据详情
	修改单条数据
	打印数据
	自定义表格字段
	设置表格行高
	表格翻页
	统计总数据

以上只是对左树右表页大块区域的功能进行了统计，我们还需要划分得更细，让界面信息具备层次感，提升用户查找信息及操作任务的效率。通过仔细排查我们可以发现，表区域中出现的功能各有特点。比如，新建数据、批量删除数据、打印数据是对表的整体数据进行操作的，而删除单条数据、查看单条数据详情、修改单条数据是对表中单条数据进行操作的。我们可以对功能再进行细分，如表 3-12 所示。

表 3-12 功能的详细划分

主区域	子区域	功能
树区域	树整体操作区	搜索
		标题
		全部展开 / 全部收起
		新增节点
	树节点操作区	删除节点
表区域	查询区	查询数据
	整体表数据操作区	新建数据
		批量删除数据
		打印数据
	单条数据操作区 （属于表格主体区）	删除单条数据
		查看单条数据详情
		修改单条数据

续表

主区域	子区域	功能
表区域	表格配置区	自定义表格字段
		设置表格行高
	表格翻页区	表格翻页
		统计总数据

第二，定义不同分区的位置。

到此，我们基本完成了左树右表页中各功能的分区排查，接下来我们需要将抽象的文本转化为可视化的界面，即定义不同分区的位置。我们将界面的主内容区划分为左右两部分，左边为树区域，右边为表区域。在将两大块划分完成后，就要对每个区域进行细分了。树区域从上至下分为 Tree-Header-1 区、Tree-Header-2 区和 Tree-Body 区，表区域从上至下分为 Table-Query 区、Table-Button 区、Table-Body 区和 Table-Pagination 区，如图 3-17 所示。

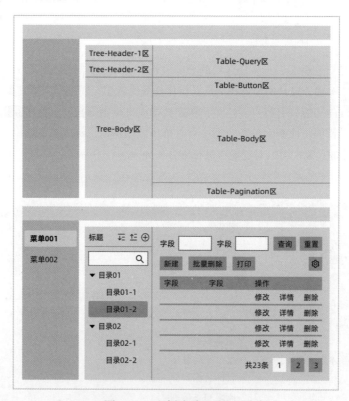

图 3-17　左树右表页的不同分区

第三，定义不同分区之间的视觉区隔形式。

最后，我们还需要好好考虑不同区域之间的视觉区隔形式。通常来说，元素与元素之间的视觉区隔形式分为分隔线、容器和间距这三种。

不同的视觉区隔形式，会影响整个数字界面的风格调性。比如，用分隔线会让用户感觉产品的视觉设计较为传统；用间距会让用户觉得产品注重呼吸感与美感。总之，不同区域之间选择不同的视觉区隔形式，可以影响整个产品给用户的心理感受。

当然，除了使用区隔形式传达产品的视觉调性，我们还要考虑视觉区隔形式的拓展性。比如，分隔线的拓展性在某些界面上的效果就很差，导致界面拥挤不堪。因此，当单一视觉区隔形式走不通时，我们可以考虑将几个视觉区隔形式混合使用，以达到界面设计的整体性与美观性。

典型界面的动态布局

设计典型界面的动态布局，原因是我们需要考虑界面在大小屏幕上的展现效果，给予用户最好的视觉体验与操作体验。下面我们继续以左树右表页为例，来看看如何设计其动态布局。这里将从树区域与表区域的布局关系，以及表区域内各分区的布局关系逐一展开。

（1）树区域与表区域的布局关系。

这两个区域的布局相对简单，当界面内容从 1366 分辨率（或 1280 分辨率）的屏幕过渡到 1920 分辨率的屏幕时，树区域的宽度固定，而表区域的宽度随着界面变大而变大。

（2）表区域内各分区的布局关系。

由于表区域的宽度会随着界面变大而变大，因此表区域内部各分区也会有各自的变化规则。

首先是 Table-Query 区，我们可以定义该区域每个表单项固宽，输入框的宽度随着屏幕分辨率变大而变大；也可以定义表单项和输入框均固宽，随着屏幕分辨率变大，每行可容纳的表单项个数会增加。

其次是 Table-Button 区，包括整体表数据操作区（左边）和表格配置区（右边），它们固定在界面左右两边，而它们之间的空白区会随着屏幕分辨率变大而变大。

再次是 Table-Body 区，表格整体随着屏幕的分辨率变大而变大，但头尾两行固定，中间行自适应。

最后是 Table-Pagination 区，此区域比较简单，整体靠右侧固定，左侧空白区随着屏幕分辨率的变大而变大。

在实际设计中，我们遇到的情况远比上述内容复杂。现有产品中的左树右表页的功能各不相同，样式各式各样，布局千奇百怪，我们在设计时应找出共性，兼容个性。若你想了解更多典型界面的知识，可阅读"知果日记"公众号文章——《B 端通用界面设计法则：Dashboard、表格页、表单页、详情页》。

3.4 高阶资产，让数字界面更专业

有了企业级 B 端设计体系的基础资产部分，体验设计师想快速完成用户体验还不错的数字界面的设计已成为可能。假如各业务线较为严格地遵守设计体系给出的基础设计规范，那么在产品集成时，就可以保证高度一致的用户体验。

当然，为了让数字界面更为专业，获得更多用户的喜爱，我们还需要基于基础资产继续向上构建设计体系的高阶资产。

3.4.1 插图资产

Ant Design 的 HiTu 插图资产，让 B 端体验设计师看到了原来 B 端也是需要符合产品个性的插图的。一来，插图资产有效提升了产品的品牌识别度；二来，插图比文字更容易向用户传达特定的情感，提升用户体验。企业级产品种类繁多，分别由不同的体验设计师负责，而他们绘制的插图的风格均不相同，这就导致在产品集成时，插图风格各异，降低了集成后产品的视觉一致性与用户体验。所以，从企业级层面形成一套适用于各项业务且高度品牌化的插图资产迫在眉睫。

企业级插图设计与我们日常随性的插图设计不同，需要遵循一定的设计逻辑，不仅要综合考虑各产品的业务特性、要符合设计体系规范，还要具备一定的拓展规则，允许业务线上的体验设计师进行拓展设计。

应用场景

我们在设计插图资产之前，需要对插图的应用场景做到心中有数。只有如此，我们在真正设计时才能不遗漏、不过度设计。在 B 端，插图通常会被应用在空态性场景、运营性场景、功能性场景和装饰性场景中。

（1）空态性场景。

当页面数据为空、用户无权限访问、页面正在维护中等情况发生时，如果不进行插图设计，就会让页面显得很空旷。因此，在这些场景下，体验设计师通常会设计一些与场景贴合的插图，一方面提升了页面的美观度，另一方面给予用户情感化指引。

（2）运营性场景。

SaaS 化 B 端产品会做一些简单的短期运营活动，或者品牌推广活动，如某节日满多少送多少优惠券的活动。这时就需要引入插图，来提升界面的视觉美感，吸引用户关注。

（3）功能性场景。

操作反馈页面、版本升级页面、功能操作引导页面均属于功能性场景，这类页面若加入插图设计，会让信息从抽象变得生动起来，有利于提升用户对信息的理解能力。

（4）装饰性场景。

当页面信息量不大时，可用插图进行点缀，从而使界面更生动。比如，表单项较少的表单录入页、纯搜索的首页等，都可以加入插图来提升页面的丰富性。

插图解构

在了解了 B 端哪些场景会涉及插图的应用后，我们就可以展开插图设计了。首先，我们要对插图资产进行解构，形成一份可操作的设计指南。其次，按照设计指南上的指引，一步步具体展开去做。插图资产解构可以从全局规范、景别规范、组件规范、场景案例展开，如图 3-18 所示。

图 3-18　插图资产解构

（1）全局规范。

全局规范包括插图的风格规范、色彩规范、投影规范、圆角规范，其对插图整体设计风格的一致性起到了约束作用，保证了插图资产可以切实传递出产品的品牌风格。

风格规范定义了一整套插图资产是扁平化的还是 3D 风格的，是活泼俏皮的还是专业严谨的，是线面结合的还是纯面风格的。对 B 端场景来说，不适合使用活泼俏皮的 Q 版卡通形象，也不适合时下流行的夸张风格，更不适合抽象派风格，应立足于符合企业级产品调性的风格。我们当时在风格探索上花了不少时间，有时候团队成员在互相讨论中仿佛已经知道该怎么做了，可当真正呈现到设计稿上时，会发现风格呈现还是不尽如人意。我们的企业级插图资产设计历经数月，调整数版，才最终完成风格定稿。

色彩规范定义了插图资产的配色方案。好的插图资产配色方案不仅让用户看着舒服、美观，而且能够很和谐地融入 B 端数字界面，与其他元素共同为界面增添光彩。在定义插图色彩规范的过程中，主色最好直接选取设计体系的主色；辅助色的选取一方面需要考虑物体本身在自然界的色彩特性，另一方面需要考虑选取的辅助色是否能融入数字界

131

面的整个环境中。为了让画面色彩更饱满，我们在主色的基础上还推出了一些需要与主色搭配的色彩。

投影规范定义了插图中元素与界面的关系，投影可以塑造元素的体积感，增加整个画面的丰富度。但最好不要给元素添加太夸张的阴影，避免让插图反客为主，抢了界面中核心信息的主体位置。我们在设计投影时，只给人物组件加了投影，如袖子与衣服的贴合处，未给其余组件添加投影，保证了插图既带细节，又能融入界面。

圆角规范定义了插图元素转折处边角的弧度。我们需要注意，不是要求圆角弧度好看就行，而是需要考虑插图元素的圆角弧度和基础组件的圆角弧度是否匹配，保证界面视觉的一致性。这里为什么用"匹配"，而不用"完全一致呢"？我讲一个小故事：我们一开始使用了和基础组件的圆角弧度一致的尺寸，后来发现设计出来的风格过于硬朗了，特别是在花瓶、水杯、笔记本等元素上。事实上，某些特殊元素的形态应与其在现实生活中的形态靠近，我们不应为了一致而一致。后来，我们一边调整物体的圆角弧度，一边梳理圆角规范，让其符合用户的认知习惯。

除了以上四种规范，插图的全局规范还有材质规范、线条规范、渐变规范，设计团队可按照实际情况进行选择。例如，在 Ant Design 中，设计团队就为 HiTu 定义了线条规范，这与 Ant Design 设计体系的整体风格是相符的。

（2）景别规范。

景别规范定义了一幅场景式插图内元素的前后关系。我们设定了前景层、中景层、背景层这三层。前景层主要包含人物组件，中景层主要包含一系列通用型有色组件，背景层主要包含和通用型有色组件对应的通用型去色组件，以及几何图形组件，如图 3-19 所示。

图 3-19　前景层、中景层、背景层的图例

我们在实际应用中发现，若背景层只有单纯的几何图形组件，则不足以满足插图的场景需要。很多时候，体验设计师会将一些通用型有色组件改成通用型去色组件用到插图的背景层中。因此，我们除了在背景层设计几何图形组件，还要加入通用型去色组件以满足实际设计需求。

（3）组件规范。

组件规范定义了插图实际的组成元素，这些元素依据景别规范展开。这里分享下我们当时定义组件规范的一些思路。

①人物组件。人物组件位于前景层，是插图中的主要元素。在人物组件的设计过程中，我们分了三步走：第一步，依据面向的业务场景，梳理人物的角色，这些角色包括具体角色和通用角色。具体角色就是研发工程师、体验设计师这类有具体含义的对象；通用角色是没有具体对象的，你觉得他是谁，他就是谁，这也是为了提升人物在场景中的广泛适用性。第二步，在完成人物角色梳理后，就开始定义男女角色的头身比例和通用造型。定义头身比例是设计通用造型的基础，而通用造型又是设计人物的具体动作、服饰、发型的基础，它们之间是环环相扣的。常见的造型有站着（如正面、左 3/4 侧面、右 3/4 侧面、反面）、坐着、跑、跳等。第三步，在人物角色的基调完成后，我们就可以展开角色的服饰、发型、表情的具体细节设计了。我们在一开始的设计中，并没有设计人物的表情，后来在使用中发现，稍大一点的插图若没有人物表情，显得有些奇怪。因此我们为人物配上了表情，拉近了用户与插图之间的距离。

②通用型有色组件。通用型有色组件位于中景层，对插图起到点缀与交代所处场景的作用。有了通用型有色组件，整个插图会变得更有活力。在设计通用型有色组件时，我们需要设定组件的具体范围，当时我们调研了企业级产品可能会用到的通用型有色组件，定义了金融科技（如区块链、人工智能等）、办公用品（如笔筒、尺子等）、办公家具（如桌子、椅子等）、电脑硬件（如台式机、笔记本电脑等）、场景点缀物（如植物、相片等）、图表（如柱状图、饼图等）、基础组件（如输入框、穿梭框等）、典型界面（如表单页、表格页等）这几类元素，将它们一一绘制成插图。

③通用型去色组件。通用型去色组件位于背景层，起到渲染气氛的作用。通用型去色组件与通用型有色组件一一对应。我们发现，很多体验设计师认为几何图形组件作为背景不够用，有些通用型有色组件去色后也可作为背景使用，因此我们设计了通用型去色组件。

④几何图形组件。几何图形组件也位于背景层。在很多情况下，我们只需要简单的背景即可，那么几何图形组件就起到了很好的装饰作用。我们还可以将某几个几何图形组件重复拼接，这比单个几何图形组件更有设计感。

（4）场景案例。

在完成所有插图资产的设计后，我们为了让体验设计师知晓如何使用这些资产，进行了场景案例的设计。场景案例主要包括结构定义、大场景案例、小场景案例。

①结构定义。结构定义是指我们在设计场景案例前，需要对案例的结构进行定义，保证在后续设计时，整个案例库能清晰、整洁。定义什么样的插图结构，要从实际场景中提取，不可随意定义。在 B 端数字界面中，常用的插图结构有上下结构、左右结构两类，如图 3-20 所示。上下结构是指上为文本、下为插图或上为插图、下为文本；左右结构是指左为文本、右为插图或左为插图、右为文本。关于文本与插图各自所占的比例，我们可以依据实际情况调整。

图 3-20　插图结构

②大场景案例。大场景案例是指页面类场景，如成功结果页，如图 3-21 所示。我们通过对该类场景进行精心设计，能让插图资产使用者直观地看到人物组件、通用型有色组件、通用型去色组件、几何图形组件搭配在一起的效果。

图 3-21　大场景案例

③小场景案例。小场景案例是指模块类场景，如弹窗，如图 3-22 所示。通过对该类场景进行设计，可以使其达到与大场景案例一致的结果，但由于小场景案例的面积有限，插图形式应尽可能简单，减少不必要元素的使用。

图 3-22　小场景案例

以上是关于插图资产的设计思路概述。我们在实际使用中发现，体验设计师会将其使用在官网、Banner 等场景中，或在基础组件的换肤场景中配套使用。这些场景对插图资产的快速换肤提出了要求，此时我们可以通过插图资产 Symbol 化来解决，思路与基础组件 Symbol 化一致。简单来说，首先，提取色彩形成色卡库；其次，将发型、脸部、身体等各部分拆解为小组件；最后，完成 Symbol 化。将插图资产 Symbol 化，一方面解决了快速换肤的需求，如快速将所有组件使用的蓝色换成红色；另一方面解决了快速换部分形态的需求，如将某角色的长发换成短发，将握拳头的手形换成张开的手形。

3.4.2　内容策略

体验设计师通过对 B 端数字界面的内容策略进行梳理，为界面内容设计提供了参考依据。

内容策略是对数字界面有关文本的表达与设计，包括内容表达与内容样式两部分，内容表达是内容样式的前提与基础。在我曾经服务过的一个项目中，用户提到这样一个现象："菜单名称无法表达该菜单所包含的实际功能和内容，不知道这个菜单可以做什么，不好用。"此处用户说的就是内容表达不清晰。可见，清晰、准确的内容表达有助于提升用户的使用体验，建立产品在用户心中的存在感。

我将从双视角、内容表达与内容样式三方面来阐述数字界面的内容策略。

双视角

双视角包括用户视角和产品视角。

界面内容是产品与用户沟通的媒介，我们使用用户容易理解的方式进行表述与传达，会更容易让用户接受产品并产生共鸣，所以我们要从用户视角来设计内容。比如，对于用户操作失败的情况，我们不仅要明确地向用户表达其操作失败的原因，还要给予用户下一步操作的指引，千万不可抛出一串错误代码给用户（我见过很多这种情况）。

产品视角是指文本表述要符合产品个性。比如，女生和男生在表达同一件事情时，给人的感受是不同的。女生偏感性，语气温和；而男生偏理性，语气阳刚。借用 C 端产品淘宝举例，在淘宝界面我们常常会看到"亲，……"这样较为亲切的文案。但很明显，这样的文案出现在 B 端场景中就不合适。因此，B 端产品的内容策略要符合产品个性。

内容表达

内容表达是指 B 端数字界面的文本表述方式（结构、语气等），关注如何表述会影响用户对产品的体验。

（1）符合用户认知。使用用户熟悉、易于理解的文本，会让用户更容易接受；使用"产品方言"，会让用户不知所措。比如，"办理成功"就比"系统已经成功接受了你的委托事件"更合适。

（2）具备同理心。我们在设计文本的表达时，要站在用户角度去思考。他们想要获得什么？他们期待解决什么？我们如何表达他们才愿意接受？不被用户认可的表达，是无效的。比如，"为了让您的账户更安全，请修改密码"就比"请立刻修改密码"更合适。

（3）避免使用技术术语。在界面上直接使用与技术相关的术语，或抛出一些代码，会让用户手足无措。他们得先学习这些令人摸不着头脑的术语，否则就无法进行下一步操作。比如，"抱歉，您访问的页面不存在"就比"抱歉，404 报错"更合适。

（4）符合行业要求。任何行业都有专用术语，这些术语已被大家所熟悉，我们不可随意制造新词。比如，"下单"就比"购买股票"更合适。

（5）少即是多。我们有时候总想多表达，让用户知道界面上的按钮、字段到底代表什么。事实上，对于有些信息，我们无须过度表达，就可以让用户知道其代表的是什么。在这种情况下，我们需要使用简化策略。比如，"发布"就比"发布当前编辑的内容"更合适。

（6）完整而精准。这与"少即是多"正好相反。有时候，我们为了将界面信息排布整齐，会将某些较长的字段减少几个字。这样会导致字段表述不够精准，造成用户不理解或理解错误。比如，"信用资产账户"就比"资产账户"更合适。

（7）结构一致。当我们在描述同类型的文本时，应使用结构一致的表达方式，让用户感觉到产品的专业性。比如，"新增角色、新增用户"就比"新增角色、用户新增"更合适。

（8）内外一致。当我们单击按钮时，会弹出相应的操作界面，此时我们需要注意按钮名称与操作界面标题的一致性，切不可里外不一致，使用户产生疑惑。比如，"按钮名称与弹窗标题均为新增用户"就比"按钮名称是新增用户，弹窗标题是添加一个用户"更合适。

（9）字段一致。针对同一类字段，要做到在整个产品中表达的一致性。比如，不可在 A 界面叫"机构分组"，在 B 界面叫"组织分组"，如此不利于用户理解。

（10）表达温和。产品与用户之间应该是一种友好关系，因此我们在文本表述上要做到语气温和。比如，"您有 10 条未读消息，请单击查阅"就比"有 10 条未读消息，快速单击查看"更合适。

（11）避免错别字。不能出现错别字是对文本表达的基础要求，文本一旦出现错别字，就会让用户感觉产品不专业。比如，应该是"阈值范围"，而不是"阀值范围"。

（12）模式化。我们可以将一些可被模式化的同类型文本的表述汇总出来，提升产品的专业性。以按钮为例，按钮名称不应该出现这里是"动词＋名词"，那里是"名词＋动词"，其他地方是"动词"的情况。比如，A 页面是"发布文章"，B 页面是"文章发布"，C 页面是"去发布"。我们可以统一成"动词＋名词"的表述方式，界面中出现类似的表述都可以套用，如"新增角色、发布文章、启动进程"。

（13）拓展性。对业务覆盖范围较为广泛的 B 端产品来说，我们在字段、功能的命名上要考虑其拓展性。比如，"内容标题"就比"视频标题"更合适，假如业务中需要命名的标题很多（如文章标题、图片标题、课程标题），一旦采用了视频标题，拓展性就相对弱了。

内容样式

内容样式是指内容表现的形式，如颜色、大小、风格等，又如千分位是否需要加千分位符、数字与汉字之间是否需要空格等。

（1）标点符号。一句话或一小段话的结尾到底要不要用标点符号，总是困扰着体验设计师。通常来说，一句话结束，是需要用句号或其他标点符号作为结尾的。可在数字界面的设计上，我们会发现使用句号不那么美观。因此，在数字界面中，如果出现了问句和感叹句，建议句尾使用问号和叹号；如果是普通的句子，可以不加句号。

（2）汉数空格。汉字与数字之间建议加空格，让信息表达在视觉上更舒适。比如，"您有 10 条待办事项"（10 与左右两边的字之间有空格），就比"您有10条待办事项"在视觉感官上更宽松。

（3）单位。单位在 B 端数字界面也非常常见，通常出现在输入框末尾或表格中。单位建议采用英文，如 cm、kg。

（4）千分位。对于大数值，建议使用千分位来帮助用户提升阅读效率。比如，"208,034.00"就比"208034.00"更合适。

（5）日期。在同一个产品中，日期展示要保持统一。比如，在同一个产品中，不要有些界面用 2019-12-08，有些界面用 2019/12/08，而应该保持一致。日期可以有哪些展示方式，我做了简单梳理。

日期：2019-12-08 或 2019/12/08。

日期范围：在两个日期之间增加一个符号，2018-12-08~2019-12-07 或 2018/12/08~2019/12/07。

年、月、日、时、分、秒：表达较为精确的时间，时、分、秒为二十四小时制，2019-12-08 14:08:00 或 2019/12/08 14:08:00

年、月、日、时、分、秒：表达较为精确的时间，时、分、秒为十二小时制，2019-12-08 2:08:00 PM 或 2019/12/08 2:08:00 PM

（6）时间。在同一个产品中，时间展示要保持统一。时间展示样式如下所示。

二十四小时制：15:22:08

十二小时制：3:22:08 PM

（7）脱敏。在 B 端场景中，会涉及一部分需要脱敏的数据，如密码、可用余额、证件号等。数据脱敏分为全部脱敏和部分脱敏。比如，密码需要全部脱敏，表示为"*******"；手机号码需要部分脱敏，通常是前 3 位与后 4 位显示，中间 4 位脱敏，表示为"186 **** 1402"。

（8）无数据。无数据不用"0、null"表达，也不直接空着，而是用"—"表达。

（9）英文大小写。对产品名称缩写来说，基本使用大写英文字母，如 NLP（Natural Language Processing）。对于一些有固定用法的专用名词，使用原格式，如 PaaS、iOS。对于全英文的标题、菜单名称、标签符号等，通常每个单词的首字母大写，如 Account Settings。对于英文句式，符合正常英文句式的要求即可，如"Your order has been accepted successfully"。

（10）数据统计。界面上具有统计意义的数据，适合采用阿拉伯数字，提升用户的识别效率。比如，"您有 10 条待办事项"就比"您有十条待办事项"更合适。

（11）结构化组织。对于界面上大段的说明文本，我们可以考虑对其分段来展现，如使用项目符号、列表编号等，提高用户的浏览效率。

不合适的组织方式：

今天完成需求分析，明天进行界面设计，后天开始研发工作。

合适的组织方式（加了项目符号）：

- 今天需求分析
- 明天界面设计
- 后天研发

（12）重点突出。界面文本具有层级性，因此我们需要使用一些设计方法，如加大加粗字号、给文本设置背景、适当拉大文本间距等，让重点信息突出，使用户阅读更高效。

我们在梳理内容策略时，不仅要对各种业务场景了然于胸，还要对产品现有内容的发展历史较为清楚。我曾经和一位产品经理探讨有些字段命名为什么不能改时，他告诉我，其实大家都知道改了会更好，但由于牵一发而动全身，所以就使得一些内容优化策略被搁置了。不过为了改善类似的情况，已有一些企业设置了内容策略设计师这个岗位，其主要工作职责是优化界面内容表达。设置这个岗位的目的，一方面是提升产品的专业性，促进用户量增长；另一方面是提升用户自助理解产品的能力，减少用户咨询量，进而减轻客服的压力。

在企业级层面，设计体系可以给出一些内容设计的指导原则，以及通用性的内容规范，帮助各业务线上的产品提升内容设计效率与内容设计质量。

3.4.3 图表资产

在 B 端场景中，最有价值的就是数据。利用数据发现问题、进行决策、改善经营，是 B 端图表可以做的事情。

目前市面上第三方开源图表库较多，如 ECharts、AntV、High Charts 等。构建图表和构建基础组件一样，既可以引入开源图表库进行二次调优，也可以从 0 到 1 地开发一套全新的图表库。由于图表基本只使用在 B 端场景的仪表盘、工作台、统计分析等页面，其他页面用到图表的次数不多，因此，大部分企业直接采用开源图表库，简单、方便、高效。此时，对体验设计师来说，只有对目标开源图表库的结构和可修改的地方做到心中有数，才能合理调优。

下面我们来看下图表库设计需要重点关注哪些部分。

图表选取

ECharts、AntV 等开源图表库提供了丰富的图表，没有我们找不到的，只有我们想不到的，这大大提升了产研效率。而事实上，对大部分 B 端产品来说，只会用到小部分的图表，因此我们需要将企业级常用图表整理出来，专门设计及维护这些图表即可。表 3-13 所示是 B 端常用图表。

表 3-13 B 端常用图表

图表	用途
折线图	用于展示事物随时间而变化的趋势
条形图	用于展示类别之间的数值比较
柱状图	用于展示类别之间的数值比较
饼图	用于展示不同分类的占比情况
面积图	用于展示数量随时间而变化的情况
热力图	用于展示数据分布的情况
仪表盘	用于展示某个指标的进度或实际情况
漏斗图	用于展示各个环节的数据及转化情况
地图	用于展示数据在不同地理位置上的分布情况
雷达图	用于展示多个维度数据的情况
词云	用于展示关键词的重要程度统计

图表解构

图表解构是指我们要分析每个图表是由哪些要素组成的。如果我们将一个图表看成一个基础组件，那么不同的图表所包含的要素是不同的。因此，我们需要先对每个常用图表的组成要素进行整理，再抽取出共用要素，如此便可以建立图表视觉设计规范，如布局、配色。以折线图为例，其包含的要素如表 3-14 所示，各要素在图表上的实际位置如图 3-23 所示。对于其他图表，我们也应采取一样的整理方式。我们在将大部分图表整理出来后发现，它们有很多共性，我将这些共性直接标注到了表 3-14 中，标注为"否"的要素，属于折线图本身的内容。

表 3-14　折线图的要素

要素	描述	是否具有共性
标题	用来说明图表要表达的主体内容	是
副标题	用来辅助说明图表的相关内容	是
操作	提供图表的相关操作功能，如查看详情	是
图例	用来表示图表上的不同数据分别代表什么	是
脚注	标注数据来源或其他需要特别备注的内容	是
纵轴线	辅助绘制图表纵向刻度值的纵向参考线	否
纵轴线刻度值	依据一定规则标注在纵轴线上的刻度值	否
横轴线	辅助绘制图表横向刻度值的横向参考线	否
横轴线刻度值	依据一定规则标注在横轴线上的刻度值	否
辅助线	用来辅助用户定位某些关键数据的参考线	否
折线	把每个位置上的数据连接起来形成的线	否
数据点	用以标注关键数据的小圆点或其他几何图形	否

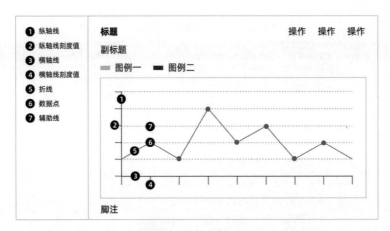

图 3-23　折线图各要素映射到图表上的情况

图表布局

我们在将常用图表解构完后，会发现它们之间存在共性，如都有标题、副标题这些要素。我们可以将这些共有要素放置到同一布局中，供所有图表使用，保证界面的视觉平衡与整齐。图 3-24 所示为图表统一布局图，其中的绘图区为各类图表的实际展示区。当然，体验设计师完全可以跳出基础布局模式，对某些图表的布局做适当调整，以实现界面灵动又不失一致性的效果。比如，仪表盘的核心区如果使用地图图表，就可以不用该图表布局。

图 3-24　图表统一布局图

图表色板

在完成图表布局设计后，我们就需要进入色板设计环节了。我们在实际设计中发现，由于使用图表的场景相差很大，各产品对图表配色的要求也大大不同。有些产品要求图表配色至少要给出 20 种；有些产品要求每种颜色之间的差别应大些，避免看不清楚；有些产品要求配色应好看。这么多需求，到底该怎么办呢？我总结了五个设计心得。

第一，若使用色彩算法提取 20 种颜色，就会出现两种情况：一种是某些颜色很相近，用在折线图中会无法分辨；一种是某些颜色用到实际图表中比较淡，看不清楚。因此，我们需要在算法的基础上进行人工干预，手动对某些不符合实际要求的颜色进行调整。

第二，颜色要符合浅色皮肤和深色皮肤两种场景的要求。通常来说，B 端数字界面会配置浅色皮肤和深色皮肤，图表需要在这两个场景中都能被清晰识别，避免某些用户因换了系统皮肤而看不清楚图表的情况出现。

第三，我们在输出图表实色色板后，需要再输出一套和实色色板对应的透明色色板，提供给面积图这类图表使用。透明色色板可以直接在实色色板上加透明度实现，无须重新设计一套颜色，保证了色彩整体风格的一致性。

第四，色彩包容性。谷歌 Material Design 这样解释包容性设计："一款设计良好的产品可供具备不同能力的用户使用，包括视力低下、失明、存在听力障碍、存在认知障碍或存在运动障碍的用户。改进产品的无障碍功能可以增强所有用户的可用性，这是非常值得做的事情。"企业级图表配色要符合包容性设计的要求，我们可以遵守 W3C 的无障碍设计原则，保证图表配色与背景的对比度大于 4.5∶1。

第五，基础配色加拓展配色。企业级图表库给出的基础配色，通常无法满足所有产品的配色需求，我们可以把配色开放给产品团队，让其自己定义。但在实际操作中我们发现，他们更希望将资源用在对业务需求的设计上，而非图表配色，因此我们可以给出几套拓展配色方案，供产品团队选择。

图表交互

若将第三方开源的图表组件库纳入设计体系，使用其开发界面数据统计类指标，原则上无须制定图表交互，但若采用的是自研，我们就需要为各类图表设计交互动作了。图表交互的设计方式和基础组件交互类似，在保证同功能交互一致的基础上，对各图表专属的功能进行设计。比如，每个图表都有查看数据详情的诉求，那么是将鼠标悬浮到目标对象上呈现数据详情，还是用鼠标单击目标对象呈现数据详情，这必须统一，否则用户的学习成本就会增加。图表涉及的交互比较简单，在此不再赘述。

使用注意事项

小小的图表，蕴含着大大的智慧。虽然图表涉及的内容不多，但要使用好图表也不是一件简单的事情。我简单分享在实践中总结的 10 个点。

（1）折线图中折线的粗细。

通常在 B 端，我们用到的线的粗细以 1px 居多。但在折线图中，我们经过反复推敲，发现 2px 粗细的线优于 1px 粗细的线。首先，2px 粗细的线显得有力而清晰；其次，在线多的时候，便于分辨。

（2）刻度值规律。

首先，图表上的刻度值递增可根据实际情况做适当调整，如图表数据最大值为 150，就不适合在刻度值上标记最大值为 3000。其次，若业务数据一直处于变化中，则可将图表 Y 轴设置成动态的。

（3）折线不要平滑。

折线图中平滑的尖锐折线虽然好看，但不实用，不利于表现真实的数据情况。

（4）饼图文字显示。

在饼图中分类较少的时候，可以将文字写在饼图上；当分类较多的时候，应将文字写在饼图外。

（5）饼图块排列规则。

排列饼图块也是一件值得考究的事情。通常来说，饼图块宜以 12 点钟方向为起点按顺时针方向排列，块面从大到小布局，若有"其他"模块，则放置在最后。

（6）图例位置。

通常图例会被放在图表的上方区域，但这不是一成不变的规则。当折线图的线较多的时候，可以考虑将图例直接放在折线的尾部。同时可以做一些交互效果，用鼠标单击图例可以让对应的折线弱化或者显示。

（7）显示重点数据。

当图表上的数据极其多时（如折线图的折线极其多），我们可以考虑只展示重点数据（系统默认展示推荐重点，用户可以选择他所需要的重点数据），弱化其他数据。

（8）标题表述方式。

标题可表达图表的核心主题。我们需要优化标题来表达图表的核心主题。比如，标题"2022 年杭州气温变化月趋势图"就比标题"杭州气温变化"要好。

（9）时间轴日期显示规则。

当图表的时间轴日期在当年时，无须每个时间点都带上年份；而当跨年时，需要带上年份，如 2020.01、2021.01、2022.01。

（10）数据层层下钻。

为了向用户展现更多的数据细节，帮助用户通过数据表象看到数据本质，从而做出经营决策，我们可以给图表增加数据层层下钻的功能。

3.4.4 导航框架

企业级 B 端设计体系一体化导航框架的诞生，源于企业级产品互相集成时，几个产品方均无可参考的基础导航框架来指导其如何集成。例如，A 产品、B 产品、C 产品、D 产品的原有导航框架均不相同，在集成时，无法确定到底该以哪个产品的导航框架为准来进行集成。因此，我们需要从全局视角给出一套默认的导航框架，从体验层面与技术层面解决此问题。

在 B 端场景中，数字界面导航框架的结构是有规律可循的。常见的数字界面导航框架的结构有"左右结构""上下结构""顶部—侧边结构"等。不论采用哪种结构，设计思路均无差异。

下面我以"顶部—侧边结构"为例，从基础功能、自定义拓展能力两方面来讲述设计思路。

基础功能

基础功能是指导航框架所需要具备的最基本的功能，也就是说，没了这些功能，导航框架就是不完整的。当然，是不是基础功能要看产品服务的行业是什么，在某些行业中属于基础功能的功能，在其他行业中就不一定再是基础功能。这些功能主要分布在顶部导航条和左侧菜单栏中。

（1）顶部导航条。

顶部导航条可分为左、中、右三部分，从左到右依次为系统识别区、主模块区、功能区，如图 3-25 所示。系统识别区包括 Logo 与产品名称；主模块区包括产品涉及的每个主模块及操作主模块的相应功能；功能区包括搜索、用户设置、消息通知等各种全局性功能。此处提到的功能是分布在顶部导航条的显性功能，实际上，在每个显性功能的背后还有一系列隐形的子功能。例如，右侧功能区的用户设置下还会有个人中心、修改密码、退出系统等功能，这些都需要考虑到。我们在设计企业级导航框架时，需要充分调研现有情况，避免遗漏重要功能或添加一些非必要的功能。

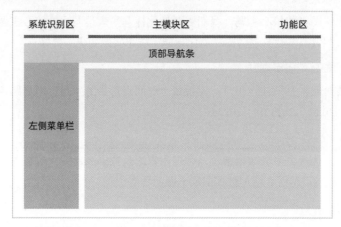

图 3-25　顶部导航条的左、中、右三部分

（2）左侧菜单栏。

左侧菜单栏主要承载了产品的各级菜单及围绕菜单的各种功能。清晰的菜单内容与布局设计，有助于提升用户查找菜单的效率。左侧菜单栏的功能虽不算多，但细节颇为丰富，不可小觑。例如，我们需要考虑菜单名称的最小值与最大值，既要兼顾菜单布局的美观性，又要兼顾菜单名称的识别度。再如，我们需要考虑菜单层级的最大值，防止因菜单层级过多而导致用户查找困难。还有，如何让用户快速地在如此多的菜单中找到自己常用的菜单，如何防止因左侧菜单栏占据界面太大的空间而导致用户无法进行沉浸式操作等，这些都是我们在设计左侧菜单栏时需要考虑的内容。

这里讲两个我们在设计左侧菜单栏时发生的小故事。

第一个。一开始我们按照市面上 B 端产品左侧菜单栏的宽度设计了一个固定宽，但当将其投放到产品中使用时，发现该产品的菜单字数最多为 4 个，因此该左侧菜单栏显得宽了。我们通过调研其他产品发现，有些产品的菜单字数为 8 个，甚至 12 个，因此固定宽无法适应所有情形。于是我们设计了菜单栏宽度的自定义功能——可拖曳。该功能整体包括菜单栏的默认值，可拖曳的最小值、最大值，满足企业级产品的需求。

第二个。我们初始设计的左侧菜单栏只有一种形式，导致其对有些产品不够友好，一来无法满足产品本身的需求，二来颠覆了这些产品的老用户的使用习惯。后来经过调研，我们确定了两套左侧菜单栏的版本，并允许用户自由切换，最大限度地满足用户的使用需求。

自定义拓展能力

自定义拓展能力是在通用导航框架的基础上开放给各产品的二次开发能力。我们可以提取复用性较高的通用性功能，预设到导航框架内部；同时为了满足产品的个性化需求，允许业务在自定义拓展区自行设计，如此可以保证各个系统在集成的时候，既能保持一致的用户体验，又可以满足不同系统的延展要求。以顶部导航条右侧的功能区为例，若通用方案给出的是搜索、消息通知、用户设置等功能，那么 A 产品期望有系统设置功能怎么办呢？这时我们就可以在功能区的自定义拓展区规划系统设置功能。未来若 B 产品、C 产品还有其他需求，就可以自主拓展了。

以上是关于企业级 B 端设计体系导航框架的一些设计思路。事实上，企业级导航框架的功能要素、视觉呈现、交互方式，均离不开我们对企业级产品的深度调研，只有基于调研，才能设计出有效的导航框架。

这里我有三点心得与你分享：一，由于企业级导航框架要服务的产品极其复杂，因此针对无法统一的部分，我们可以给出默认方案与开放二次开发的能力。例如，产品面向的用户群不同，对导航框架的字号的要求也不同，我们可给出默认字号，并开放产品对其他字号的开发能力。二，调研要尽可能细致，保证在设计导航框架的时候提前识别不确定要素，想好可行的应对策略，应对策略包括设计方案和技术方案。例如，原以为 A 元素是固定宽度的要素，有可能后续会成为自适应的要素，若无法提前识别，后续就容易无法实现，或导致技术实现成本很高。三，由于导航框架的主体要素已经被识别出来，我们可以考虑让产品部自定义导航框架的最终形态。当然，这不是一件简单的事情。

3.4.5　登录页

登录页是用户进入系统的一扇门，用户拥有了开门的钥匙，就可以顺利地进入系统内部。登录页主要由三部分组成：背景页、插图区、登录框。图 3-26 所示是 ONES 的登录页三部分。实际上，这三部分的布局在不同产品中是不同的。

背景页

背景页具有烘托氛围的作用，医疗类产品会在登录页的背景页中放医疗器材、医院建筑、专家医生的照片来展现医院的专业形象，或者放医生为患者看病的照片来树立医院以患者为第一的温馨形象。

企业级设计体系登录页的背景页可以默认放置与企业相关的品牌类摄影图，如企业远景建筑图、企业精英工作氛围图，也可以像 ONES 的背景页一样直接留白。对背景页没有特殊要求的产品，可直接开箱即用；对背景页有特殊要求的产品，可以替换背景图。

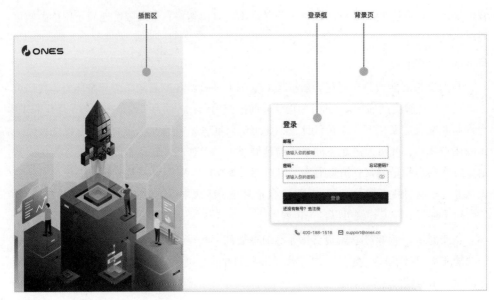

图 3-26　ONES 的登录页三部分

插图区

对不想在背景页大做文章的产品（如 ONES）来说，适合对背景页进行朴素处理，将设计需求放到插图区实现。插图区可以承载品牌推广需求、活动运营需求，满足产品在规划上的一些重点需求。

插图区可以使用企业级插图资产，以达到产品整体视觉一致的目标，让用户感受到产品体验设计的专业性。

登录框

登录框是登录页的重点部分。只要登录框做得好，即便背景页为白色，插图区也不启用，登录页依然可以让用户接受。

B 端产品的登录框虽然都是为了验证用户的身份，但各个产品的登录框涉及的功能不尽相同。比如，有些登录框有邮箱登录功能，有些没有；有些可以采用第三方登录（如微信、钉钉、支付宝），有些不能采用。因此，虽然登录框的登录功能不多，但要梳理出企业级需要的登录功能，也需要我们充分调研。

登录框的结构从上到下依次为系统识别区（包括系统名、产品 Slogan 等内容）、登录区（包括手机号 / 邮箱输入框、密码输入框、登录按钮、忘记密码等内容）、拓展区（包括其他登录方式、注册账户、服务条款等内容）。有了结构，就可以为其填充实际功能了。登录框的设计思路和导航框架一致，我们要先将它的基础功能梳理出来，形成企业级基础登录框；再给予拓展规则，允许产品进行二次开发。图 3-27 所示为 Ant Design Pro 的登录框结构。

图 3-27　Ant Design Pro 的登录框结构

对背景页、插图区、登录框来说，还要注意其在大小屏幕下的自适应模式，要保证登录框始终处于可用状态。

3.5　设计细节，让团队协作更顺畅

为了让设计体系内的各部分都能很好地在设计团队内外部运转起来，相应的设计细节需要补充和完善。

我们团队在就具体的设计资产进行沟通时，大家以为讲的是同一件事情，后来却发现不是一件事情；其他团队成员想详细了解设计体系的方方面面，但由于没有文档而无法自助学习。

因此，我们可以发现，有了设计体系还不够，如何将设计体系的各种信息在各方之间有效传递，也很重要。我们可以从资产命名、设计拓展、知识文档、白皮书这四个较为基础的部分展开。

3.5.1　资产命名

当设计体系干系人（包括设计者、使用者、参与者等角色）还不多的时候，设计资产有无规范化命名不是非常重要；但当干系人越来越多时，设计资产规范化命名亟待提上日程。设计资产规范化命名，首先可以提供干系人之间沟通的基础；其次，有利于设计团队顺利、高效地完成工作交接；再次，体现了设计体系的专业性；最后，推动设计侧与研发侧形成对应关系，以保证设计资产在迭代中规范有序。

我们可以将设计体系涉及的设计资产全部进行规范化命名，也可以对一些容易产生歧义的设计资产优先进行命名。关于如何为设计资产进行规范化命名，我们可以使用一些方法。例如，可以按照设计体系的组成部分（如图标库、基础组件、通用区块、典型界面、插图资产），分析各部分设计资产的结构特征，依据结构特征提取命名规则，最后对其中的每个元素进行详细命名。这里我举两个例子：一个是图标命名，另一个是基础组件命名。

首先来看图标命名。在设计体系中，纵观图标库中各种图标的特性，反推图标这类设计资产的结构特征，我们对图标可以形成两种分类方式：一种是按照风格分类，如面型图标、线型图标；另一种是按照特性分类，如方向性图标、提示性图标、数据类图标、标志类图标。选择不同的分类方式，图标的通用命名规则就会不同。例如，选择第一种分类方式，对应的图标的通用命名规则就是"风格类别／形状／大小／图标名称"（如面型／圆形／16px／暂停）；采用第二种分类方式，对应的图标的通用命名规则就是"特性类别／形状／大小／图标名称"（如提示性／圆形／16px／暂停）。

再来看基础组件命名。基础组件命名的思路与图标基本一致，也是一个从宽到窄的收敛过程，通用规则可以是"类别／组件／形态／状态"（如导航／下拉菜单／基础文本下拉菜单／禁用态）。

不论为哪种设计资产命名，都要考虑其拓展性，也就是命名要遵循一定的逻辑结构与层级，以便当资产有调整（增、删、改）时，能较为快速地响应。例如，当我们的基础组件只有亮色系的时候，设置的通用命名规则可以是"类别／组件／形态／状态"。在基础组件有了暗色系后，之前的通用命名规则就不可用了，需要迭代，我们可以将"类别／组件／形态／状态"升级为"色系／类别／组件／形态／状态"。可见，设计资产的命名要遵循一定的逻辑结构与层级，如此拓展才有规则可循。

3.5.2　设计拓展

面对复杂的设计体系，团队内外部的使用者要如何才能观其全貌呢？特别是设计资产的使用细节：哪些设计资产的哪些部分允许拓展，又该如何拓展；哪些设计资产不允许调整，若调整会带来什么结果。这些都与设计拓展有关系。

设计拓展是复杂业务场景及个性化业务场景下的产物。具体来说，设计拓展针对各产品无法完全涵盖的设计问题，整理较常见的设计需求点、说明及示例，给出了一些常见的解决方案。依照设计拓展的说明及示例，可以很直观地了解设计资产可延展的范围，既能减少使用者在使用基础设计资产中的疑惑，又能提升数字界面的用户体验。

设计拓展的说明及示例的梳理并不是一蹴而就的，一方面来自使用者的反馈与推动，另一方面来自我们对未来的提前预判。总体来说，前者会居多，毕竟设计拓展越多，设计体系就会变得越复杂。

下面举两个关于设计拓展的范例，前者是"可拓展范例"，后者是"不可拓展范例"。

首先来看"可拓展范例"，以我经历的单选级联选择器为例。原单选级联选择器的默认输入框内显示为"浙江 / 杭州 / 上城区"，但某业务线产品团队提出只需要显示最后一级即可，如"上城区"，原因在于有些内容不看父级依然可知晓具体信息，不想过多占用展示空间。随后我们进行调研，发现确实有对该场景的需求。如果设计体系选择支持该需求，就需要明确支持该拓展模式，让使用者知晓。

再来看"不可拓展范例"，这是我们遇到的一个单选选择器的案例（为了更好理解，已做处理）。某业务线产品团队提出设计体系给出的单选选择器不满足业务需求，原因在于模拟数据场景下拉面板中的选项很规整，而在实际场景中，由于数字列长短不一，导致短的数字列与其后面的文字相隔较远，一方面不美观，另一方面不利于用户阅读。他们期望设计体系能规定数字列与文字之间的距离，那么文字就可以紧随数字之后了，不会相隔那么远，如图 3-28 所示。在进行需求分析后，我们发现产品团队的需求不无道理，可目前数字最小值是两位数，最大值是五位数，两位数的数字与其后面的文字实际相差并不远，也不影响用户阅读与操作，只是产品团队觉得靠近更好而已。同时，若要满足此需求，研发侧需要付出的成本极高（有一些代码要重写）。我们经过与各方沟通，暂时不进行拓展，保持现状。

图 3-28 单选选择器下拉面板的展示效果

我们要注意，设计拓展虽然是由设计侧主导的，但设计侧需要与研发侧进行沟通，避免设计侧认为可行的方案，在研发侧是存在实现难点与风险的。"不可拓展的"也许在未来某个时间节点，由于战略的变化、技术的迭代等，就成为"可拓展的"了。

3.5.3 知识文档

在产品研发的过程中，会产出各种各样的知识文档，如需求规格说明书、程序详细设计说明书、测试文档、操作手册等。各种各样的文档不仅可以提高产品研发的质量与效率，在产品的生命周期中也可以起到指导他人、为他人解惑的作用。例如，用户看了操作手册就知道如何使用产品；体验设计师看了需求规格说明书，就知道需要解决哪些用户的哪类痛点了。在团队内部交接中，完善的文档可以提升交接的效率与新人上手业务的速度。

我当初准备建立关于设计体系的知识文档，很重要的一个原因是想向企业内每一位成员传达设计体系是什么，以及大家应该如何高效地使用设计体系。知识文档有两种载体：一种是网页文档，一种是知识库。适合放到网上展示的文档被设计成了网页文档，并且以图配文的形式出现；知识库主要以文字为主，重点在于将一些内容的具体使用规则描述清楚，方便使用者查阅和学习，形式有在线文档、Sketch、PDF、Excel、Word 等。

设计体系具体要梳理哪些文档，没有标准答案，其与我们面对的实际环境有很大关系，包括企业成员对设计体系的了解程度、使用者希望用设计体系解决哪些问题、管理者期望看到设计体系的哪些方面。一般来说，知识文档是没有标准模板可参考的，这也正好给了我们提升能力的机会，学习制作文档模板，保证信息描述的一致性。知识文档最重要的作用是将碎片化的内容整理成结构化的知识，既包括具体的文档（如基础组件使用手册、通用区块使用手册、典型界面间距规则说明文档等），也包括指导性的文档（如白皮书），最终让团队受益。

从我的亲身经历来说，建立和健全设计体系的知识文档，有如下五点好处。

第一，通过将碎片化与分散的内容有层次、有逻辑地收集与梳理，便于团队内外随时查阅、共享、交流，有效解决了"信息孤岛"问题。

第二，文档中的知识不仅仅是一大片文字，更是团队对成功经验与优秀案例的提取与汇总，有利于展开高效的客户服务。

第三，对于新加入团队的成员，他们可以学习已经沉淀下来的知识与经验，从而更快速、更高效地融入团队，同时提升工作能力。

第四，有了完善的知识文档，我们不再总是被电话、即时通信工具等打扰，使用者可以自助学习。研究显示，大约 90% 的消费者期望品牌方可提供自助服务平台，而知识文档就是其中一种自助服务的形式。

第五，针对常见问题专门梳理出来的问答型文档，大大消除了我们面对不同客户要重复解答同一个问题的烦恼，让我们将精力投入更有价值的事情中。这点我深有体会：我们当时整理了大约 30 个常见问题的问答型文档，从中选取了 10 个放在官网首页的问答板块，供使用者查阅。

最后我想说，我们不必担心整理的知识文档不全面，也不必担心团队成员的文笔不够好。事实上，一旦开始整理知识文档，就会越理越顺，就会越知道该如何梳理知识架构及填充有效内容。在每一份知识文档迭代的过程中，记得加入变更记录表，保证文档的每次更新可追溯。

3.5.4　白皮书

白皮书讲究描述事实、表明态度、文字简练。白皮书作为一种国际上公认的正式文件，因其封面为白色而得名。

在不少国家，政府在发布报告时同步发布白皮书已成为惯例，其代表了一种权威。由于白皮书被赋予了特定含义，开始在其他环境中被广泛使用，被用来表达对行业、经济等方面的理解。虽然不是所有的白皮书都会在封面上专门写明"白皮书"三个字，但白色封面加大大的标题，着实有白皮书的味道。在某些 To B 企业的网站上，我们可以看到《B2B 获客指南》《B2B 行业趋势》等白皮书。我在致趣百川的官网上看到过《B2B 行业线索孵化白皮书》，其描述了 To B 企业该如何提升营销线索的转化率。致趣百川认为，可以通过营销自动化对线索进行精细化培育，先将潜在用户变为用户，再将用户转化为高频率、高客单价用户。致趣百川通过发布各种白皮书，不仅有效帮助了客户，也提升了其本身在行业中的影响力。

因此，对企业级设计体系来说，很有必要输出一份或几份白皮书，一方面作为对内的宣导书，另一方面作为和客户交流过程中的介绍手册。我们做白皮书，与团队内部体验设计师的反馈有关系。体验设计师提出其在与客户交流的过程中，无法给出一份完整的企业级设计体系的文档，让客户可以了解企业级设计体系产生的背景、可创造的产品价值、所包含的内容等信息，只能将自己对企业级设计体系的了解传达给客户。后来经过思考，我认为确实需要输出一份《企业级设计体系白皮书》，描述企业级设计体系的相关内容，让客户通过白皮书可以全方位地了解企业级设计体系。

3.6　构建设计体系需要关注的四大要素

至此，企业级 B 端设计体系能力蓝图中的基础板块已经讲完。我们可以发现，为了打造用户喜爱并持续促进业务增长的数字界面，体验设计层面需要构建的设计资产是非常多的，需要体系化。我们也用了非常长的时间，建立了专业的体验设计团队，并一步步构建出这些设计资产。下面，我想和你分享构建设计体系需要重点关注的四大要素。

3.6.1 从 why 开始画圈

当你要带领团队构建企业级 B 端设计体系时，切勿马上做起来，而是要先调研清楚目前企业面临的真正问题，以及为什么管理层期望通过构建设计体系来解决这些问题。

之前有一个读者朋友说他们设计团队想做和 Ant Design 一样的设计体系，问我是否可行，他们内部一直举棋不定。他也没有经验，不知该如何是好。在与其深入沟通后我发现，他们遇到的问题只是业务方觉得产品色调不统一，产品中光主色就有 4~5 种，因此，他们最紧迫的任务是统一界面色彩。而他们期望顺势构建像 Ant Design 一样的设计体系，是因为这能体现设计团队的专业性，也能出成绩。于是我和他沟通，建议先解决最紧迫的色彩问题。对于是否要构建设计体系，可以等该问题解决了，再从企业侧、业务侧、客户侧、用户侧、品牌侧等进行全面考虑后展开。毕竟，构建设计体系是需要投入不少资源的。可见，弄清一件事情的 why 特别重要，可避免我们把事情做偏。

如果我们通过了解核心的 why，发现界面上的种种问题通过构建设计体系可以解决，并且构建设计体系能带来非常大的价值，那么，就可以着手构建设计体系了。当然，做的时候需要循序渐进地展开，宜从核心到次要、从显性到细微。从核心到次要是指应以为什么要构建设计体系为基础，先将与为什么密切相关的部分进行构建，再构建周边的部分。例如，企业想统一产品层的核心交互链路，应先梳理界面上与交互有关的部分，形成交互优化路径图，之后再展开其他层面的设计。从显性到细微是指我们需要从明显能见效的层面展开。依然以统一交互为例，我们在有了交互优化路径图后，需要先设计显性交互，再展开微交互设计。只有在显性交互被用户认可后，我们再设计微交互才是有意义的。

我在带领团队展开企业级 B 端设计体系的构建时，梳理了企业内外的 why 因素，即为什么要构建设计体系，在厘清思路后，再展开就顺利多了。图 3-29 所示是当时我自己的一些思考。

背景	
企业级产品数量庞大，如何保证产品间集成的高效性与体验的一致性，以及产品对外输出的品牌影响力呢？构建设计体系可以解决上述问题	
内部因素	外部因素
设计体系的制定必定伴随着企业领导层在战略层面上已经达成共识，构建设计体系成为大家一致的目标	伴随着体验时代的来临，B 端客户越来越注重用户体验，只有体验好，才能极大提升员工的工作效率
产品界面上相同的元素和内容很多，可以被抽象，一旦统一，就可以提升团队协同的设计效率与开发效率	2019 年，Sparkbox 在对设计系统调查后汇总分析，结果显示：设计体系非常重要，它可以保证代码重用性提高、UX/UI 一致性、维持品牌标准等
面对相同类型的设计稿，不同研发工程师的实现程度不一，有了设计体系，就可以提高一致性	目前大厂都在输出设计体系，设计体系提升了产研团队的协作效率，保障了产品的用户体验

图 3-29　构建设计体系的部分 why 思考

由此可见，了解构建企业级 B 端设计体系背后的 why 很重要，其不仅可以决定我们要不要做设计体系，更可以防止我们在构建过程中走偏。Why 就像一个圈中的核心部分，圈的外围都是依赖核心而展开的。我们要认清主要问题，集中兵力解决，这才是制胜的关键。

3.6.2　依托业务与客群

企业级 B 端设计体系最终是为企业级产品服务的，因此，我们在着手构建中，非常有必要对企业服务的行业、涉及的业务、面向的客群进行整体调研，避免构建出一套看着专业，实则无法落地的设计体系。

最初，我们并没有很好地认识到这个问题，导致构建的设计体系一期虽然符合部分企业级产品的需求，但不符合另一部分产品的需求。这引发我的思考：是什么导致了这个结果？我们又该如何打破现状，让设计体系朝着良性的方向发展？后来我发现，还是对企业服务的行业、涉及的业务、面向的客群不够了解，导致在很多决策上凭直觉，而不是实际情况。因此，我抽调了一部分体验设计师，组成专项小组，启动面向业务的整体现状调研，小到基础组件，大到典型界面。为了彻底、全面地了解现状，我们除了调研设计体系一期出现的所有问题，还整理了很多我们认为需要搞清楚的问题，面向体验设计师、前端工程师、产品经理等人群进行访谈。

以调研基础组件为例，来看我们是如何掌握业务与客群的需求的。

我们当时整理了现有的基础组件，并在对每个基础组件调研时要求被访谈者回答"是否使用基础组件、该基础组件是否高频组件、该基础组件是否经过二次开发（二次开发的原因）、是否使用第三方组件、是否有其他说明"等问题，从而详细了解基础组件在客户方的使用情况。例如，如果某个基础组件被进行了二次开发，那么说明该基础组件目前的形态并不够通用，无法满足现有业务的诉求。进一步，我们需要分析这个被二次开发的基础组件都被开发了哪些功能，以及开发这些功能是用于什么场景、解决哪些具体问题的，最后我们需要总结这些功能是否具有共性。我们在调研结束后汇总时发现，不少基础组件因为现有功能、交互、样式不符合客户方的需求，而被二次开发的情况很多，这些都是我们在构建设计体系一期时没有发现的。我们当时想当然地认为，Ant Design 的基础组件可以满足大部分业务的需求，事实上并不是。由于不同的业务存在历史问题（如护眼模式为标准方案），或客户使用习惯问题（如使用键盘上下键控制表格的数据行，快速查阅详情），基础组件并不能满足其需求，需要进行二次开发。

俗话说："设计来源于生活。"的确如此。构建企业级 B 端设计体系离不开对业务和客群的深刻了解，离开了它们，设计体系就如"无源之水、无本之木"，无法落地，更无法可持续发展。

3.6.3　让资产开花结果

构建完企业级 B 端设计体系的一系列设计资产，包括图标库、基础组件、典型界面、插图资产等，我们就需要将它们推广落地了——让资产开花结果。毕竟，实践才是检验真理的唯一标准。也就是说，设计资产可不可用、好不好用，是需要通过实践去检验的，若达不到标准，我们就需要调整、优化，逐步迭代设计体系，使其真正服务于产品。

从负责构建设计体系的那一刻起，我就明确地知道必须推动其落地，若设计体系不能落地，只停留在设计资产阶段，那就说明其不符合业务的需求。在推进设计体系落地过程中，我们也走了不少弯路，好在结果还不错，设计体系通过赋能产品，进而服务客户方。回首推进设计体系落地的那些日子，各种好的或不好的事情皆历历在目，也正是那些日子，让我积累了不少经验，其中最深刻的一条是"先试点，再全面开花"。

"先试点，再全面开花"是"让资产开花结果"中最重要的一点。在我经验还不足时，我用了全面覆盖的方式——大面积推广设计体系落地，这导致一大堆问题扑面而来，整个团队手忙脚乱。我一直将设计体系当作产品在做，因此我思考如何推广产品才更合适：既能达成团队的推广目标，又能让这个目标在达成的同时符合产品方的需求。在这期间，我看了一些 SaaS 创业类的书籍，发现很多 SaaS 专家提到，在推广 SaaS 产品时，可先选定一批种子客户进行深度开发，借助他们来打磨产品与验证商业模式。若商业模式在他们身上验证成功，就可以将其引入专业销售团队进行推广了。同时，在获取大量粉丝前需要先培养种子客户，给种子客户提供高质量、有价值的内容，通过种子客户的裂变，获取更多的客户。这些都给了我启发，让我想到了"先试点，再全面开花"的设计资产落地模式。首先，我们需要将推广目标进行拆分，而不是一步到位；其次，我们需要选定第一批目标产品，进行深度试点（使用，并上线客户方）；最后，验证设计资产的可行性，在形成标杆效应后，再铺开推广，带动其他产品也使用设计资产。

以上是我关于推进设计资产落地的一些心得。总体来说，我们要不遗余力地推进存在于纸面上的设计资产落地，并通过分析用户的使用反馈来迭代设计资产。我始终相信，要结果是我们构建企业级 B 端设计体系的重要目标。

3.6.4　拥有开放式心态

负责设计体系的时间越长，以及给身边的朋友、公众号读者解答的设计体系问题越多，我越觉得拥有开放式心态很重要。

对个人来说，由于我们每个人的生活经历及工作经历不同、价值观等思想观念不同，因此对事物的看法与见解也不尽相同，这就导致了矛盾的出现。在构建与推广设计体系的过程中，我们也遇到了这类问题。由于参与其中的每个人的岗位不同、面对的产品状况不同、对体验设计的理解不同等，导致设计体系的构建与推广并不是一帆风顺的，有时候为了某个基础组件要不要加分隔线、某个基础组件的高度是多少都会评审好几轮。不过，这也说明大家对构建企业级设计体系持有严谨与认真的态度，说明大家在这方面都进行了深度思考。

以我们设定表格行高为例。当时我们都认为设定表格行高是一件很简单的事情，给出一个数值，前端工程师在表格组件中实现，产品各自调用就行。然而，事实并非如此，不同的产品对表格行高的要求并不相同，有些源于用户使用习惯，有些源于硬件设备窗口的大小，有些源于客户特殊要求。后来我们开了一个会来讨论，试图从企业级层面去定义一个通用行高，并尽可能地说服大家认可并使用这个结论。在会议上，结果确实朝着预期的方向发展，而在真正落地时，却并非如此，这说明强制统一表格行高是一项不可能完成的任务。因此，我开始思考：用户层面是如何思考这个问题的？他们对产品中不同菜单的表格行高不统一问题是如何看待的？我经过调研发现，大部分用户认为产品所有的表格行高理应一致，但如果不同用户的需求有差异（大屏用户喜欢行与行之间相对宽松的表格，小屏用户喜欢行与行之间相对紧凑的表格），可以给予用户自定义表格行高的权限。用户的建议打开了我的思路，原来，很多问题并不是只有唯一的解法，我们需要抱着开放的心态去解决。

对企业级 B 端设计体系来说，其应该是包容与开放的。由于各产品的业务不同，客户群体存在差异，用户不一，我们不能想当然地认为，一套拥有固定模式的设计体系可以解决所有的产品问题，而需要构建开放的设计体系来应对。我们在拥有开放式心态后，就有可能提出创新解法，构建出在一定约束下的开放式设计体系。

第 4 章

构建体系生态，全方位赋能业务

本章我们将要进入构建设计体系的生态部分，通过打造设计体系生态，我们可以构建更为好用的、易用的、专业的设计体系，全方位赋能业务发展，使之成为业务最坚强、最温暖的后盾。

了解设计体系的读者应该知道，即便我们将设计原则梳理得很完善，将设计规范设计得很完整，将设计文档整理得很清晰，依然无法解决在设计产品时出现的所有问题。例如，如何让不同的体验设计师除了输出统一的设计稿，还能输出专业的交互设计方案？如何让前端工程师将我们的设计稿百分之百地落地？如何让企业中相关成员认同我们的设计体系？这些问题都需要通过构建设计体系的生态来解决。

接下来，我将从自己的思考与实践出发，对设计体系的生态进行阐述。

4.1　设计模式，沉淀可复用的最佳实践

设计模式最早来源于建筑设计领域，之后，在编码领域、人机交互领域也陆续出现。设计模式可以被简单地理解为针对某类场景的通用化解决方案，假如某种设计模式被描述得足够清晰，便可在未来某种类似的情境下被复制使用。设计模式来源于实践，又高于实践。

《界面设计模式》一书提到："模式意味着重用。对于一个导航很复杂的网站，访问者容易迷失在各种各样的链接里，此时我们就可以应用逃生舱模式：在网页上设置统一出口（通常把首页的链接加在站点的图标上），无论在什么时候，单击这个出口（站点图标），就可以回到首页，重新开始。现在，这一点已经成为网站的惯例了。"

对企业级 B 端设计体系来说，引入设计模式非常重要，其可以顺畅地解决很多数字界面设计上相似的问题。

4.1.1　设计模式的意义

设计模式的本质在于抽象和复用。虽然一个设计模式不能覆盖所有场景，但是只要能覆盖一部分相似的场景，就是一个可被收录的设计模式。

我们尝试将优秀的、可被复用的设计实践总结成设计模式，不仅能提升体验设计师的工作效率，还能提升数字界面的用户体验。在此，我总结了构建设计模式的五大意义。

（1）让数字界面具备体系化设计方案。

没有设计模式的指导，体验设计师在设计 B 端界面时会有多种可能性：要么从需求出发，要么从经验出发，或者以产品经理的意见为主。在有了设计模式后，体验设计师在设计 B 端界面时，会先分析业务场景与用户场景，再选用合适的设计模式，最后验证设计模式是否适合该场景。同时，体验设计师在遇到类似的场景时，会优先考虑采取一致的设计模式，保证产品用户体验的一致性。如此往复，不但让体验设计师具备了体系化的设计思维，也让产品在潜移默化中具备了体系化的设计方案。

（2）提升数字界面用户体验的一致性。

毫无疑问，设计模式可以提升产品界面用户体验的一致性，既有视觉方面的，也有交互方面的。

我举一个交互方面的例子。某产品团队在列表页采用模糊搜索时，总会出现自动搜索和人工搜索随意使用的情况。虽然团队成员都知道模糊搜索的含义，可具体哪种场景

该使用哪种交互模式，没人能讲明白，以致出现随意用的情况。于是体验设计师梳理了模糊搜索的设计模式，给出了自动搜索与人工搜索各自适用的场景。至此，在采用模糊搜索时，团队成员不再手足无措，可以很轻松地确定模糊搜索的交互方式。同时，体验设计师提出"一致性设计原则"，将两者结合起来用，能顺利地统一整个产品中列表页模糊搜索的交互体验。可见，如果我们能不断地总结出优秀的设计模式，那么人机交互会更加符合用户的内心期望。

（3）促使团队成员在设计上形成统一认知。

建立设计模式库，并同步到产品组的每一位成员，包括产品经理、研发工程师、测试工程师等，那么在设计评审阶段，将有效提升大家对界面设计方案的一致性认知。成员们不会再根据自己的喜好提出各种意见，而会给出更加有依据支撑的方案。

原来在设计评审会上，与会者总是会对弹窗主次按钮的位置重复提出意见。在有了企业级设计模式后，与会者基本不会再针对此问题提问，因为我们对设计模式的使用方式进行了清晰的描述，任何人都可以随时取用和查看线上文档。

（4）提升体验设计师的设计效率。

设计模式有一个显著的优势，就是可以提升体验设计师的设计效率。特别是对新项目来说，直接采用合适的设计模式（拿来即用），大大缩短了产品设计周期。虽然不断总结设计模式是一件费力且耗时的事情，但设计模式一旦建立，将极大地提升工作效率，因此总结设计模式又是一件非常有意义的事情。

我们团队有一位新来的体验设计师和我说，在学习了设计规范后，对 B 端数字界面由哪些要素组成已经了然于胸了。而在学习了设计模式后，自己的界面设计效率得到了很大的提升。以前拿到需求要思考半天界面该如何展示，现在设计模式都在脑海里，直接拿来就用，非常高效。正如《About Face 4：交互设计精髓》所提到的："一套全面的模式类目表可以帮助设计新手迅速且轻松地整合出协调的设计方案。"

（5）帮助体验设计师成长。

设计模式代表了团队在多年实战经验基础上总结出来的优秀设计成果。因此，对每一位体验设计师来说，手中准备一份设计模式文档，不时翻阅与学习，可以提升设计能力。

就我自己来说，我是设计模式的忠实追随者和拥护者。在接触设计模式后，我打开了设计思路，对如何提升数字界面的用户体验产生了新的认知，并通过边总结边实践的方式，来验证自己的思考。我认为，数字界面是一个舞台，但体验设计师不可在其上面随意舞蹈，需要遵循一定的规则，而这个规则就是设计模式。由于设计模式是以用户为中心的最佳实践，因此具备一定的稳定性与生命力。当然，设计模式并不是一成不变的，而是根据业务、技术、用户需求的变化而不断演进的，我们需要不断地迭代与拓展设计模式。

4.1.2　如何形成模式库

目前 Ant Design 输出了一些设计模式，这对体验设计师来说是非常宝贵的学习资料，一部分可以直接拿来就用，一部分需要我们根据实际业务情况进行调整。当我们自己遇到数字界面设计的问题时，身边又没有现成的设计模式可参考，又该如何梳理设计模式呢？

我总结了两点，包括从发现问题到输出解决方案和定义设计模式的编写格式。

从发现问题到输出解决方案

设计模式从无到有，需要我们拥有一颗主动发现问题的心，并且要能敏锐地感觉到这些问题是使用设计模式就可以有效解决的。我刚开始并没打算在设计体系中引入设计模式，直到我关注到一些问题：用户抱怨某些体验不一致，影响他们快速上手；研发工程师抱怨同一个功能交互不一致，影响他们的研发效率；等等。因此，我发现有必要引入设计模式了。

我会先把收集到的问题进行整理；然后依次进行调研，分别找到每个问题产生的原因；最终采用归一法，形成一个解决方案。图 4-1 所示为"查阅详情"设计模式的推导过程。

"查阅详情"设计模式		
问题描述：在集成系统中，表格有多种"查阅详情"的交互方式，导致用户反馈体验不友好，产品不专业		
当前交互	形成原因	带入各种场景的普适性
用鼠标双击单条数据任意区域，打开数据详情	该交互沿用用户操作习惯	不普适。原因：首先交互较为隐蔽；其次对于某些复杂场景，双击容易误触其他内容
用鼠标单击"详情"按钮，打开数据详情	该表格有操作列，因此表格行所有功能都在操作列上	普适。几乎适合所有场景，并且用户的学习成本低
用鼠标单击单条数据"ID"，打开数据详情	该表格操作列的功能太多，因此把"查阅详情"放到 ID 上。ID 显示特殊颜色，方便用户识别	不普适。原因：有些表格数据的 ID 并不触发详情，而是触发其他内容
解决方案		
将"用鼠标单击'详情'按钮，打开数据详情"＋"用鼠标双击单条数据任意区域，打开数据详情"的融合方案交互模式作为产品默认优先使用的设计模式。是否需要场景化的衍生方案，待定		

图 4-1　"查阅详情"设计模式的推导过程

在"查阅详情"设计模式的推导过程中，我们首先在使用产品的过程中发现了同样是查阅详情，但交互不统一的情况。接着，我们分析了同样是查阅详情，但分别采用不同的交互方式的原因。我们可以发现，每种交互方式都显得有理有据，需要深入调研。最后，我们通过假设法将每一种交互方式分别代入每一种场景，若代入成功，说明该交互方式具备普适性，则选其作为默认方案。该模拟案例有一个比较特殊的情况，就是其中一种交互方式符合用户习惯，老用户习惯了"用鼠标双击单条数据任意区域，打开数据详情"的交互方式。最终，选出"用鼠标单击'详情'按钮，打开数据详情"+"用鼠标双击单条数据任意区域，打开数据详情"的融合方案交互模式作为产品默认优先使用的设计模式。

当然，"查阅详情"设计模式的推导过程属于简单案例。在实际中，我们遇到过一些复杂案例。比如，现有设计模式都不具备普适性，我们需要先重新定义新的设计模式，再拿到实际场景中去验证。

定义设计模式的编写格式

在将一些设计模式整理出来后，为了达到人人皆可学习与使用的目的，基于可阅读、可理解、可借鉴这三个原则，我们需要梳理每个设计模式的编写格式，形成模式库。

如下是我整理的设计模式的编写格式，包括是什么、在什么时候使用、默认方案（企业级产品首选方案）、衍生方案。

是什么：描述了设计模式的基本情况，方便使用者对其有一个简单的了解。

在什么时候使用：描述了设计模式在什么场景下可以被使用。

默认方案（企业级产品首选方案）：描述了设计模式在企业级产品中具体的设计形式。

衍生方案：针对默认方案无法覆盖的特殊场景，可以附上衍生方案，以适应千变万化的业务需求。

这里要注意，对于无须给出具体设计方案的设计模式，可以忽略默认方案和衍生方案这两部分，直接将其合并为"示例"即可。同时，默认方案当前已覆盖所有业务场景，无须输出衍生方案。在 4.1.4 节～ 4.1.7 节，我会采用以上的设计模式编写格式，来呈现部分设计模式案例（这些案例为模拟案例，主要提供设计模式梳理思路）。

4.1.3　设计模式的类型

为了让使用者能够快速找到设计模式，同时让使用者知晓该设计模式是解决哪种类型的问题的，我们要对设计模式进行类型定义。我对自己接触过的常用设计模式进行了分类，共六大类。你可以根据自己的实际需要增减与修改，关于设计模式的分类没有严格的标准，一切从实际出发。

结构框架设计模式

我们在进行 B 端数字界面设计时，要掌握一些框架级的设计模式，其可以帮助我们快速梳理脑海中零碎的信息。有了这些设计模式，你就可以按部就班地将碎片化的信息填充到这些设计模式中。例如，当用户问你如何快速找到自己想要的菜单时，你要能很快地想到菜单搜索可以解决此问题，而具体要怎么解决，可以看看菜单搜索是怎么描述的。当然，假如你拥有非常丰富的设计经验，应该在刚开始设计系统时，提前将这些设计模式考虑进去。结构框架设计模式站在系统角度去统一规划，让每个设计模式均有其存在的理由。

下面我们一起来看几个结构框架类别下的设计模式。

菜单搜索：系统菜单繁多，通过给予菜单搜索功能可以让用户快速找到其所需要的内容。

消息通知：系统中有些信息需要用户关注及处理，消息通知模块起到收纳各类消息的作用。

操作日志：当用户在系统内操作某些对象时，系统会记录和保存这些操作。

系统配置：系统配置包括但不限于提示音设置、皮肤设置、相关偏好设置等，起到允许用户定制个性化系统的作用。

导出管理：系统会涉及数据导出要求，可让导出管理模块来管理被导出的内容。

表格设置：表格作为 B 端数字界面中用户高频使用的核心组件，为了配合用户的使用习惯，提升用户的操作效率，可向用户开放具备高频需求的表格设置功能。我将在 4.1.4 节中将该模式作为模拟案例阐述。

元素布局设计模式

良好的元素布局可以引导用户的视觉流，让用户有规律地在界面上浏览信息；不佳的元素布局让用户不知道该把视线首先落在哪里、再去哪里、最终在哪里结束，无法在脑海中形成界面信息区块地图。元素布局设计模式可大可小，大到对整个数字界面的布局设计，小到对每个模块自身的布局设计。设计符合用户心智的布局模式，可以极大地提升用户使用界面的效率。

下面我们一起来看几个元素布局类别下的设计模式。

视觉框架：同类元素在界面上重复出现，应让它们出现的位置一致、外观的样式一致。

中央区域：将界面上最重要的部分放到处于视觉焦点的中央区域，把一些辅助元素放在周围面板中。

元素对齐：使用方正、整齐、边缘规整的图形元素来构建界面，从而保证元素之间在视觉上对齐，使用户专注界面信息。

卡片模式：当内容的重要程度相当、格式一致，还期望展现图片元素时，可以设计同样大小的卡片，并将其有规律地排列在界面上。

折叠面板：根据内容特性，对内容进行分组，并且分别放到不同的可折叠面板中。每个面板可以展开和收起，互不干扰。

　　主次按钮：依据用户的操作习惯、一致性原则，以及其与界面其他元素之间的关系，安排不同场景下主次按钮的整体位置及互相之间的顺序排布，引导用户的操作行为。该模式将在 4.1.5 节中作为模拟案例被阐述。

信息组织设计模式

　　B 端数字界面由大大小小的各类信息构成，用户打开系统，不是去创造信息，就是去查找信息。因此，层次清晰、重点突出的信息组织形式，可以极大地提升用户对产品的好感度与信任度。

　　下面我们一起来看几个信息组织类别下的设计模式。

　　更多与高级：针对一些不常用，或几乎无须关注的内容，可以将其隐藏起来，收纳到"更多"按钮中；针对一些专家用户才会去配置的选项，可将其收纳到"高级"按钮中，给予用户清晰、高效的信息呈现。"更多"按钮与"高级"按钮在大多数时候以文字按钮的形式存在。

　　线索与说明：输入框内外会有引导用户输入内容的文案，它们分别是线索与说明。线索在输入框内部，告知用户要填写的内容；说明在输入框下面，作为补充说明出现。

　　包含关系：使用容器、标签页、色块背景等元素，可以暗示信息之间的层级关系。

　　分类标签：界面信息有类型之分，通过引入标签的方式给信息分类，可以帮助用户梳理零碎的信息。标签可以分为系统级标签与用户级标签：系统级标签所有用户都可使用；用户级标签通常是用户自己创建的，仅由创建标签的用户自己使用。

　　可选视图：基于默认视图，为满足不同用户查阅信息的场景化诉求，给予视图切换功能，如用户可在卡片和列表视图间切换。

　　搜索模式：根据系统信息量的多少，以及用户查阅信息的习惯，采用人性化、聪明式的搜索设计，协助用户快速、精准地定位目标信息。该模式将在 4.1.6 节中作为模拟案例被阐述。

交互范例设计模式

　　在企业级 B 端设计体系中，交互范例属于重中之重。这句话描述了用户的真实心声："同样是'查阅详情'的交互，但各模块关于查阅数据详情的交互方式不尽相同。我们希望能统一，从而减少我们在系统使用中的学习成本，快速完成工作任务。"我们可以发现，用户对同一个系统中相同功能的交互方式是期望统一的。同一个功能的交互方式不一样，会让用户感到迷茫，他们还得记住这个功能在一个场景中该如何操作，在另一个场景中又该如何操作。针对交互范例设计模式，我会在 4.2 节中详细阐述，并给出两个模拟案例。

　　下面我们一起来看几个交互范例类别下的设计模式。

　　展开 / 收起：为了给予用户更大的操作空间，允许用户展开与收起导航菜单、树控件操作区等模块，给用户提供沉浸式操作空间。

　　悬浮工具：在鼠标经过某元素时，显示执行该元素的按钮或其他动作。

　　数据加载：通过自动刷新数据、手动刷新数据的方式，用户可以看到最新数据。

　　当前撤销与多级撤销：当前撤销又称为单次撤销，是允许用户取消当前操作的交互；多级撤销是指系统捕获用户的操作行为，允许用户一步步撤销历史操作（有些产品会有撤销步数限制）。

　　数据导出：用户将数据从当前系统导出，对数据展开二次加工、统计分析、监管报送等行为。

　　查阅详情：当描述某个对象的数据信息非常丰富，且在当前空间无法展示完全，或者也不需要展示完全时，用户可以通过查阅详情的方式了解对象。

　　抽屉面板：从屏幕四周任一一侧滑出的、承载更多信息的面板。其在被唤出时会遮盖部分界面内容。

　　禁用按钮：当系统不允许用户使用某功能时，禁用按钮需要具备视觉上的引导效果，做到让用户心中有数。

视觉风格设计模式

　　对企业级产品簇来说，视觉风格不可忽视。特别对于影响面非常广的视觉风格，需要形成严格的视觉风格设计模式；对于用户不太关注的视觉风格，可以形成指导性的视觉风格设计模式。

　　下面我们一起来看几个视觉风格类别下的设计模式。

　　浅色背景：使用浅色的背景，可让用户聚焦界面信息与操作功能。

　　颜色有意义：使用有特殊意义的颜色，能增强用户对信息的理解；随意使用颜色，可能干扰用户对信息的判断。

　　适当留白：纵使用户期望在界面上看到足够多的内容，我们也别忘了在元素与元素之间适当地留出空白。

　　自定义皮肤：满足不同用户的个性化诉求，可让用户自定义界面皮肤。

　　唯一主题色：在平面设计中，主题色要少于 3 种；但在 B 端数字界面中，主题色应尽可能唯一。

　　内容区分：合理使用间距、分隔线、容器等元素来区分不同的内容区域，并且需要达到让用户感觉舒适的效果。该模式将在 4.1.7 节中作为模拟案例被阐述。

协同合作设计模式

　　对 B 端数字界面来说，有些元素是相伴出现的，这些元素共同协作为用户提供更好的界面体验，我将这类模式称为协同合作设计模式。这些元素就像合作伙伴一样，一旦场景确定了，它们就会不约而同地出现。

下面我们一起来看几个协同合作类别下的设计模式。

搜索、标签页、浏览区：在数据浏览型界面，通常会出现搜索、标签页、浏览区这三个要素。搜索可以帮助用户在浏览区繁多的内容中定位到自己关注的内容；标签页作为筛选条件，可协助用户初筛一部分内容；浏览区为相似内容汇集区，通常以列表、表格、卡片的形式展现。

多条件查询、表格、翻页器：在数据查询型界面，常规配备为多条件查询、表格、翻页器这三个要素。多条件查询可以满足不同用户不同的条件搜索要求；表格汇集了用户权限范围内的数据，为了达到用户高效操作的目标，表格还需要设计更多功能（在此不展开讲）；当表格数据非常多时，翻页器可以起到对数据的分页作用，同时解决了数据加载性能的问题。

标题、表单、按钮组：在表单界面中，常规配备为标题、表单、按钮组这三个要素。标题为用户指明了表单要填写的内容概要；表单通过不同的组件组合，允许用户录入数据；用户在填写完数据后，通过按钮组来完成操作。

4.1.4 案例一：表格设置

是什么

作为结构框架设计模式中的表格设置，其为用户提供对表格字段顺序、表格字段显示与隐藏、表格行高等进行设置的配置类功能。

在什么时候使用

由于用户对表格的使用有各自的偏好、用户工作特殊性的需要、用户显示屏大小的差异等因素，提供同一种表格（不论是样式，还是信息组织形式，都相同），并不能满足不同用户的差异化需求。而在同一个产品中，表格式样过多也不合适，不仅造成用户体验差，还造成研发成本高。

因此，表格设置功能产生了，不仅解决了困扰体验设计师很久的系统如何保证表格一致性的问题，还解决了系统默认表格无法满足用户个性化诉求的难题。

默认方案

在企业级设计模式中，表格设置功能包含的范围要依据实际情况规划，不能凭感觉把可以开放给用户配置的功能都设计进去。在本案例中，我们假设表格设置功能包括表格行高、表格行样式、字段显示与隐藏、字段前后排序这四种。

表格行高。用户通过表格行高选项可以设置表格每行的高度。对小屏幕用户来说，他们更希望获得窄行高的表格，从而在一屏中看到足够多的数据；对大屏幕用户来说，他们喜欢宽行高的表格，这样即使眼睛长时间盯着工作屏幕，也不会疲劳。

表格行样式。用户通过表格行样式选项可以设置表格有斑马纹还是无斑马纹。斑马纹样式可以帮助用户定位数据，而无斑马纹样式会让界面显得更清爽。

字段显示与隐藏。用户通过字段显示与隐藏功能可以设置哪些字段应显示在表格上，哪些字段虽有但见不到，如此可以减少非必需字段对用户的干扰。

字段前后排序。用户通过字段前后排序功能可以设置已显示字段在表格中的前后顺序。通常用户会将常用字段排列在表格前面，将不常用字段排列在表格后方。

图 4-2 所示为表格设置功能示意图。设计时应根据用户体验要求进行视觉与交互的调整。

图 4-2　表格设置功能示意图

4.1.5　案例二：主次按钮

是什么

作为元素布局设计模式中的主次按钮，其定义了主按钮与次按钮在不同场景下的位置布局。当用户单击按钮时，可以触发相应的功能，完成相应的操作。

在什么时候使用

在一个任务开始时，需要按钮；在一个任务完成后，也需要按钮；对复杂的任务来说，用户在执行任务的途中也需要按钮。在有主次按钮的场景中，主按钮通常用来引导用户操作，其就是我们常说的行动按钮；次按钮通常用于没有主次之分的行动点。

在无须引导用户操作某个按钮的场景中，默认使用次按钮已经足够。但当主次按钮一同出现时，我们通常还需要考虑主次按钮在不同场景下整体的摆放位置及两者之间的顺序，这是界面布局统一性非常重要的一个方面。

默认方案

依据用户操作习惯、业界通用规则、界面一致性原则，我们应当梳理页面表单、弹窗表单中关于主次按钮的整体摆放位置及两者之间的顺序。

（1）页面表单。

我们将页面表单分为 Header 区、Body 区与 Footer 区。Header 区通常是一些全局性的操作，如编辑全部数据、切换视图、分享功能。Body 区通常是对跟随内容的直接操作，如编辑单条数据、某部分表单区块等。Footer 区通常是全局完成类操作，如发布、保存、确定、取消等。

主次按钮的整体位置如下。

Header 区：按钮组靠页面右侧。

Body 区：按钮组跟随操作内容，临近原则。

Footer 区：按钮组固定于页面底部且居中，对于无 Footer 区的页面表单，可以忽略此操作。

主次按钮的顺序如下。

Header 区：主按钮在左，次按钮在右，当按钮数量多于 5 个时，可将多出的按钮置入"更多"按钮中。

Body 区：按钮跟随内容块的，主按钮在左，次按钮在右，但若无特殊需要，可仅使用次按钮；按钮跟随单条内容的，建议使用文字按钮。

Footer 区：主按钮在右，次按钮在左。

以上约定如图 4-3 所示。

图 4-3　页面表单的主次按钮示意图

（2）弹窗表单。

我们将弹窗表单分为 Header 区、Body 区与 Footer 区。弹窗表单 Header 区、Body 区、

Footer 区的功能划分与页面表单一致。

主次按钮的整体位置如下。

Header 区按钮组：按钮组靠右侧。

Body 区按钮组：按钮组跟随操作内容，临近原则。

Footer 区按钮组：按钮组固定于页面底部右侧。

主次按钮的顺序如下。

Header 区按钮组：建议使用图标按钮。

Body 区按钮组：按钮跟随内容块的，主按钮在左，次按钮在右，但若无特殊需要，可仅使用次按钮；按钮跟随单条内容的，建议使用文字按钮。

Footer 区按钮组：主按钮在右，次按钮在左。

以上约定如图 4-4 所示。

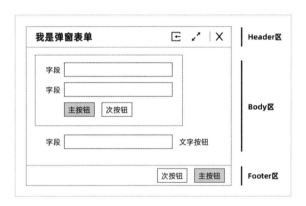

图 4-4 弹窗表单的主次按钮示意图

4.1.6 案例三：搜索模式

是什么

信息组织设计模式中的搜索模式，是指用户将想要查询的信息输入相应的搜索框中，然后搜索引擎就会在约定的规则下将获取的信息反馈给用户的过程。

在什么时候使用

在信息浩如烟海的时代，人类光靠大脑的记忆已经无法记住如此多的信息。对 B 端产品来说，也早已进入信息繁多的时代。在一张表格动辄包含几万条数据的情况下，想让用户通过眼睛找到目标数据，几乎是不可能的，而搜索模式可以做到。我们只要在搜索框中输入关键词，就可以得到自己需要的信息资源。

可以说，搜索模式在处理大量信息方面有着显著的优势。一旦系统的数据量大，加上搜索模式准没错。可怎样的搜索模式是符合用户需要的呢？我们在设计搜索模式的时候又该设计哪些基础功能？对企业级设计模式来说，我们需要给出默认方案，以达到让搜索模式好用的目标。

默认方案

简单的搜索可以达到精确匹配，也就是在用户输入完整的信息后，系统才能匹配结果。例如，姓名精确搜索就是只有当用户输入完整的姓名时，系统才可以进行匹配。模糊搜索则不是这样的，用户只要输入姓，就可以把和自己姓氏一样的人员的姓名全都搜索出来。具体要使用哪一种搜索，是由实际业务场景决定的。

对 B 端用户来说，更具普适性的搜索模式是模糊搜索，其常被用在表格、列表、导航菜单等场景中。其应满足以下几个功能：关键词匹配、首字母匹配、自动纠错、历史搜索。将这些功能集中到一个搜索框中，可以帮助用户将关注的信息高效地组织起来，如图 4-5 所示。

图 4-5　模糊搜索示意图

关键词匹配：当用户在搜索框中输入第一个字时，搜索就开始了。界面实时或通过用户手动触发将与关键词匹配的结果返回给用户。

首字母匹配：根据大多数用户的打字习惯，用户会只输入拼音首字母来查找内容。例如，当用户在搜索框中输入"kh"或"KH"的时候，搜索结果会出现与"客户"相关的内容。

自动纠错：用户在输入时，由于各种原因会出错。比如，因为打字快，会输入读音相同但文本错误的内容（把"菜单"输入为"蔡单"）。对自动纠错来说，不管用户输入什么，系统都可以纠正，不会给用户造成明显的受阻感。

历史记录：历史记录，顾名思义，就是将用户曾经搜索过的内容进行展现，方便用户再次搜索，无须重复输入。用户并不喜欢将同样的内容重复输入，系统记不住用户近期输入的内容，让用户不断从 0 到 1 输入，这会让用户觉得系统不好用。历史搜索在 B 端也经常被用到，特别是面对经常搜索的菜单，很多系统都会用上历史搜索，来帮助用户快速定位目标。

衍生方案

（1）多条件搜索。

当用户期望得到更精细化的搜索结果时，可以使用多条件搜索功能。其可以将搜索条件依据使用程度从高频到低频依次排列，开放给用户进行条件组合查询，帮助用户更精准地搜索目标内容。例如，产品经理小 A 期望搜索在某个时间范围内与其有关的且属于待处理需求的数据，就需要在查询条件中输入"需求处理人：小 A；时间范围：2022/12/01 到 2022/12/31；需求类型：待处理"来搜索。

多条件搜索主要使用在表格、列表等场景中，图 4-6 所示是多条件搜索示意图。

图 4-6　多条件搜索示意图

（2）标签搜索。

标签搜索是多条件搜索的一种衍生场景，即界面上已经将可选的条件进行了平铺展示，用户只需要直接选择相应的标签即可。标签搜索常出现在卡片列表的场景中，每一个维度的标签都是可以被穷举的，若不可穷举，则应使用多条件搜索。图 4-7 所示是标签搜索示意图。

品牌	品牌A	品牌B	品牌C	品牌D	品牌E
类型	衣服	裤子	鞋子		
尺码	39码	41码	42码	43码	

图 4-7　标签搜索示意图

（3）精确搜索。

虽然精确搜索没有模糊搜索的普遍适用性，但在一些特殊场景中，依然需要用户输入完整的信息，之后内容才可被显示。例如，在一些对数据保密要求非常高的场景（如输入身份证号查信息）中，用户必须输入完整的身份证号才行。

4.1.7　案例四：内容区分

是什么

视觉风格设计模式中的内容区分模式，给出了如何更合理地使用间距、分隔线、容器等元素来区分不同内容区域的方法，以实现界面整体风格一致，以及让用户感觉舒适的效果。

在什么时候使用

信息之间的关联性越大，它们之间的距离越近，它们也越像一个视觉单元；反之，信息之间的关联性越小，它们之间的距离越远，它们越像多个视觉单元。

多个视觉单元要如何去表现呢？这就需要使用内容区分模式来分离它们，实现页面的组织性和层次感，让用户对页面结构和信息层次一目了然。同时，由于不同的内容区分方式可以传达给用户不同的视觉感受，因此我们需要了解它们的风格特点，从而有针对性地使用它们。

示例

（1）虚线。

虚线是用点或者短线连接成的断断续续的线。我们通常在折叠标题中使用虚线，通过虚线连接标题与图标按钮，不仅引导了用户的视线，也给人界面透气、灵动的感觉。若使用直线，特别是在界面很宽的情况下，不仅会让界面的整体风格显得呆板，还会让人感觉线条有些倾斜。

（2）封闭线。

封闭线也就是前后贴着容器的线条。其通常用在不属于同一类型的内容之间，用来区分两者。若在界面上无限制地使用封闭线，会给人拥挤、压抑，以及界面比较原始化的感觉。因此，我们需要控制封闭线的使用。

（3）非封闭线。

非封闭线对容器来说，横向或纵向居中，两边留白；或者一边贴着容器，一边留空。非封闭线在数字界面中也常出现，它通常用来分隔属于同一类型的内容，如列表内的数据。

（4）间距。

尽量少用分隔线，就像尽量少用滚动条一样，已成为设计圈的共识。不用分隔线，那用什么来区分内容呢？体验设计师为了打造宽松、舒适、前沿的数字界面风格，通常会频繁地用间距来区分不同内容。这里需要注意，同类元素的间距应保持一致，不同元素应适当地放宽间距。

（5）容器。

容器在狭义上就是我们常说的卡片，在广义上包括一切可承载内容的对象，可以是色块背景，也可以是选择器的下拉面板。我们将内容放到容器中，用容器来包住它们，并且在容器的设计上适当地添加一些阴影，让整个界面变得立体，此时用户的视觉感受也会更丰富。将容器作为分隔内容的方式，已经受到越来越多的体验设计师的欢迎。他们经常在一些适合使用容器的地方引入容器，如表格上方的多条件查询区域、界面左侧的树导航区域，从而打造界面的层次感。

4.2　交互范例，给用户一致的操作体验

交互范例在企业级 B 端设计体系中的地位极其重要。当我开始真正思考交互范例，想要统一企业级不同产品之间的重要功能交互时，发现这不是一件简单的事情，受到很多客观因素或主观因素的制约，如经验不足、客户习惯、技术难点、历史问题等。但这又是一个需要去解决的问题，因此，我开启了交互范例思考之路。

4.2.1　我的交互范例思考之路

我的交互范例思考之路分为四个阶段：阶段一，我一接到任务就设计交互，该阶段注重交互流程只要能跑通即可，是交互的可用阶段；阶段二，我思考如何设计交互让用户使用起来更加简单、友好，这是交互的易用阶段；阶段三，我开始沉淀通用的交互范例，让自己在接收任务的时候，不再总是从 0 到 1 地开始设计，而是在将设计任务了解清楚后马上知道应该使用哪种交互范例去设计，这是交互的标准化阶段；阶段四，我在意识到标准交互范例不能覆盖所有场景后，探索在一定的标准约束下，开放场景化交互范例，这是交互的场景化阶段。图 4-8 所示为我的交互范例思考之路。

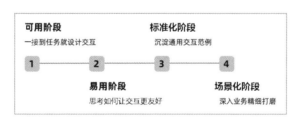

图 4-8　我的交互范例思考之路

可用阶段：一接到任务就设计交互

当我刚成为一名体验设计师时，我对交互是什么、如何写交互文档、如何做好交互还都处于懵懂的状态。我接到的第一份交互任务是设计一套系统（依据老系统，设计新系统）。领到这个任务，我既惊喜又害怕：惊喜的是自己一开始就受到产品团队的信任，有幸负责整个系统的数字界面改版（包括交互与视觉）；害怕的是自己从未涉及 B 端产品，对于交互是什么、如何设计这个产品的交互心中没底。因此，我首先通过看书、请教同事建立了自己对交互的认知，接着在工作中实践如何设计交互。

那时候因为经验不足，在设计数字界面的交互时，我既无法全局考虑某个功能的交互，也无法把某一个功能的交互做到极致。当交互设计被大家指出还有待改进时，我也不知

道从哪里着手，只能设计出让用户简单使用的产品。这就是我在交互设计上的第一个阶段。

易用阶段：思考如何让交互更友好

在慢慢了解与熟悉交互后，我希望能将产品的交互做得更好，哪怕是"导出数据、查询数据、文件搜索"这么简单的交互，我也希望可以将它们思考清楚，让用户易用，而不仅仅可用。

在这个过程中，我主要通过不断实践、与同事交流、学习其他系统的方式来提升自己的交互设计能力。在时间充裕的情况下，我在设计交互方案时会思考，除了现在的交互方式，还有没有更好的交互方式来解决该问题。

虽然产品经理在将界面原型给我时已经带了一些交互方案，但我会思考其给的交互方案是否合适，还有没有更好的解决方案，如果有，我会画出来，与产品经理沟通。即便最后产品经理没有采用自己的交互方案，这也是一个成长的过程。图 4-9 所示为树控件区域鼠标滚动的交互优化方案：左为产品经理给的交互方案，当通过鼠标滚动查看下面的菜单时，操作与搜索区会被同时滚走；右为我优化后的交互方案，操作与搜索区常驻，方便用户随时操作与搜索。

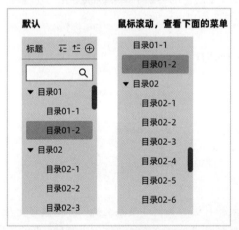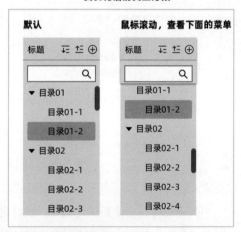

图 4-9　树控件区域鼠标滚动的交互优化方案

标准化阶段：沉淀通用交互范例

在我带团队后，某些产品体量庞大，有一款产品需要几位体验设计师协作的情况。此时，沉淀通用交互范例的诉求就逐渐浮出水面。这不仅让产品同一个功能的交互即使由不同的体验设计师设计，也能保持一致，还让研发侧的研发效率得到提升，研发工程师无须再为同一个功能开发不同的交互了。

不过，沉淀通用交互范例的过程并不是一帆风顺的。哪些交互有必要整理？需要整理的交互应该采用什么方案？现有交互范例在特殊场景中不适合怎么办？这些问题都需要解决。

在我负责构建企业级 B 端设计体系时，这些问题就更加突出了。面对如此庞大量级的企业级产品，如果没有交互范例，就根本无法统一用户体验。对于同一个功能的交互，如果各业务团队各自为政，独自设计，在将设计结果集成后，用户体验简直就成了灾难。因此，沉淀通用交互范例非常有必要，当然，这是一项长期任务。

场景化阶段：深入业务精细打磨

有了通用交互范例并不是万事大吉了，在产品使用过程中，还会出现各种各样的问题。例如，现有通用交互范例不够好，需要优化；再如，现有通用交互范例不能覆盖新场景，需要新增。刚开始我在收到这些需求时，不知该如何解决。如果改了通用交互范例，那么之前使用这些范例的产品是不是也要同步改？如果不改通用交互范例，就不能满足部分产品的需求，这该如何是好呢？这个问题困扰了我很久。

后来，我进行了一次小范围的调研，是关于产品中相同功能的交互是否要完全一致的问卷调查。最后汇总的结果是：大家表示一致是最好的，但若不一致，交互好用也是可以接受的，毕竟很多产品并未完全做到一致，在这方面没有过于严格的要求。如果不但交互不一致，还不好用，就让人很难接受了。

因此，我有了依据场景拓展交互范例的想法。我在判断可行的前提下，采用"标准 + 拓展交互范例"的方式来满足集成产品的交互一致性，以及某些特殊场景下的个性化交互需求。不过，对于有拓展场景的交互范例，我们需要给出拓展的设计原则，让更多的体验设计师知道在什么情况下可拓展，以及拓展要遵循哪些原则。

下面我将"数据导出"和"查阅详情"两种设计模式作为模拟案例，讲解标准化阶段（案例：数据导出）与场景化阶段（案例：查阅详情）的交互范例。

4.2.2　案例一：数据导出

背景

数据导出功能属于 B 端产品的必备功能。由于各界面导出的数据量大小不同，数据导出功能包括直接导出和暂存导出两种方式。

直接导出是指用户单击"导出"按钮，就可将数据导出到本地文件夹。暂存导出是指在用户单击"导出"按钮后，数据会被暂存到界面的某一处，需要用户手动下载，之后数据才被保存到本地文件夹。这两种情况均属于合理的数据导出交互，但一个产品中若出现不同的导出交互，就会让用户感到迷惑，不知道导出的数据去哪儿了。于是，统一数据导出交互就被提上了日程。

是什么

数据导出功能可以允许用户将界面上的全部或部分数据导出到本地文件夹。

在什么时候使用

当用户需要对界面上的数据进行二次处理的时候，会用到数据导出功能。例如，将数据导出后进行加工统计，以支持某些工作场景的需要；将数据先从本系统导出，再导入其他系统中，最终完成数据对接。数据导出的原因多种多样，但对数据导出功能的交互设计来说，需要做到在整个产品内部保持一致。

默认方案

经过整体评估，出于三方面考虑，本案例现阶段采用暂存导出方式。

首先，在数据量极大的情况下采用直接导出方式，容易让界面卡住，不利于用户进行其他操作。因此，数据量大的场景不适合采用直接导出方式，只能选择暂存导出方式。

其次，将导出的数据暂存在某处，方便用户查找与再次下载。

最后，暂存导出方式就像消息通知模块一样，让产品的一类信息有了统一归类的地方，完善了产品模块。

在方案得到确认后，就需要统一暂存导出的交互模式了。我们可以将暂存导出模块放到顶部导航栏，也可以放到左侧菜单栏，甚至可以放到其他我们认为合理的地方。如果你的企业想要有自己的数据导出模式，其设计逻辑应符合以下三点。

- 可用性：满足交互闭环。
- 易用性：尽可能缩短交互路径。
- 普适性：满足大部分产品的诉求。

4.2.3 案例二：查阅详情

背景

在同一个产品中，有 A 和 B 两个表格页面，两个表格页面中的每条数据均属于信息维度非常多的数据，用户想对每一条数据进行全方位的了解，需要查阅数据详情才可以。可是 A 表格页面上数据详情的查阅交互与 B 表格页面不同，A 表格页面数据详情的查阅交互是用户通过双击数据行展开的，而 B 表格页面数据详情的查阅交互是用户通过单击数据行上的常驻"查阅详情"按钮展开的，交互差异较大。同一产品内存在两种查阅详情的交互，用户需要不停地切换使用习惯，降低了操作效率。

是什么

当描述界面中某个元素的信息很多时，就需要使用查阅详情功能，其可以帮助用户了解元素更详细的信息。

在什么时候使用

使用查阅详情功能的场景包括但不限于如下三种场景：

第一，表格中每条数据的信息量极大，但在一定空间内无法展示完整；

第二，用户不希望将他们不关注的信息展示在界面上（占用界面宝贵的展示空间），只希望展示他们关注的重要信息；

第三，界面中一些元素的某些信息在排查问题的情况下才可能被用到。

实际上，查阅详情功能在 B 端数字界面无处不在，每单击 5 个页面，就有 1 个页面用到了查阅详情功能。而表格由于其本身形态的局限性（用列和行呈现大量数据），若要对每行数据进行充分展示，就需要使用查阅详情功能。因此，查阅详情功能作为表格中高频使用的功能，在企业级视角下，非常有必要做到统一，保证用户体验的一致性。

默认方案

在广泛调研的基础上，查阅表格中数据详情的默认方案既不单纯采用双击交互，也不单纯采用单击"查阅详情"按钮交互，而是将两者进行融合。原因在于两点：第一，若仅采用双击交互，对新用户来说这个功能太隐蔽，不易被发现（调研发现，新用户往往不知道有这个功能）；第二，若去掉双击交互，仅采用单击"查阅详情"按钮交互，对老用户来说，改变了他们的使用习惯，降低了他们的操作效率。因此，在经过整体权衡后，我们将查阅表格中数据详情的默认方案确定为保留双击交互，并给出"查阅详情"按钮。这样既满足了新老用户的操作要求，也保持了交互的一致性。

衍生方案

在使用多个产品一段时间后，我们发现有以下两种场景不适合默认方案：一种场景是当表格中的数据可编辑时；另一种场景是当用户需要对多条数据的详情进行对比查阅时。

场景一：当表格中的数据可编辑时。

在默认方案中的双击交互与数据编辑交互冲突时（单元格数据编辑交互也通过双击鼠标触发），可去掉双击交互，仅保留单击"查阅详情"按钮的交互模式，或采用其他方案实现单元格数据编辑交互。

场景二：当用户需要对多条数据的详情进行对比查阅时。

在对默认方案考量后发现默认方案不适合该场景，因此需要更换整套交互。初步确认为通过单击某个字段来唤出数据详情面板，并且数据详情面板采用右侧抽屉组件。这里需要注意，单击可唤出数据详情面板的字段在设计上必须所见即所得，这才是好的交互。例如，在 ID 字段上加上产品主题色，引导用户执行单击行为，完成对该 ID 字段背后隐藏功能的学习与使用。

拓展设计原则

在谨慎评估后需要考虑是否在默认方案上依据场景拓展衍生方案，毕竟同一个产品中场景方案越多，对用户来说学习成本和理解成本越高。因此，对于同一个功能的交互，当发现其无法使用默认方案时，我们需要去排查是否有必要再引入一种交互。有时候我们会发现，默认方案是适用于某些场景的，仅仅是一些外部原因，导致出现了新的交互。例如，体验设计师几经轮换，新体验设计师不知道有默认方案存在；体验设计师经验不足，误判了某些场景；等等。在我们真的要拓展同一功能的交互模式时，需要遵循以下三个原则。

第一，谨慎思考原则。确认默认方案是否真的无法支持现有场景，而不是为了设计一种新奇、有趣的交互，毕竟对 B 端产品来说，交互一致性比交互有趣更加重要。

第二，所见即所得原则。在确认该场景不适合使用默认方案，而应采用特定方案时，我们要保证其交互可被显著识别，不要隐藏交互，让用户自己去摸索和发现。我们要保证用户看到一个功能，就能猜出若自己使用此功能，能达到什么结果；同时在使用中，每一步交互都有即时反馈与指引。

第三，业界通用原则。拓展的场景需要是业界通用的场景，这会让用户更容易理解和使用。很多体验设计师在设计交互的时候随心所欲，殊不知这对用户是极其不友好的，毕竟 B 端产品的本质是为企业降本、增效、创收。我们不应该设计一堆花里胡哨的交互，让用户来体验与众不同，降低他们的工作效率。

4.3　体验度量，从感性到理性的跃迁

体验度量分为两方面：一方面是度量设计体系在产品中落地的情况，我们认为，落地设计体系的产品，用户体验相对更好；另一方面是度量产品的用户体验情况，如出错率、完成率、自助率。关于度量产品用户体验情况的模型，业界有不少，如阿里云的 UES、蚂蚁金服的 PTECH。本节将从以上两方面展开，来讲解体验度量。

4.3.1　打基础：制定度量模式

要度量，我们就需要制定度量模式，让团队依据度量模式有序展开体验度量。

一致性验收

一致性验收主要用来度量设计体系在企业级产品中落地的效果，即产品有没有高度

还原设计体系提到的元素，其主要度量视觉方面的元素。

由于 B 端产品的本质是为企业降本、增效、创收，To B 厂商往往在输出 B 端产品的时候更重视性能、功能方面的元素，而不太在意视觉方面的元素。不过随着 SaaS 的兴起，这个局面将会被慢慢打破。当客户面对在性能、功能、价格、维护等方面均相差不大的 B 端产品时，就会优先考虑视觉体验舒适的产品，毕竟专业的 B 端视觉设计，会让用户在使用时心情更愉悦，工作效率也会提升。

企业级设计体系涉及的数字界面的元素范围太广，我们不可能在一致性验收时全部覆盖。同时，在实际运行中我们发现，对于数字界面中的某些元素，用户对其是否在界面的每个角落都保持一致，不存在强制要求。同一元素在不同场景下有时也需要存在差异。因此，对于一致性验收所涉及的条目，我们需要形成梯度，如强制、推荐的梯度，或基本、增强的梯度。

我们用强制、推荐的梯度举例说明。若企业级设计体系要求表格样式完全统一，不允许同一个产品中 A 页面是斑马纹表格、B 页面是无斑马纹表格，那么此条规定在一致性验收文档中就可以写成"强制：统一使用斑马纹表格"。若企业级设计体系对搜索框的样式不存在强制要求，那么此条规定在一致性验收文档中就可以写成"推荐：统一使用右侧带图标样式的搜索框"。这里我们要注意，一致性验收文档必须采用文配图的形式，保证大家理解的一致性。以此类推，我们可以将一致性验收度量表梳理出来，去衡量企业级设计体系的落地情况。

符合度排名

符合度排名是在一致性验收的基础上，阶段性地对各产品是否符合设计体系标准进行的排名。由于一致性验收存在部分推荐条目，因此很多产品不会关注这些推荐条目（只关注必须遵守的条目），那么不同产品在执行设计体系标准时，是会有差别的。这就导致有些产品与设计体系的吻合度高，有些产品与设计体系的吻合度低。通过对产品进行排名，我们也可以从整体上知晓产品落地设计体系的情况。

可用性测试

可用性测试是指招募一群目标用户，或接近目标用户的被测试者，评估产品是否符合特定可用性标准的一种方法。在企业级设计体系中引入可用性测试，主要用来测试设计体系中存在的一些设计模式、交互范例是否制定得合理。若在制定规则时，我们认为该规则会提升用户的操作效率，而事实上经过测试发现其降低了用户的操作效率，那么我们就需要迭代该规则。

关于可用性测试，我们需要制定一些可以反映企业级交互规则设计好坏的指标，包括错误率、自助率、任务超时率、任务完成率等。错误率高，说明该交互规则不符合用户的心智模型；自助率低，说明该交互规则设计得不够清晰，帮助系统设计得不够完善；

任务超时率高，说明该交互规则过于复杂，或过程步骤太多；任务完成率低，说明该交互规则理解起来比较困难，交互方案存在问题。

这里举一个表单组件快捷键的例子。我们之前在调研与设计完表单组件快捷键后，没有直接将其投入使用，而是先研发出了小样，进行可用性测试。第一轮测试结果不尽如人意：设计侧感觉方案不错，而用户在实际使用过程中并没有感到很便捷。于是我们不断调整方案，不断测试，才达到了可落地的条件。

除了以上提到的可用性指标，你也可以引入其他指标来衡量，最终都是为了度量企业级设计体系中各规则的合理性，提升用户体验。当然，可用性测试也可被引入具体产品中，用来度量用户体验设计的好坏。

用户满意度

用户满意度是指用户对产品、服务的主观感受评价。发放主体通常以问卷调研的方式获取用户满意度。在企业层面，使用用户满意度来衡量用户对企业服务的感受；在产品层面，使用用户满意度来衡量用户对产品的感受。通过用户满意度，我们也可以了解使用设计体系的产品是否得到了用户的好评，以及是否有需要改进的方面。我们可以先制定评价设计体系用户满意度的各项指标，如美观度、专业度、整体协调性、综合满意度等，然后通过问卷调研的形式让用户填写问卷，从而计算出用户满意度。若用户满意度大于一定数值，说明用户对设计体系的认可度高；若用户满意度小于一定数值，说明用户对设计体系的认可度低，设计体系需要优化。

用户访谈

用户访谈通过定性的方式，采集设计体系使用者（包括直接使用者与间接使用者）对设计体系的看法与感受。直接使用者是指使用设计体系构建产品数字界面的体验设计师、产品经理等角色；间接使用者是指通过使用产品间接接触设计体系的用户。通过对这两类人群进行访谈，我们可以知道设计体系的改进点。

除了以上提到的通用性度量模式，我们也可以根据企业级产品的情况，制定其他度量模式，如用户体验地图、用户行为数据埋点、专家走查等。

4.3.2 用方法：三角形度量策略

关于体验度量这件事，其实是有策略可用的。我依据实践整理了一个非常有实操性的"三角形度量策略"（见图 4-10），其是一种通过逐步优化的方式完善度量指标、通过采用约定时间的方式让度量有效实施下去，以及通过分批推广度量的方式让团队工作井然有序的度量策略。

图 4-10　三角形度量策略

内容：从简单到全面

内容从简单到全面是指：第一，对于已经存在的度量维度，我们需要根据其在实际中执行的情况，对其进行适当的调整，包括新增、优化与删除；第二，在一开始，我们很难建立全面的度量维度，因此维度部分也是随着时间的推移越建越全的；第三，度量有两方面，一方面是对设计体系的品质的度量，另一方面是对产品用户体验的度量，需要逐步推进。

在建立度量维度时，可优先进行一致性验收，把设计体系推行到产品中使用。只有产品将设计体系用起来了，才能够一方面保证集成时的体验一致性，另一方面在使用中发现设计体系的可改进之处。

在负责度量期间，我研究了阿里云的 UES、蚂蚁金服的 PTECH 等度量模型，发现有些维度在真正执行中不容易推广，需要一步步来。只有当有一点成效展现出来时，后续全面改革才有可行性。

频率：按照约定时间

以一致性验收为例。体验设计师先把产品的每个页面都测试一遍，然后输出一份测试报告，让前端工程师一次性把问题解决掉。实际上，这种做法比较理想化，实操性较低。对一个 B 端产品来说，少则几十个页面，多则几百个页面，要让前端工程师放下手中繁重的研发任务，投入解决界面的一致性问题上来，可行性很小。

因此，比较有效的方法是企业级层面约定一致性验收的走查时间与修改时间，如每月月末固定走查、每次发版前固定走查。通过约定固定时间的方式，让前端工程师对自己的工作有一个提前预判，那么度量的有效性就能得到保障了。

推广：从无序到有节奏

我们如果一次制定了若干度量维度，就希望把每个度量维度都迅速推行下去，在整个产品中用起来，有些不切实际。殊不知，这会导致业务团队处于手忙脚乱的状态，毕竟一开始问题总不会少。因此，在实施度量时，我们最好分批展开，先解决核心问题，而不是将各种度量维度一起推行下去，期望一次性解决所有问题。例如，先度量界面的视觉一致性问题，待一致性问题解决得差不多后，再度量产品的交互友好性问题。

有读者反映他的公司在做度量时，由于将各种度量指标全用上了，导致执行起来颇为费力，团队间协作很费劲，问我是不是这些度量指标有问题。我和他沟通了一下，发现这些度量指标就是业界在用的一些传统度量指标，度量指标本身并没有什么问题。但因为这十几种度量指标（如性能、页面首次加载时间、一致性、满意度，等等）都被用来度量产品了，所以执行起来才会异常困难（如人员不足、时间不够、协作困难），有时候还会出现指标间相互矛盾的情况。因此，在初始阶段，我们应一步步来。

4.3.3 抓时机：上下同时驱动

上下同时驱动包含了自上而下与自下而上两种方式，这是两种相反的方式。自上而下是一种从顶层推向底层的方式，自下而上是一种从底层推向顶层的方式。

不同的场景宜采取不同的方式，其有各自的优劣势。对度量来说，自下而上与自上而下均需要采用，下面我们一一来看。

自下而上

在度量初期，自下而上的方式被采用得更为频繁。体验度量从单个产品层面到企业级层面，是逐步推进的结果，毕竟对 B 端来说，更注重性能、功能等维度，数字界面体验（如交互、视觉）通常不被重视。因此，体验设计师要想在大范围内正式推行体验度量，是非常困难的。

由于体验度量资源投入大、见效慢，因此经常不被产品层关键决策者看中，他们认为要度量可以，简单点就好，无须正式展开。他们拿到度量报告，也只是扫一眼，之后就不了了之了。

可以说，大部分企业目前均处在自下而上推动度量的阶段。体验设计师是其中的主力军，他们将此作为自己工作职责的一部分，为提升产品的用户体验，在持续贡献自己的力量。即便自己度量的相关结果与设计方案无法在产品侧落地，他们依然兢兢业业地在做。这成为日后企业级度量可以被实施下去的背景。我专门询问了一些体验设计师，他们目前主要以设计走查的方式在做体验度量，即验收研发效果是否与设计稿一致。还有一些企业在做技术指标的度量（其广义上也属于用户体验），如首屏加载时间、吞吐量等。

自上而下

企业级度量不是一蹴而就的事情，一方面来自长期坚持不懈的自下而上的努力与呼吁，另一方面来自时机成熟时自上而下的推动。

一旦决策层看到了产品数字界面因体验不理想而凸显出来的各种问题（如客户抱怨增多、用户处理任务效率不高、客服工作量增加等），以及尝到了度量可以改进用户体验的好处，就可以采取自上而下推动的方式了。

通过自上而下的方式，体验度量成为产品研发流程中一个固定的环节，就像需求评审环节、代码集成环节、测试环节一样，我们可以称其为"体验度量环节"。有了这么一个固定的标准环节，体验设计师无须再通过自己的方式来推动产品度量与问题修复了，而是跟着标准流程走，使一切变得更加有序。

对还未将体验度量纳入标准化流程的组织来说，应通过逐步试点的方式，将组织内认为有效的体验度量纳入流程中，提升产品的用户体验与品牌竞争力。

4.4　工具构建，提质升效的有力武器

企业级设计体系涉及的内容庞多、规则复杂，若能借助工具完成大部分事情，将极大地提升产研流程的整体效率。特别是可以优化设计环节，提升设计效率，让 B 端体验设计真正融入产研的整条流程中，可以将设计体系中的各个部分有规律地串联起来，协同、高效地去完成一项任务，让体验设计发挥出真正的价值。

4.4.1　规划工具地图

那么，我们该如何规划工具地图以达到目标呢？我们可从明确解决问题的阶段和明确工具的具体定位两方面展开。

明确解决问题的阶段

在此分享一个我曾经参与的案例。在完成企业级设计体系构建，并将其纳入产品使用后，我开始思考要研发工具，将设计体系构建得更加完善。在经过一番思考后我想到了一个场景，即界面的设计还原度不尽如人意。于是我决定研发的第一个工具就是设计稿还原度检测工具，目的是让前端工程师可以高质量地还原体验设计师输出的界面。我设想它的使用方式大约是这样子的：该工具的屏幕被分为左右两个区，左边为设计稿输入区，右边可以打开前端工程师实现的设计界面，通过单击界面上的"一键检测"按钮，该工具就按约定规则开始检测。若该工具检测到左右两个区中有一处不匹配，就会提示还原度不够，并将不同之处标注出来，在流程上将设计界面退回去让前端工程师进行优化。

当我将这个想法和团队成员分享的时候，有位同事提出了一点："与其事后检测，不如事前规避。"这让我眼前一亮，于是我们就"事前规避"进行了探讨（这衍生出另一个工具），包括做这件事情的意义、哪些角色会使用衍生出的工具、怎么使用衍生出的工具等。最终我们决定研发可用于事前规避的工具。原因在于，我最初设想的"设计稿还原度检测工具"被体验设计师认可，但并不被前端工程师认可。对体验设计师来说，设计稿还原度检测工具毫无压力地解决了提升设计稿还原度的问题；而对前端工程师来说，在快要发布成果的时间节点才让他们知道还有界面需要优化，他们是绝对不能接受的，这会影响他们的及时交付率。

由此说明，虽然我们发现了企业级设计体系存在的问题，但选择在什么阶段将这些问题解决掉，将使得我们所要研发的工具是不同的。若阶段选择错误，不仅会浪费研发资源，也会导致落地效果不佳。

明确工具的具体定位

在思考研发哪些工具的过程中，我还想到很多工具，如智能图标生成工具、包容性检测工具、体验度量工具等。我们可以很明显地发现，它们之间是零散的、不成体系的。而且我对它们的具体定位并没有思考得十分清晰，对于它们之间是否有交集也不清楚。

俗话说，要集中优势兵力打一处。想了那么多工具，到底要集中资源优先做哪个呢？做完一个工具对做另一个工具的影响是什么呢？这些我都没想明白，一度思考了很久。我总觉得每一个工具在企业级设计体系中都有其存在的意义，不可被忽视。而事实上，要把这些工具都做完，需要投入的时间和人力资源是相当多的。

于是，我开始思考这些工具它们各自要解决什么问题，以及它们的定位是什么。依托用户调研及对现有痛点的认识，我梳理出一张用户对企业级设计体系的痛点清单，这是我们规划工具的输入项。企业级设计体系的工具规划要做到在满足用户需求的前提下，将每个工具进行准确的定位，并且将工具之间的相互关系梳理好，编制一张工具地图。

Ant Design 的工具地图全面，非常值得我们学习，可以打开我们的思路。图 4-11 为我依据网络公开资料整理的 Ant Design 的工具地图。从中我们可以发现，Kitchen 的定位是提升设计者工作效率的 Sketch 工具集；Ant Design Pro 的定位是中后台前端 / 设计解决方案；AntV 的定位是数据可视化解决方案；云凤蝶的定位是可视化建站工具（目前已对外关闭）。它们的定位各不相同，协同解决 B 端数字界面存在的各种问题。

综上所述，规划企业级设计体系工具地图需要思考两方面：一方面是明确解决问题的阶段，在不同阶段解决同一个问题，就会涉及不同的工具，最终我们要权衡研发资源、各方利益等来明确在哪个阶段配置相应的工具；另一方面是明确工具的具体定位，只有将工具的定位规划清楚了，才能更加清楚如何规划工具的各项功能。

图 4-11　Ant Design 的工具地图

4.4.2　以刚需为依托

以刚需为依托是指我们在工具构建上不可追求大而全，而是要从解决刚需着手。只有符合实际需要的工具，才是有效的工具，我们切不可为展现设计体系的强大，构建一堆并无实际效用的工具。追求大而全的工具构建，不仅浪费研发资源，也起不到正向的提效提质作用，反而让使用者非常痛苦。

继续以我们之前提到的设计稿还原度问题为例。我们期望体验设计师能正确地使用基础组件来构建符合设计规范的数字界面，同时又期望前端工程师在拿到设计稿后，能较高程度地还原设计稿。然而，在实际调研中我们发现这都实现不了。

第一，关于体验设计师为什么无法构建出符合设计规范的数字界面的问题。其原因是，虽然基础组件丰富且文档翔实，并且还配套了典型界面等非原子级资产，但对体验设计师来说（特别是新手设计师），要很快地将它们牢牢记住，并且在设计时根据场景灵活使用，还是较为困难的。我经过多次观察发现，即便是参与了设计体系构建的体验设计师，在很多细节上也未必都记得住。例如，查询模块与表格的间距是多少，界面左侧树控件的默认宽度是多少，页面表单主次按钮的位置在哪里，等等。

还有，当任务量很大时，体验设计师为了快速完成任务，没有时间细想规范到底是什么，更不用说去翻文档找资料了。这就导致数字界面一眼看过去和设计规范较为匹配，但是经不起推敲的。

随着设计体系的资产与规则越来越多，想要让使用者达到灵活使用的目的越来越困难。即便我们在最短的时间里补充了文档供使用者查阅，使用者也不可能学习和消化得那么快。这就会出现一个情况，即设计体系的内容成为摆设，无法落地到实际产品中。

第二，关于前端工程师为什么无法较高程度地还原设计稿的问题。其原因有三个：第一，由于 B 端场景的特殊性，前端工程师不像重视 C 端界面还原度一样地重视 B 端界面的还原度，他们认为 B 端界面只要实现功能即可，无须和设计稿一致；第二，前端工程师面对大量的功能性需求，对体验设计类需求往往会调低优先级，如注重导入功能，但导入功能是用图标显示还是用文字显示不会完全依据设计稿；第三，一部分前端工程师由后端工程师兼任，后端工程师对前端工作不熟悉，就会容易忽视设计稿的还原度问题。

在调研期间，大家反馈，目前确实存在上述两个问题，解决这两个问题非常迫切。

于是我就思考，能否用工具的自动化能力来替代一部分人工进行作业。为了把想法变成现实，我们团队开启了探索之路——同业学习、内部调研、痛点分析。中间我们遇到了很多困难，在此不再赘述。每一天我们都在研究如何可以在不打破现有设计与研发流程的情况下，让工具真正地为双方所用。最终，该工具在一些产品团队中被用了起来，获得了大家的认可。这在一定程度上让我们离"体验设计师构建出符合设计规范的数字界面、前端工程师较高程度地还原设计稿"更近了一步。

由于我们发现了刚需，才让工具在被研发出来后很快就有了种子用户。企业级设计体系中可创建的工具很多，但我们不是全都要研发，而是要有选择地研发，真正为产品提质升效赋能。

4.4.3 以流程为抓手

我们构建设计体系的相关工具，是希望大家能够将其用起来，而不是束之高阁。因此我认为，一方面，构建工具需要以企业内部的实际刚需为依托；另一方面，我们要以流程为抓手。

我们在工作中会发现这么一个现象，即不纳入流程的事情，我们通常会忘记或怠慢。例如，领导没有说要将每周五下午作为团队周例会的固定时间，在每周五下午我们就会安排其他事情，更不会主动对当周的工作内容进行复盘。工具若不能成为员工日常工作流程的一部分，就很难真正被用起来。

因此，我们要规划两种工具：一种是非流程性工具，一种是流程性工具。例如，智能图标生成工具、设计资产集成工具、智能配色工具等属于"锦上添花"的工具，是非流程性工具；而设计稿转码工具、设计与研发协作工具等，属于流程性工具。对于工具是否归属流程，要根据企业的实际情况来定，如果企业对设计稿还原度不关心，那么无须将设计稿转码工具纳入流程。通常来说，企业期望将哪款工具纳入流程中，哪款工具就属于流程性工具。

对企业来说，能被纳入流程的工具，一定是非常重要的。企业非常期待这样的工具能发挥出真正的价值，在提效之余还能提升数字界面的质量。

当然，将工具纳入流程可以一步步来，不一定直接就将其纳入企业级层面，可先在团队、部门等层面试运行。在看到使用效果不错后，再慢慢地将其纳入整个企业级层面。我们可以将把工具纳入流程作为一个目标去实现，工具只有进入流程，才会因经常被使用而接收到用户的反馈，才有不断优化与迭代的条件。没有被纳入流程的工具，只会被大家慢慢遗忘。

4.4.4 以 MVP 为突破口

在团队明确了工具的主要定位、解决的核心问题、涉及的端及使用人群后，我们开始一步步研发工具。在研发的过程中我们发现，为了在约定的时间点推出该工具，让一部分种子用户先使用，必须确定该工具在推广时的核心功能。我们无法在将工具的全部功能研发出来后再给用户使用，一部分原因在于将全部功能研发完需要的时间很长，甚至无法计算（我们一边研发一边想出无数新点子）；另一部分原因在于我们也担心在将工具给用户使用后，很多功能要推翻重来。因此我们决定一期只开发核心功能（采用 MVP方法），跑通工具核心闭环，验证我们自己的猜想。同时我们通过分析用户使用中的反馈来优化工具，通过不断帮助用户解决问题，获得工具定位方向的调整与工具本身能力上的进步。

在以 MVP 为突破口按时完成工具一期的构建后，我们开始向种子用户推广，这就给团队带来了两个好处：第一，先试点后铺开，有利于我们集中精力解决当前用户的问题；第二，试点一家解决一家问题的方式，能让我们在推广第二家乃至第三家的时候，能提供一个更加好用的工具。这其实是滚动式解决问题的方法。借助用户的使用与反馈，我们逐渐弄清了工具的核心定位。原来我们想研发的很多功能，因为用户不需要而被砍掉了；当然，很多原来没想到的功能，因为用户的需要而被研发出来了。

现在，我会使用 MVP 的方法，将工具的核心定位和功能梳理清楚，通过先试点后铺开的方式，在解决用户实际问题的过程中逐渐提升工具的能力与适应性。

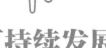

4.5　知识布道，协同共建可持续发展的设计体系

与企业级设计体系直接有关的干系人主要分为构建方与使用方。构建方是指主导构建企业级设计体系的团体，使用方包括体验设计师、产品经理、前端工程师等。最熟悉企业级设计体系的莫过于构建方，但企业级设计体系的各要素不能仅在构建方内部流转，还需要进入使用方的日常工作中，如此才能真正提升 B 端数字界面的用户体验。当然，更重要的是，这样才能协同共建可持续发展、具备活力的设计体系。

知识布道是指通过将零散的知识整合为完整且有价值的知识，并将其传递给特定对象的过程。同时在传递知识的过程中，我们不应仅限于内容本身，还应注重宣传某种理念，竭力使设计体系的理念真正融入大家的内心，从而使大家在行为上能够自主实践。

4.5.1　分享会

在我主导构建企业级设计体系的这段时间内，我观察到一个现象，即不是每一个人都在一开始就认同构建企业级设计体系这件事。有一部分成员在思想上持反对态度，认为企业级设计体系毫无用处，只会限制体验设计师的发挥。如果这些成员是企业级设计体系的使用者，就会在很大程度上影响设计体系的推广和落地。和他们交流，也大概率会以不愉快和失败告终。他们说得最多的一句话就是："我们的工作已经很多了，没有时间来使用企业级设计体系。"遇到这种情况，我们要怎么办呢？我想，分享会是一种值得一试的方法，这也是我在持续分享过程中感悟到的。

以企业级导航框架的布道为例。企业级导航框架被推出，并不是一帆风顺的，也遇到了许多问题。例如，有些成员觉得企业级导航框架对产品的价值提升无帮助，有些成员觉得企业级导航框架没有包含他们想要的功能，等等。实际上，这些问题反映了成员不了解企业级导航框架的构建理念、构建目标、期望解决的问题，以及其与业务产品之间的边界与关系。

于是我收集了大家对企业级导航框架的各种问题，做了一次关于企业级导航框架的分享会，从而让大家全面地了解导航框架。自从那次分享后，大家对企业级导航框架有了更多了解：一开始以为只有 A 功能，原来还有 B 功能；发现了很多功能是可配置的，极大地提升了企业级导航框架的灵活性；知道了如何针对原有的企业级导航框架做二次开发，等等。从此，他们对企业级导航框架的困惑减少了，并且在使用过程中，大家也能顺畅地与设计体系构建方交流了。

记得有一位体验设计师，提出很有价值的建议，帮助我们一起来构建更加好用的企业级导航框架。其设计的一个产品，由于集成的系统较多，菜单数量也多，用户要在如此多的菜单中找到其常用的几个菜单是较为困难的。虽然我们的企业级导航框架已经有了针对菜单的模糊搜索功能，但并不那么易用。于是使用方提出了常用菜单收藏功能，用户只需要操作一次，日后就可以轻松使用了，再也不用每次在搜索框中找自己想要的菜单。这个建议我们采纳了，用户很喜欢用这个功能。

在有了企业级导航框架的分享会经验后，我开始制订企业级设计体系不同模块的分享计划。后来，我们团队陆陆续续完成了基础组件、图标、典型界面等的分享会，使企业内部成员建立了对设计体系的深层认知，共建好用、易用的设计体系。

在持续进行的分享会中，我逐渐明白：对从来没有接触过设计体系的使用者来说，其对设计体系有自己的认识是一件很正常的事情，无所谓对错和好坏，只是大家所拥有的经验与所站的立场不同而已。如果我们期望他们能与我们一起来正向促进设计体系的发展，就需要从构建方的角度将有关设计体系构建与持续发展的理念传递给他们，通过进行持续、友好、有价值的输出，让双方的思想慢慢碰撞出火花。

4.5.2 官方网站

官方网站，简称官网，是政府、企业、社会团体、产品或个人在互联网上建立的传达其内容的独立网站。目标用户通过官网可以详细了解网站主体的情况，并做出相应的决策。

我们当时建立企业级 B 端设计体系的官网有三方面的考虑：第一，将设计资产的方方面面放到官网上，供使用者随时使用；第二，设计资产内容繁多，我们希望将设计资产是什么、如何使用设计资产写清楚，供使用者根据自身需求学习和了解，减少团队每天解答同一个问题的次数；第三，借助官网的特点，将我们对设计体系的日常分享、思考聚拢到此处，起到持续传播的作用。

在建立官网初期，最困扰我的是如何搭建网站信息架构的事情。如何组织所拥有的零散信息，以一种对使用者来说友好的方式呈现给他们。在分析设计体系的特点、使用者的反馈，以及借鉴了其他官网的信息架构后，最终我们规划了首页、设计、问答、分享、公告这五个模块。

首页。为了让用户在进入网站后能快速了解企业级设计体系是什么，以及快速找到自己想要的信息，我们对首页的信息内容呈现花了不少工夫。在经过用户调研与内部讨论后，我们将官网首页主要划分为六部分，分别为品牌宣传部分（包括 Banner 与四个快捷入口）、设计价值观宣导区、设计体系入口、高频使用的设计资产快速下载区、设计文章分享区和合作伙伴部分。我们在设计官网首页时要先明确官网首页主要承载的职责，我认为其由两部分组成：一是对品牌理念的宣传，通过宣传品牌理念，可以让用户更熟悉所宣传对象的思想内核及价值；二是给予用户一些快捷入口，这些入口一方面是用户高频使用的入口，另一方面是我们希望用户去使用从而提升对品牌的认知的入口（这些入口通常与运营、业绩考核上的需求相对应）。可以说，首页是官网的核心页面，设计好它有助于提升用户对所宣传对象的认可度与接受度。

设计。设计模块主要承载设计体系的所有核心内容，包括设计原则、全局视觉、图标库、基础组件、典型界面等。通过对设计体系所涵盖的核心内容进行全面梳理，使用者可以更好地自助学习与完成数字界面的设计。在后续的调研中我们了解到，在有了官网后，体验设计师遇到问题会自己到设计模块学习和解决，并且可以更完整地了解相关原理，比原来直接找设计体系构建者咨询更方便。这也致使我们将更多有价值的内容梳理出来并呈现到官网中，提升体验设计师使用设计体系的便捷度。

问答。问答模块是指将设计体系构建方日常遇到的高频问题汇聚起来，并给出全面回答的地方。构建这个模块的初衷也是减少我们回答相同问题的工作量。我们梳理日常的高频问题，先除去重复问题，将问题本身精简化与归类，再将每个问题的标准答案一一梳理好，最后将之呈现到问答模块中。后来我们遇到相同问题，就无须逐一打字回复了（效率低），而是直接将官网链接发给问问题者，让他们到相应的地方去查找答案。问答模块不仅提升了我们的工作效率，让我们将更多时间花到设计体系的核心能力构建上；对问问题者来说，也可以获得更加完整和全面的回答，而不再是零碎的答案了（零碎的答案有可能会遗漏一些关键信息）。问答模块也是一个需要迭代整理的模块，随着设计体系的内容越来越丰富，使用者要解决的问题就会越来越多，这需要我们有意识地将高频问题及其答案纳入问答模块中。

分享。分享模块输出了我们设计体系团队对 B 端体验设计方方面面的思考，可以说这是传播 B 端体验设计理念的绝佳场地。在设计体系推广中我们发现，很多研发流程中的角色，其实对 B 端体验设计非常陌生，他们认为 B 端体验设计就是美化界面样式的。

此认知较为片面，实际上 B 端体验设计是非常体系化的。分享模块能够让大家真正了解 B 端体验设计可以为产品带来哪些价值，以及体验设计师专业化的工作是如何展开的，这也反向提升了大家对企业级设计体系的认知度。

公告。我们将设计体系的迭代、设计体系重要的通知信息都放在了公告模块中，方便大家随时掌握设计体系的动态。一开始，官网是没有这个模块的，后来当设计体系的内容越来越多，并且一些内容是大家必须知晓的内容的时候，就产生了这个模块。

在官网推出一段时间后，我调查了一些体验设计师与产品经理对官网的满意度、使用频率、使用模块等方面的情况。在他们的反馈中，让我最深刻的三点是：第一，对 B 端体验设计有了更深刻的认知，发现原来 B 端产品设计是一门学问；第二，遇到不懂的问题，去官网找答案，非常高效；第三，设计资产有 Sketch 和 Axure 版本，非常实用。

当然，他们也对官网提出了一些比较不错的建议，我们在经过内部讨论后愉快地采纳了这些建议。例如，他们期望设计资产迭代的更新日志能更加详细，并且能将对应的设计资产版本显示出来。原先我们只放了最新的设计资产，但这不利于他们进行多版本之间的比较。再如，原先我们内部对设计体系需求的接收和处理流程不对外公开，导致提需求的人无法知晓需求处理到哪步了，后来我们将这些都公布到了官网上。

通过搭建设计体系的官网，除了让用户对设计体系有直观的认识，我自己也在这个过程中受益与成长。

4.5.3　社区和官方群

社区和官方群也是知识布道体系中不可或缺的部分，我将社区和官方群放到一起讲，是因为它们都属于与用户互动的场景，只是与用户互动的频率不同。社区属于低频互动场景，设计体系构建方在社区发帖，用户可以选择性回复，进行互动；官方群（如钉钉官方群）属于高频互动场景，用户可以随时在群里与设计体系构建方或其他小伙伴探讨有关设计体系的问题，当然构建方也可以发一些临时的信息到群里。对有些内容来说，可以在社区与官方群双发，如设计体系运营活动类内容。

下面简单说下我自己对社区和官方群的理解。

首先来说社区。社区是知识布道体系中推出最晚的模块，一个原因在于我们一开始将重心放在了分享会与官网的打造上，另一个原因在于我们确实没有想到社区也可以成为设计体系知识布道的一个阵地。后来我们在推出了"体验设计周周看"模块后，为了提升用户的参与度，想到了社区的形式。"体验设计周周看"是以每周发布的形式将信息传递到用户侧的，因此采用官网发布的形式触达率就不高（发布到官网，不做推广，很可能大家都不知道），采用官方群发布的形式只能触达群内的部分成员，也有弊端。于是我们想到了社区的形式，社区是大家经常逛的地方，若我们在此发布内容，就会覆盖一部分非官方群中的成员，并且能为官网导流，基于此，社区成了我们进行知识布道的场所。

社区始于"体验设计周周看"，但没有止于"体验设计周周看"，我们在此基础上还衍生出 B 端体验设计的其他内容，来丰富整个设计体系的内涵与外延。

接着来看官方群。我们构建官方群早于官网。大约在设计体系推广之初，我们就有了官方群。官方群的主要作用是向群内成员（初期成员主要是体验设计师与设计体系的相关使用者）传达设计体系的重要通知，如设计体系的更新情况、设计体系的分享会等。随着设计体系被越来越多的企业内成员了解，很多喜欢设计体系的人加入了官方群，他们来这里的主要目的是学习，于是我们也会在群里额外分享一些优秀的体验设计内容。当然，也有一些小伙伴在使用设计体系遇到问题后，会直接在群里咨询我们。对于简单的问题，我们会直接回答；对于较为复杂的问题，我们会记录下来，后续单独回复给提问题者。可以说，官方群聚集了一群对设计体系热爱的人，他们一起在小小的群里探讨大大的话题，一起共建 B 端数字界面的体验设计解决方案。

社区和官方群虽然在与用户互动时一个低频、一个高频，一个相对正式、一个相对灵活，但正是它们之间的差异，才让企业级设计体系可以以不同的面貌出现在大家面前，让大家全面地感知设计体系，共建与创新设计体系。

4.5.4　多渠道布道

以上提到的分享会、官方网站、社区、官方群是知识布道体系中较为正式的渠道。分享会可以通过定期举办的方式向受众传达特定的主题内容；官方网站可以承载设计体系中最有价值且在一定时期内稳定的内容，向受众传达设计体系的品牌理念；社区由构建方主导，与用户进行特定的互动；官方群是四种渠道中最为灵活的一种，构建方与用户可以随时在官方群内沟通与交流。

若我们期望大家都能积极地参与到设计体系共建的场景中，除了以上几个正式渠道，我们还应不遗余力地拓展其他渠道。稻盛和夫说他从京瓷创立之日起，就立志要让京瓷称霸全球新型陶瓷业。为了达成这个目标，他不断向自己的员工传达此梦想，包括在日常工作中、在联欢酒会上、在会议上，久而久之，原来的个人梦想在潜移默化中成为全体员工的梦想。从稻盛和夫的做法中，我得到了启发，我和我的团队也借助任何合适的场合，向潜在目标群体传达企业级设计体系本身的价值，以及他们使用设计体系可以获得的价值等内容。虽然潜在目标群体不会因为我们传达了几次就接受我们传达的内容，但时间长了，持续传达真的可以产生一定的影响。

在我完成设计体系插图资产的设计理念分享后，有很多小伙伴来找我要插图资产的源文件及 PPT，他们期望能在产品中直接使用这套插图，以及根据设计规范拓展插图组件及场景。有一位同事与我说道："原来我一直对设计体系抱有不太认可的态度，虽然你们团队一直在不遗余力地传播设计体系，但我从来不曾认真地去了解它，直到你今天分享了插图资产。你们的设计思路很棒，也可以被运用到我现在要做的事情上。"听到这位同事的反馈，我的内心是激动的。我与团队的努力没有白费，越来越多的人开始认可设计体系，我由衷地感到欣慰。

我一直希望自己能在提升 B 端体验设计重要性方面贡献一份绵薄之力，而持续传播企业级设计体系就是其中一部分。在 2021LIGHT 开发者云大会上，我对企业级设计体系做了相关的介绍；在我的微信公众号"知果日记"中，我也在持续传播 B 端体验设计的价值；在带领团队的过程中，我会与成员每周专门就企业级设计体系进行讨论，探讨如何让企业级设计体系变得更好。可以说，把企业级设计体系打造好，进而提升产研效率与数字界面的用户体验，就是我和我的团队的使命。为了完成使命，不遗余力地多渠道传播企业级设计体系，是必经之路。

第 5 章

组建企业级 B 端体验设计团队

随着企业级设计体系在企业内部逐渐运转起来，组建企业级 B 端体验设计团队也被提上日程。要想做好一件事情，就需要有一个专门的组织来运作，对这件事情进行统筹规划。

在我的认知当中，只要产品（我将设计体系也看成产品）被使用，即便不再新增功能，研发该产品的团队也需要预留一些成员充当客服的角色，解决用户在日常使用产品时遇到的问题。这会让用户觉得该产品团队很靠谱。这也是我想要组建企业级 B 端体验设计团队的初衷。

后来，随着我们在 B 端数字界面上需要面对及解决的问题越来越多、越来越复杂，我越来越感觉有一个专门的团队来运作这件事是必要的，哪怕这个团队是只有几个人的小组。一方面，我们需要解决用户日常遇到的问题；另一方面，我们需要走在 B 端体验设计的前沿，把 B 端体验设计思维传播出去，把 B 端体验设计的最佳实践分享给大家，把企业级设计体系越建越好。

在本章中，我将针对组建企业级 B 端体验设计团队这件事，分享一些自己的感悟和心得。

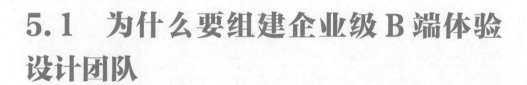

5.1 为什么要组建企业级 B 端体验设计团队

不同的企业组建企业级 B 端体验设计团队的目的是不同的，但有一个目标应该都是一样的，即提升产品的用户体验，使产品最终获得用户的信赖，扩大产品的品牌影响力。

组建企业级 B 端体验设计团队的优势包括专门的企业级 B 端体验设计团队可以把控设计结果的专业性与一致性；可以将可被复用的设计资产进行归纳和汇总，从而提升设计效率；可以消除一些信息偏差，从整体层面规划一些设计要素；等等。

接下来，我想通过展现企业级 B 端体验设计团队的发展历程，来简单讲解组建企业级 B 端体验设计团队的好处。当然，这并不是说每个企业都要有这样一个团队，我们还需要从企业的实际情况出发去考虑。

5.1.1 企业级 B 端体验设计团队的发展历程

在整个 To B 行业中，体验设计有越来越被重视的发展趋势，即从原来的产品功能导向，到现在转变为逐渐认可体验设计在产品中的作用。基于这一趋势，企业级 B 端体验设计团队也经历了从无到有的发展过程，甚至慢慢成为产品研发协同团队中不可缺少的部分。我将企业级 B 端体验设计团队的发展分为六个阶段，即零阶段、外包阶段、重点产品阶段、产品线阶段、事业部阶段、企业级阶段，如图 5-1 所示。

零阶段

零阶段是指企业还没有体验设计团队，企业的产品主要由研发工程师主导完成。研发团队拿到需求后会直接使用开源组件库来构建界面，跳过了让体验设计师设计数字界面的过程，这使得产品的研发效率很高，但也埋下了隐患——上线后产品的体验问题层出不穷。开源组件库只能解决产品功能上的问题，无法解决产品体验方面的问题。

图 5-1　企业级 B 端体验设计团队的发展阶段

企业不需要体验设计团队是由多方面原因造成的，不同企业的原因也不尽相同。原因可能是产品本身的特性，可能是企业发展阶段，也可能是企业对节约成本的考虑。我了解到，不需要体验设计团队的企业一般是创业型企业，它们更加注重产品功能的完善，在快速将产品推出市场后再进行产品体验的优化。当然，还有一些企业已经初具规模了，也没有体验设计团队，很大一部分原因在于企业管理者对体验设计不重视。

没有专门的体验设计团队或体验设计师来把关产品的用户体验，从短期来看可能对企业并没有大的影响，但从长期来看，特别是当用户规模越来越大时，体验问题就会凸显出来，从而让产品的口碑变差。

外包阶段

外包阶段是指企业没有体验设计团队，但是将一部分产品的界面设计外包了出去。通常企业内部的产品经理会先将原型图画好，然后让外包的体验设计师来完成数字界面的视觉风格设计。如果外包的设计团队或体验设计师能力强，也会参与部分非核心界面的交互设计。

有成本考虑的企业会将体验设计这个环节外包出去，不过这从侧面反映出该类型的企业对 B 端体验设计存在一定层面上的认可，至少认为数字界面视觉设计是需要专业人士来做的，而非研发工程师通过开源组件库就可以完成的。毕竟数字界面视觉设计是一项专业的工作，里面蕴含着非常多的专业知识，包括亲密性、重复、对比、对齐、一致性等设计原则，只有具备职业素养的体验设计师才能游刃有余地运用这些原则，从而设计出符合用户心智的界面。

企业将体验设计环节进行外包，优点是节约人力成本，缺点也是显而易见的。外包的体验设计师不了解产品的业务逻辑、核心能力、整体规划，因此无法给出产品数字界面设计上更深层次的建议和指导（如优化业务流程、优化交互细节、优化信息布局），只能优化数字界面视觉风格。可见，虽然外包阶段比零阶段有了进步，但对于要提升产品用户体验的目标来说，依然是不够的。

重点产品阶段

重点产品阶段是指企业开始有了正式的体验设计师来专门负责重点产品的界面设计，此时通常是一名体验设计师跟进一个重点产品。当然，企业的重点产品不会很多，因为只有可以为企业带来稳定现金流，并且能在行业中产生相应影响力的产品才算是重点产品。

为企业重点产品配备专业的体验设计师，意味着企业管理者已经看到了 B 端体验设计的价值，已经认为体验设计是可以让产品的用户体验变得越来越好的。他们期望体验设计师与产品经理密切配合，在深度理解产品整体规划、产品业务逻辑、产品目标群体等的基础上，不仅实现产品界面视觉设计上的优化，而且实现产品交互体验上的提升。

这属于体验设计师的职业技能范畴，需要真正发挥体验设计师的专业能力，企业级 B 端体验设计团队的雏形由此形成。

企业为重点产品配置一名专业的体验设计师，这是一件值得赞扬的事情。产品体验从原来由研发工程师负责，转为由真正的专业人员保驾护航，不仅解放了研发工程师，让他们专注于技术领域，也让体验设计师负责起他们本应该负责的工作内容——产品体验设计。产品团队的每一位成员各司其职，为设计出用户喜爱的产品共同努力（产品经理做规划，体验设计师负责用户体验，研发工程师负责解决技术难题），这真的太好了。

不过，当企业的重点产品不止一个时，每个重点产品都需要配备一名体验设计师，这就会带来可复用资源的消耗。举个简单的例子，A 产品与 B 产品没有交集，但 A 产品与 B 产品在体验设计层面有很多可复用的能力，这就导致在该阶段会重复做很多事情。同时，好的体验设计策略也无法及时得到共享，对提升产品的用户体验来说并不友好。

产品线阶段

产品线阶段是指企业开始有了初步的体验设计团队，并由其来负责某条产品线的体验设计工作，该团队少则有 2~3 名设计师，上不封顶。通常一条产品线包含多个产品，这些产品之间有一定的关系，或者属于同一类型，或者支持同一业务场景。产品可单独售卖，也可集成销售。

企业为产品线配置专门的体验设计团队，可见企业对 B 端体验设计价值的认可程度是非常高的。企业管理者相信提升产品线的用户体验，必须依靠专业的体验设计团队。该团队基于用户调研、竞品分析等手段，从整体层面规划产品线的体验设计，给予产品线上的各产品一致的用户体验。

不过，产品线阶段与重点产品阶段有些类似，即企业不会为每条产品线都配置体验设计团队，会从产品线对企业的重要性的角度来衡量。通常只有重点产品线才会有机会被配置体验设计团队，普通的产品线要么会有一两名体验设计师，要么没有，这一切都取决于企业对产品线本身的规划。

为产品线配置体验设计团队的企业，一定是看到了产品线上各产品用户体验统一的重要性。我的一位体验设计师朋友告诉我，他们就处在该阶段，原因在于管理层意识到要将这些产品集成销售，就必须统一其用户体验，包括视觉体验和交互体验。他说用户曾提过这么一个问题：“为什么在同一个产品中，很多相同功能的交互是不一致的？”当售前人员将这些信息带回产品团队时，他们意识到了要将分散在各个产品中的体验设计进行统一管理，进而全面规划产品线的体验设计策略。例如，首先解决产品间风格不一致的问题，接着解决产品间相同功能交互不一致的问题，最后逐步打磨便于用户使用的数字界面。

可见，处于产品线阶段的体验设计团队可以做很多对产品、对用户有价值的事情，包括统一视觉体验与交互体验、让产品间集成后的体验更流畅、让优秀的设计策略可以被共享和复用等。都说团队的力量比个人大，进入产品线阶段，也就进入了团队作战的阶段，团队可以为产品线用户体验的改善提供源源不断的力量。

事业部阶段

事业部阶段是指企业为每个事业部，或部分重要的事业部配置了专门的体验设计团队，来提升整个事业部所涉及的产品的用户体验。事业部级别的体验设计团队的成员数量根据事业部产品数量的多少进行配置，少则 5 人，上不封顶。事业部级别的产品是根据其所服务的客群进行划分的，体验设计团队要根据产品的划分情况给予相应的支持。基础原则是要保证属于同一个类别的产品的用户体验是一致的，因为它们服务于同一客户群体。

现在初具规模且对 B 端体验设计有一定要求的企业，都会在事业部层面建立属于自身的体验设计团队。事业部层面的体验设计团队除了输出设计稿，还需要拥有用户研究、竞品分析、体验规划、共性抽取等更为高阶与全面的能力。事业部层面的体验设计团队只有拥有全面的体验设计能力，才能为事业部用户体验的提升全面助力。

在处于事业部阶段的体验设计团队中，体验设计师可以说是各怀绝技，有些擅长用户研究，有些擅长交互设计，还有些擅长视觉设计，总之他们互相协作，共同把一款产品做好。在我的团队中，我们会对一款 B 端产品进行竞品分析、用户调研、交互设计、视觉设计等。同时在此过程中，我们还会考虑产品设计资产的复用问题。我们不仅要让产品符合用户习惯的操作模式，还要考虑设计与研发工作的高效性，以及数字界面各项资源（如体验设计师资源、研发资源、测试资源等）的有效配置。总之，体验设计已经不是一件单纯绘制数字界面设计稿的事情，而是一件需要整体审视的事情。

企业的事业部拥有体验设计团队，不仅能保证同一产品线上产品用户体验的一致性，还能保证非同一产品线上的产品之间能互通优秀的最佳实践，相互赋能。在将新产品立项后，我们需要考虑是否可复用原有的设计资源，包括导航框架、基础组件、典型界面、插图资产等。对 B 端产品来说，数字界面设计侧的共性比个性多，因此我们需要优先考虑原先沉淀下来的设计资产是否可被复用，若不可被复用，再统筹规划新产品的数字界面设计。

企业级阶段

企业级阶段是指企业专门设立了一个企业级 B 端体验设计团队，或从某个部门的体验设计团队中划拨出一部分成员组成企业级 B 端体验设计子团队，来从事企业级产品的相关体验设计。一方面，企业级 B 端体验设计团队的成员数量取决于要服务的目标对象所涉及的具体内容的多少；另一方面，企业级 B 端体验设计团队和产品团队一样，需要提前做好核心工作的年度规划，从而确定团队的人数。

能建立企业级 B 端体验设计团队的企业，对 B 端体验设计的认识已经达到了一定的高度。一方面来自所服务客户对体验设计方面的重视；另一方面来自企业管理层的思维变革，他们意识到 B 端产品不再处于功能完善即可售卖的时代了，更何况对一款产品来说，也不可能达到任何功能都可以覆盖的程度。由于互联网的跨越式发展，信息不再闭塞，客户在对产品展开咨询前，可能早就对比与试用了数款同类产品，我们的产品如何在这些产品中胜出，影响因素（如价格、售后、功能、性能等）颇多，体验已经成为其中一个至关重要的因素。我接触的一些用户，均属于比较在意产品的颜值与用户体验的用户，好的用户体验可以极大地提升用户在任务操作中的效率。

企业建立 B 端体验设计团队，可以说不仅是一场组织架构层面的改革，还是一场产品研发流程侧的变革。若一名产品经理或研发工程师经历了从体验设计团队的零阶段到企业级阶段，就会发现前后的工作方式发生了很大的变化。在零阶段，产品经理处理完需求，可直接给研发工程师安排任务，研发工程师只需要按照需求与开源组件库研发界面；但到了企业级阶段，B 端体验设计团队作为产品研发流程中专业且至关重要的角色，衔接了产品经理与研发工程师，全面负责 B 端数字界面的设计。B 端体验设计团队从产品经理手中接过需求，打磨数字界面的交互体验与视觉体验。与此同时，该团队还会全盘考虑用户画像、设计策略、资产复用、界面一致性等事项，最终给出数字界面的解决方案。在完成专业的数字界面设计后，该团队把设计稿交到研发工程师手上。此时，研发工程师不可再按照自己的心情来实现界面，而是要保证实现的界面与设计稿的一致性。虽然这拉长了产品研发流程，但由专业角色各司其职的 B 端产品研发方式，确实提升了产品的界面质量与用户体验。

在服务 B 端产品的过程中，我发现，经过体验设计师与产品经理反复推敲确定下来的数字界面设计稿，若被研发工程师高度还原，那么界面在用户处通常反馈过来的都是小问题，如命名优化、颜色优化、新增一个小功能等；有些产品因工期要求没有找体验设计师持续输出界面，仅由研发工程师直接开发，通常用户就会反馈很多体验上的问题，并且有些问题的影响面还很大，如用户要求整个产品返回功能的位置保持一致，那么我们就需要全面排查。

最后我想对 B 端体验设计团队的发展阶段做个总结。不论是零阶段、外包阶段、重点产品阶段、产品线阶段、事业部阶段，还是企业级阶段，它们都有存在的意义，从本质上来说，无所谓对错，就看企业根据现状更适合采用哪个阶段的模式。对 B 端创业型团队来说，处于零阶段和外包阶段的概率比较高；对具有一定规模的企业来说，处于产品线阶段、事业部阶段、企业级阶段都有可能。

我认为组织架构只是一种形式，对体验设计师来说，特别是对体验设计团队的管理者来说，应该有体验设计的架构思维。有了架构思维，哪怕组织结构还未发展到企业级阶段，但我们的体验设计意识已经朝着该方向走，在一个宏观的角度考虑 B 端体验设计的事情。

5.1.2　组建企业级 B 端体验设计团队的 4 个原因

我在刚开始带领团队负责企业级 B 端体验设计能力的构建与推广时，团队规模还比较小，团队职责主要是提升事业部内 B 端产品的用户体验。可以说，那时还没有真正专职的企业级 B 端体验设计团队来做这个事情，每位体验设计师都是身兼数职，一方面要处理日常的 B 端产品设计工作，另一方面要腾出时间来思考企业级 B 端体验设计能力该如何构建。这导致没有一位团队成员可以全身心地投入到企业级 B 端体验设计能力的构建上，不论是设计方案的质量，还是设计方案的进度，都受到了严重的影响。

企业级 B 端体验设计团队的核心职责在于，面向企业级 B 端体验设计能力的构建与推广，团队内的每一位成员都不可将自己看成被动接受设计需求的一方，而是要有主人翁精神，主动从体验设计的顶层视角来规划、推动、迭代企业级 B 端体验设计能力。因此，专职的企业级 B 端体验设计团队可以解决设计方案的质量与进度的问题。

为了将企业级 B 端体验设计能力的构建与推广做好、做扎实，我打算组建专职团队。后来，我确实从专职团队中受益良多，包括设计方案细节考虑更加全面和完整、用户调研可以从容展开、需求处理更加及时，等等。

接下来，我将和你分享组建企业级 B 端体验设计团队的 4 个原因。

缜密规划构建内容

组建企业级 B 端体验设计团队，可以让团队成员有充分的时间来规划企业级 B 端验设计能力的每一项内容。

我从来不将构建企业级 B 端体验设计能力看成一项普通的设计任务，这不是简单地设计一下视觉风格和界面交互就可以完成的事情。我认为其就是一个产品、一个解决方案，我们需要思考如何站在更加整体与全局的视角来输出大到设计原则、小到一个组件交互的解决方案。此时，就需要有人来专门规划这些内容（如调研、整理、分析），有人来专门验证这些要规划的内容的合理性，有人来专门牵头与业务部的产品团队评审这些内容。而且到了后期，当体验设计能力地图包含的范围越来越广时，每一块或者某几个部分就需要有专门的体验设计师来负责统筹规划。否则，越往后，企业级 B 端体验设计能力就越容易建不好、建不稳。

记得在初期我的团队的成员还少时，我主要负责整体规划，并拨出了两位体验设计师来负责此项工作，他们需要一边规划所负责的模块，一边进行日常设计工作。在很多时候，他们因为日常设计工作较多，所以在企业级 B 端体验设计能力构建上投入的时间就相对少了，同时也影响了规划的质量。

这是我着手组建企业级 B 端体验设计团队的一个最重要原因，让大家能专心地投入到企业级 B 端体验设计能力的构建上。产品规划的好坏决定了后续执行的结果，俗话说："三分战略，七分执行"，讲的就是这个道理。我们不可以随意规划就投入执行，而需要在规划期缜密思考。

扎实做好推广工作

组建企业级 B 端体验设计团队，可以让我们在推广企业级 B 端体验设计能力的时候准备充分，扎实推进。

在构建企业级 B 端体验设计能力的过程中我发现，仅仅将各方面的体验设计能力产出还远远不够，还需要推广。就像在小巷里有一家做家常菜很美味的餐厅，若餐厅主管不对其进行宣传和推广，又怎么能招揽更多的食客呢？想要让更多的产品团队认可并使用我们的体验设计解决方案，我们就得精心设计推广方案，做好推广工作。

那么问题又来了，进行日常产品设计工作的体验设计师能否胜任此项任务呢？我们在实际操作中发现，初期是可以的。由于初期企业级体验设计能力的范围小、内容少、理解门槛不高，进行日常产品设计工作的体验设计师也可以胜任推广工作。后期随着企业级 B 端体验设计能力的覆盖面越来越广，若不是对推广工作非常熟悉的体验设计师，就很难输出合理的推广方案。推广环节也是需要花费体验设计师不少时间的，例如，体验设计师需要把控推广的范围、人群、节奏，撰写推广的文案，设计推广的海报，等等。同时在推广中，体验设计师还需要和用户频繁沟通，解决用户的疑问。因此，组建企业级 B 端体验设计团队迫在眉睫。

在 4.5 节中，我们提到了对企业级设计体系进行知识布道，这就是推广工作的一部分。知识布道涉及的筹备分享会、构建官网、运营社区和官方群，都属于推广工作。

用心服务每一位用户

组建企业级 B 端体验设计团队，可以让我们有足够的时间与精力服务好每一位使用 B 端产品的用户。

越来越多的产品团队具备了企业级 B 端体验设计能力，随之而来的是越来越多的用户反馈、用户咨询、用户吐槽。此时，安抚用户的情绪、解决用户的问题，变得尤为重要。而要做好这些事情，也需要专门的体验设计师。

为了更好地服务使用我们产品的用户并解决他们的日常疑问，我们团队有专门的体验设计师来对接用户。我按照事业部的维度，安排了不同的成员进行对接与服务，并且我们团队内部会以周例会的形式同步各自遇到的问题及相应的解决办法，以保证其他成员在遇到同类问题时可知晓如何处理。我有时候会和团队成员说笑："我们仿佛从体验设计师变为了客服。"大家相视一笑，点点头。

我们团队从幕后走向台前，通过主动用心服务每一位用户，将企业级 B 端体验设计的理念传播出去。

与外部团队高效协作

组建企业级 B 端体验设计团队可以让我们在与外部团队协作的过程中变得高效。

我们在构建与推广企业级 B 端体验设计能力的过程中，需要频繁地与外部团队协作。例如，与测试部门协作，一起进行 B 端数字界面的一致性验收，输出测试报告并推进界面体验优化。

在协作中，若成员对整体情况不熟悉，那么在资源协调中就很难推进。同时，协调相关资源并推进一件事情落地，需要持续跟进与处理，没有专门的团队将很难把事情落实到位。

记得在构建企业级 B 端体验设计能力的初期，很多与外部协调方面的事情我只能自己做。一方面是因为团队成员少，他们更需要投入界面设计工作中；另一方面是因为团队中只有我对这块的现状，以及要怎么做更加清楚，我自己去协调会更加高效。但越往后，我们要与外部团队协作的事情越多，只靠我一个人完全无法进行。举个简单的例子，A 部门和 B 部门在某一天某个时间点都需要我去讨论企业级体验设计的事情，由于一人无法两用，我只能选择放弃其一，或让其中一个部门另选会议时间。但有了专门的团队后，大家都很熟悉这方面的事情，那么就可以我去 A 部门开会，让另一位体验设计师去 B 部门开会。会后，我们可以同步关键信息。

组建企业级 B 端体验设计团队可以让我们有序地展开日常工作，与外部团队高效协作，最终推动企业级 B 端体验设计能力快速提升。

小结：聚焦职责，提升方案质量

通常，我们要想把一件重要的事情做到极致，必须有专门的团队来一心一意地做这件事情。

组建企业级 B 端体验设计团队，可以让每一位体验设计师明确岗位的核心职责，促使体验设计师的岗位职责从混合（任何设计任务都做）向聚焦（专心做企业级 B 端体验设计能力构建的事情）转变，从而促进企业级 B 端体验设计能力朝着越来越好的方向发展。

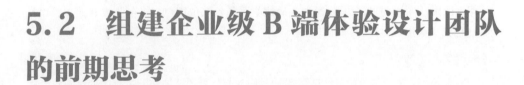

5.2　组建企业级 B 端体验设计团队的前期思考

组建独立的企业级 B 端体验设计团队的优势在于，该团队将构建卓越的企业级 B 端体验设计能力作为目标，有专门的成员用全部时间来达成让数字界面设计变简单的使命。下面我将从何时开始组建团队、团队的组织架构、团队的核心职能、组建团队的基础要素四方面来分享组建企业级 B 端体验设计团队的一些思考。如果你也准备组建企业级 B 端体验设计团队，希望这些对你有所启发。

5.2.1　何时开始组建团队

关于企业级 B 端体验设计团队何时组建的问题，不同企业给出的答案不一样，这与每个企业的实际情况、企业的战略方向有着密切的关系。对于一些创业型企业，或规模不大的企业，或产品很单一的企业来说，无须组建企业级 B 端体验设计团队。而当企业内部产品数量很多（特别是有中台产品），产品之间会互相集成时，就需要思考组建企业级 B 端体验设计团队了。

组建团队的时间点有两个：一个为一开始；一个为过程中。如何理解这两个时间点，它们的优劣势又是什么呢？下面我们一起来看看。

一开始

一开始是指企业级 B 端体验设计团队在企业级 B 端体验设计能力构建之初就成立了。在这种情况下，企业管理层通常对构建企业级 B 端体验设计能力非常笃定，并将其视为企业战略之一。管理层信心满满，想通过构建企业级 B 端体验设计能力来提升产品的用户体验。

优势。企业在一开始就建立专门的团队来负责从 0 到 1 构建企业级 B 端体验设计能力，会让整个规划更加有整体性、合理性、计划性与落地性。团队中每一位成员对自身的岗位职责非常清晰，不会被其他与构建企业级 B 端体验设计能力无关的事情干扰。

劣势。在还未知企业级 B 端体验设计能力能做成什么样子的情况下就组建专门的企业级 B 端体验设计团队，会导致投入大量人力资源，最终却不一定能见到实际的落地效果。当然，能在这块上花时间探索的企业，对该点应该有所预见。

我的建议。组织若对构建企业级 B 端体验设计能力势在必行，并且高度认可企业级

B 端体验设计给企业带来的价值，且不惜给予团队相对宽裕的试错探索时间，那么还是可以在有构建企业级 B 端体验设计能力这个想法之初，就开始组建企业级 B 端体验设计团队的。在刚开始组建团队时，团队人数可以根据实际业务的需要确定，不适合大范围扩招，配备一名体验设计架构师和若干体验设计师即可。体验设计架构师负责企业级体验设计能力的规划，体验设计师负责用户研究、设计资产构建等工作。

过程中

过程中是指企业级 B 端体验设计团队并不是在构建企业级 B 端体验设计能力之初就有的，而是在构建企业级 B 端体验设计能力的过程中逐渐形成的。在这种情况下，一般是企业管理层想做此事，但又不确定此事是否可以切切实实地提升 B 端产品的用户体验，因此出现了过渡期。如果做得好，就有可能形成专门的团队；如果效果不佳，事情本身就会被搁置。

优势。企业通过组织现有团队的部分人力，尝试去构建企业级 B 端体验设计能力，可以降低试错成本，避免在声势浩大地招兵买马后，还没有做出较好的结果，最后还得考虑这批人的去留。这与产品设计中的 MVP 方法不谋而合。MVP 方法是在以低成本快速实现核心功能后，顺势将产品推向市场，交给用户去验证产品的可行性，之后通过用户访谈等方法获取用户对产品的体验反馈，并基于此快速迭代产品。最初企业通过组织现有人力来构建企业级 B 端体验设计能力，也是一种通过低成本尝试并验证最初思路可行性的方法，一旦验证构建企业级 B 端体验设计能力的方向没有问题，就可以投入资源展开做了。

劣势。这也存在一定的劣势，即抽调出来的现有人力并不是全职在做这件事情，因此无法全身心投入，会导致各方面想得不够全面，或整体进度受影响。

我的建议。对想构建企业级 B 端体验设计能力，但又不确定其能带来的价值且预算有限的企业来说，可以采用此方法。我建议企业对加入该项目的体验设计师给予一定的目标与考核要求，同时也给予相应的资源支持，帮助他们尽可能快和准地达到预期目标，为之后企业级 B 端体验设计能力的提升打基础。应该从现有体验设计团队中抽取多少个成员来做此事，没有具体的规定，只要符合现阶段的业务发展诉求即可。但在成员选择上，应选择对构建企业级 B 端体验设计能力有一定了解，并且对企业产品现状熟悉的成员，特别是主导者，更要具备这两点。

5.2.2　团队的组织架构

企业级 B 端体验设计团队既可以算是新事物，也可以算早已有之。说它是新事物，是指并非所有企业都有该团队，或者有该团队的企业还没意识到自己有这么一个团队存在。说它早已有之，是指很多企业其实有这么一个团队存在，但称呼不同或干的事情与本书写的有一些区别，导致大家认为它不是企业级 B 端体验设计团队。

对有企业级 B 端体验设计团队的企业来说，它们的组织架构也千差万别，处于持续演化中。企业在组建企业级 B 端体验设计团队的时候，应该根据自身的实际情况做出最佳选择。

我从两个维度来讲解该团队的组织架构：一是团队整体组织架构，二是团队内部组织架构。团队整体组织架构分为独立模式、从属模式；团队内部组织架构分为聚焦模式、混合模式。

团队整体组织架构

团队整体组织架构是指企业级 B 端体验设计团队是作为独立团队存在，还是隶属于某功能团队。

（1）独立模式。

独立模式是指企业级 B 端体验设计团队不隶属于其他团队，如产品团队、研发团队等，其与它们属于平行关系，拥有独立规划及执行的权利，团队负责人直接向部门经理汇报。

优势。这种模式的好处在于，企业级 B 端体验设计团队拥有较大的自主权，可以从头开始建立自己对内和对外的协作流程，形成团队独特的文化与价值观，从整体上规划企业级 B 端体验设计能力的方方面面，而不是在设计能力的规划上，需要听从其他团队的安排。同时，企业会认可企业级 B 端体验设计的价值，在资源上会支持企业级 B 端体验设计团队，从而助力团队获得成功。

劣势。若该团队的组建是在企业经营到后期才进行的，会出现其规划出来的体验设计能力很难落地的情况。毕竟企业内那么多产品已经拥有自己的设计规范了，再按照企业级设计规范的要求调整，推进阻力可想而知是非常大的。产品团队会认为以前的设计规范很好，为什么还需要调整？这就需要企业级 B 端体验设计团队进行布道，从思想维度和最佳实践维度来影响其他团队的看法。

（2）从属模式。

从属模式是指企业级 B 端体验设计团队隶属于其他团队，如基础组件研发团队、产品规划团队。例如，由于企业级 B 端体验设计能力的很大部分需要由基础组件研发团队实现，因此其属于一个团队也相对合理；又如，构建企业级 B 端体验设计能力要遵循产品规划，那么将企业级 B 端体验设计团队放在产品规划团队下也说得过去。

优势。以企业级 B 端体验设计团队隶属于基础组件研发团队为例，这种模式的好处在于双方目标一致（以构建企业级 B 端体验设计能力为大团队目标），双方通过密切配合，在最初就可对体验设计方案达成一致，不至于在后期推进设计方案落地的时候产生矛盾。

劣势。由于企业级 B 端体验设计团队直接向基础组件研发团队负责人汇报，会导致一些设计方案妥协于基础组件研发团队的技术实现能力，企业级 B 端体验设计团队的独立性、自主权不够。当然，这也要看基础组件研发团队负责人期望将企业级 B 端体验设计能力构建到什么程度，若基础组件研发团队负责人非常看好其价值，那么就会倾斜资源来协助企业级 B 端体验设计团队。

团队内部组织架构

团队内部组织架构是指企业级 B 端体验设计团队内部的组织架构形态。

（1）聚焦模式。

聚焦模式是指企业级 B 端体验设计团队的职责唯一，即构建企业级 B 端体验设计能力。团队内的每一位体验设计师都在为该目标努力，绩效考核也非常聚焦，只在该范围内。

优势。团队职责聚焦有助于大家专注目标，集中所有资源在构建企业级 B 端体验设计能力上，不会有其他事项干扰团队。这就好比一个产品团队，其下辖产品有很多种，就容易造成目标不聚焦，资源投入分散，执行结果不佳；如果产品唯一，就可以集中优势兵力专攻一处。

劣势。团队在构建企业级 B 端体验设计能力的过程中非常需要业务反哺，除了输出体验设计标准，还得依靠业务输入用户的实际使用场景。若体验设计标准是建立于团队自我想象之上的，那么注定无法为业务赋能。因此，若企业级 B 端体验设计团队中有只懂标准构建、不懂实际业务场景的体验设计师，则其输出的体验设计标准很有可能为"空中楼阁"。

（2）混合模式。

混合模式是指企业级 B 端体验设计团队的职责不唯一，即除了需要承担构建企业级 B 端体验设计能力的职责，还需要承担日常的产品体验设计任务。这又引申出团队内的两种分工模式：一种为团队内的体验设计师一部分聚焦构建企业级 B 端体验设计能力，一部分承担日常的产品体验设计任务；另一种为每位体验设计师都会承担部分构建企业级 B 端体验设计能力的任务，只是每个人承担的任务的百分比不同。混合模式的优劣势与聚焦模式恰好是相反的。

优势。由于团队同时承担了日常的产品体验设计任务，因此可以获得充分的实际业务场景，熟知不同场景下用户的使用习惯。团队可通过每周例会的方式，互通目前产品在实际使用企业级体验设计能力中遇到的问题，定位问题是出在标准上，还是出在业务使用上。若问题出在标准上，那么需要改进标准；若问题出在业务人员身上，那么通知其进行修正。

劣势。在团队职责不唯一后，由于需要兼顾多个目标，会导致无法集中资源打一处。有时候，日常的产品体验设计任务非常多，不得不动用原本用来构建企业级 B 端体验设计能力的资源，这就导致其进度受影响。

5.2.3　团队的核心职能

企业级 B 端体验设计团队的核心职能是构建企业级 B 端体验设计能力，企业级 B 端体验设计能力主要包括规划能力、建立设计资产、研发工具、制定流程、推广能力、定义协作、迭代创新。

规划能力

团队需要从企业顶层视角来规划企业级 B 端体验设计需要具备的能力范围，只有规划合理，符合企业战略、产品规划、客户需求，才可在后续的执行中输出有效的结果。由于每个 B 端企业所服务的业务领域不同，因此团队规划的企业级 B 端体验设计能力需要与业务领域匹配。

我在第一次尝试规划企业级 B 端体验设计能力时，也有很多考虑不周全的地方，不是少考虑了什么，就是多考虑了一些价值不大的内容。在经过多次评审和调整后，我获得了一些心得。例如，规划要分长、中、短期，长期注重创新，短期注重落地。再如，我们在进行规划时要与协作团队互通，不可闭门造车，保证我们的规划属于协作团队规划的一部分，进而保证规划可以较为顺利地推进下去。

关于规划我有一些实战心得与你分享。

第一，规划前需要调研。我们在规划企业级 B 端体验设计能力前，要去调研，只有经过调研的规划才具备后期的落地能力。我带着团队成员研发工具，提前对不同岗位上的人员进行了可行性调研，包括事业部总经理、前后端工程师、体验设计师。正因为前期调研充分，才让我们有幸获得了一批种子用户——在研发阶段，他们就来问可不可以试用产品。因此，我们需要通过调研来明确用户最在意的体验痛点是什么，并基于此展开规划。

第二，规划时需要互通。一些规划是需要跨部门协作的，若不提前沟通，会让协作方没有时间采取有效措施来协助我们，最后导致规划完不成。

第三，规划要能落地。规划不能停留在纸上，最终要能落地。因此，我们在进行规划时要考虑到落地的可行性。只有每次的规划都能较好地落地，才能获取领导后续的支持。

建立设计资产

设计资产是企业级 B 端体验设计能力中不可或缺的部分。在前期，体验设计团队将大部分时间都用在了建立设计资产上。虽然 B 端已经有非常多的开源设计资产供我们使用，但我们依然需要逐一判断其是否符合企业业务的需求，然后从 0 到 1 地梳理一套符合企业自身需要的设计资产，其中包括与开源组件库一致的设计资产，也包括我们自定义的设计资产。

关于建立设计资产我有一些实战心得与你分享。

第一，克制。我们在建立设计资产时，一定要尽可能克制，不可来一个需求就做一个，这会导致后期资产数量急剧上升，使得构建方的维护难度和用户的使用难度都加大。只有将资产数量控制在一定范围内，才有利于双方。

第二，关注交互。在大多数时候，我们对设计资产的关注聚焦于视觉层面，如果我们想切实提升数字界面的用户体验，就不得不花更多的时间来关注资产的交互，小到一个组件，大到一个业务流程。在和客户交流的过程中我发现，他们其实更关注交互，好的交互可以切实提升用户完成任务的效率。

第三，提取共性。建立设计资产的过程，就是提取界面设计共性的过程。我们发现的共性及创造的共性越多，就越能提升数字界面设计的效率与质量。

研发工具

工具可以提升产品经理、体验设计师、研发工程师的协作效率，以及 B 端数字界面设计的质量，因此研发相应的工具也是企业级 B 端体验设计团队的职责。

在带领团队尝试研发工具的过程中，我也积累了一些心得。

第一，不建议在企业级 B 端体验设计能力构建之初就开始研发工具。此时，基础设计资产庞杂、用户反馈设计资产不易用、产设研效率低下等痛点并没有集中爆发出来，因此研发工具为时过早。我们始终要记得，工具是为解决用户痛点服务的，不能为了多一个工具好看而研发工具。

第二，我们研发工具应采用 MVP 方法，在通过低成本快速实现核心功能后，顺势将产品推向企业内部使用，交给用户去验证产品的可行性。我见过太多一上来就堆技术的产品，往往结果都不太好。在《B 端思维：产品经理的自我修炼》中，我也提到过如何确定最小可行性范围。我们可以遵循以下原则："少了某些功能，产品就无法正常使用，这些功能要做；多了某些功能，产品没有之前使用起来更好，并且又增加开发成本，这些功能不做。要做刚刚满足用户需求的核心功能。"

第三，研发工具可以考虑从点到面进行，怎么理解从点到面呢？也就是在研发工具时，我们可以先单点突破，保证某一款工具可以解决用户的某个痛点，在有了一定的用户基础后，再去扩展工具集，形成工具生态，最终助力产设研提效，提升 B 端数字界面设计的质量。

制定流程

流程在我们日常的工作和生活中无处不在，写文章有流程，设计海报有流程，处理需求有流程，甚至简单到画一朵云也是有流程的。

有句话说："大厂之所以为大厂，很大一部分原因在于流程和方法。"是的，流程对一件事情能否被做好，起到了至关重要的作用，有章法，才能打胜仗。在将部分企业级

B 端体验设计能力向外推广后，我们遇到了很多问题：如何判断需求是属于企业级体验设计范畴还是属于业务团队可自行处理的范围；确定一致性验收标准应该在产品研发的哪个环节。由此，我开始着手梳理一些关键的流程，来让工作变得更加合理。

在制定流程方面，我也有一些心得体会要分享。

第一，尽可能不要颠覆式地创新流程。很多流程具有行业标准，或有类似公开的流程模式，我们可以基于企业的情况调整流程，而不应颠覆式地创新流程，这样流程推行下去也比较有保证。例如，我们之前确定的"当业务团队提出组件优化需求时，我们处理这些需求的流程"，就参考了网上公开的流程模式。

第二，尽可能不要设计冗余流程。冗余流程是指我们为了做而做形成的流程，这些流程通常无法带来有效价值。冗余流程并不会提升日常工作的效率，反而会让简单的事情变复杂。

第三，不要在流程上设计过多无用环节。一条流程不是环节越多越好，很多时候过多的环节反而会导致一项很简单的工作要花很长时间才能取得最终结果。我就在长流程中吃过亏，因此我特别在意流程的精简性，只有流程精简、环环必需，才是一条好流程。

设计流程是一门大学问，特别是对企业级 B 端体验设计团队这样的新兴团队来说，很多流程都需要从头开始设计，以保证团队事务的有效运行。

推广能力

在一款 B 端产品的核心功能被研发完成后，销售顾问就需要去市场上推广了，这才有机会让用户接触到它，从而提出改进建议。企业级 B 端体验设计能力就像一款产品，也需要有人专门去推广，才能让用户认识它，进而使用它，这个职责就落到了企业级 B 端体验设计团队的身上。

如何推广企业级 B 端体验设计能力，让大家愿意尝试使用，也是一门技术活。我也有一些心得要分享。

第一，确定种子用户。在将产品（企业级 B 端体验设计能力）准备就绪后，我们要确定将产品优先推广给哪些种子用户使用，让他们作为第一批用户，为产品优化提出改进建议。待种子用户的使用相对稳定后，我们便可以铺开推广，让产品的覆盖面越来越广。

第二，准备推广材料。通常，我们在推广的三个阶段都会用到相关材料，包括介绍企业级 B 端体验设计能力的资料、设计资产的详细介绍文档、一些有助于用户理解的展示视频等。我们只有将这些材料都准备完善了，才有了推广的基础。在推广中若全靠口头交流，则会让用户觉得我们不够专业，也不够重视本次交流，因此提前准备全面的推广资料就很有必要。在推广工具的时候，我除了准备文档资料，还专门做了一段几分钟长的小视频。我发现，用户通过看视频理解工具的特性、功能比看文档快多了。

第三，拟定推广话术。我们约好了用户，确定了沟通的时间、地点，万万不可就这样去见用户了，还需要提前准备推广的话术，让用户接受我们的产品。由于推广采取的是一个接一个用户的推广模式，而不是集体宣讲模式，因此话术可以调整和优化。例如，我们若发现前几个用户都问了同一个问题，那么就说明大家都很关注该问题，我们可以专门准备这个问题的答案。

定义协作

企业级 B 端体验设计团队内部的协作，以及其与外部团队的协作都非常重要。该团队有职责将内部成员间的协作模式及其与外部团队的协作模式进行梳理，从而保证日常工作的有序展开。我会在 5.3 节详述该部分内容，这里我简单分享下心得。

第一，本着互相获益的原则。在双方的协作中，最基础的原则就是互相获益，没有一个人或者一个团队，会放弃自己的 KPI 而无私地帮助对方完成 KPI。因此，在协作之初，我们就要考虑好能为对方带来哪些价值，戳中对方所需，展开友好协作。

第二，明确协作目标与范围。在协作中，双方需要明确协作要达成的目标，以及要达成目标需要完成哪些事情。若协作非常随意，双方都不知道做某件事情的目标与意义，那么协作大多会草草结束，无法获得较好的结果。特别是在多方协作中，目标一定要统一。记得我们在推进一致性验收标准的时候，就牵扯到多方协作，我们属于主导方和推动方。刚开始我们经验不足，对目标和范围把控不准，导致在一段时间内反复做一件事，后来总结了经验，就顺利多了。

第三，明确各方在协作中的具体职责。各方在协作中的具体职责是需要明确的，否则会出现要么没人做，要么都去做一件事情的情况。前者会导致事情长期没有进展，后者会导致重复做一件事，浪费资源。因此，最好的方式是大家分工协作，一方主导，其他方配合，高效推进事情向前发展。

迭代创新

迭代创新是指企业级 B 端体验设计团队有职责去迭代现有的企业级 B 端体验设计能力，以及通过创新方式为 B 端数字界面设计带来新的解决方案，最主要的目标是建立可持续发展的企业级 B 端体验设计能力。因此，在迭代创新中，企业级 B 端体验设计团队需要明确迭代机制、创新方向。

我们以基础组件为例。当基础组件被投入产品中使用时，会因为无法满足业务场景、用户使用场景的需求而引发很多问题，这些问题需要通过建立迭代机制来解决。而长期小步地迭代基础组件终究不是唯一要做的事情，我们还需要思考要提升 B 端数字界面的用户体验，还有哪些事情值得做。

在迭代创新上，我也有一些心得要分享给大家。

第一，在迭代上，建立边界。建立边界是指我们需要明确哪些需求属于企业级 B 端体验设计能力的范畴，只有范畴内的才合适做。这里可以使用服务核心产品法则，我们可以重点服务为企业带来 80% 收益的那 20% 的核心产品，并且聚焦其高频、刚需的场景去做。对于其他不属于企业级 B 端体验设计能力范畴的需求，可以开放给产品团队自主定义。

第二，在迭代上，把握优先级。在我们明确哪些需求需要真正受理后，在实现中也得将这些需求排优先级，毕竟设计资源、研发资源有限。我在这里分享一个"满意度、重要度四象限图"来帮助大家排迭代需求的优先级，如图 5-2 所示。需求对用户满意度高、对产品重要度高，我们可采取马上行动的态度；需求对用户满意度高、对产品重要度低，我们可采取优先改进的态度；需求对用户满意度低、对产品重要度高，我们可采取保持关注的态度；需求对用户满意度低、对产品重要度低，我们可采取暂不理睬的态度。

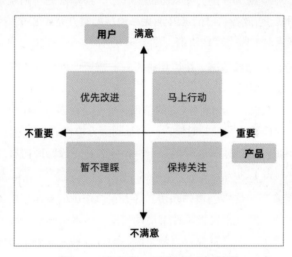

图 5-2　满意度、重要度四象限图

第三，在创新上，从价值出发。我们在创新时，要考虑创新对企业级 B 端体验设计能力的提升有无价值，也包括对使用能力的产品团队来说有无价值，还包括对用户来说有无价值。我们构建企业级 B 端体验设计能力不是在进行艺术创作，而是在输出解决方案。

第四，在创新上，让团队成员共同参与。很多管理者会认为，创新是自己要去思考的事情，团队成员只需要执行就可以了。我很认同华为的一个观点：让听得见炮声的人做决策。管理者通常距离一线较远，对每天发生的具体事情并不清楚；而团队成员们奋战在一线，对实时状况非常了解。因此，在创新上，需要团队成员一起来讨论，给予他们发表自己见解的机会。有时候我们会发现，他们的很多想法都不错。

5.2.4　组建团队的基础要素

要想成功组建企业级 B 端体验设计团队，企业需要具备一些基础要素，主要包括产品现状、外部环境、企业文化、客户需求、资源支持、人员配置几个维度。

产品现状

产品现状是指企业当前的产品情况是否满足了构建企业级 B 端体验设计能力的要求。若产品还在探索阶段尚未被推出,或产品之间互不相关(业务领域不相同,又无集成需求),则无须构建体系化的企业级 B 端体验设计能力,企业也就无须组建企业级 B 端体验设计团队。采用灵活的体验设计策略,更符合企业目前的需要。

外部环境

外部环境是指企业级 B 端体验设计团队在企业外部的运作模式。只有了解具体的情况,我们才能在组建与管理团队的过程中少犯错、少走弯路。同时,让管理者了解外部环境,也会加强其对组建团队的支持。例如,Ant Design 体验技术部的运作模式,就对我们组建团队有很高的参考价值。

企业文化

企业文化是指若企业要组建企业级 B 端体验设计团队,需要有一定的文化土壤,即企业从上到下是如何看待企业级体验设计这件事的。组建团队需要获得企业管理层的大力支持,以及企业内部主要成员(如产品团队、研发团队、测试团队)对该事的认可与理解。如果没有这些方面的支持,企业级 B 端体验设计团队在处理一些事情的时候会较为困难。同时,管理层及主要成员要理解,企业级 B 端体验设计团队可以用他们的专业能力提升数字界面的用户体验,但并不能解决数字界面上的所有问题。

客户需求

客户需求是指企业所服务的目标客群对 B 端数字界面的体验抱有何种态度:是能用就行,还是对体验的一致性、易用性有很高的要求。现在很多 B 端产品是由多个子系统集成的,并且客户对产品数字界面的一致性要求很高,这也在一定程度上促使企业思考组建企业级 B 端体验设计团队,统一各产品的数字界面设计规范。

资源支持

资源支持是指当企业打算组建企业级 B 端体验设计团队时,需要考虑相关资源是否已经准备就绪。例如,若设计团队与研发团队是分开的,那么就要考虑企业级基础组件应该由哪个团队落地,以及哪些产品先使用企业级基础组件。相关资源若没有被安排妥当,就会出现协作凌乱、规划无法有效推进的情形。

人员配置

人员配置是指在组建企业级 B 端体验设计团队时,企业需要考虑团队人选从哪里来,是从企业内部挑选,还是从企业外部招聘。这里需要特别注意,团队最核心的人物(负责人)需要提前选定,并让其知道自己的核心职责与需要达成的目标。

5.3 建立团队内外的高效协作模式

企业级 B 端体验设计团队需要处理的日常工作事项，与我们常规意义上认为的工作事项不同，其需要站在更高的视角去统筹规划、协调组织，这需要建立一些协作模式，来保证日常工作的高效运行。协作模式大体分为团队内部的协作和团队外部的协作两大类。

5.3.1 团队内部的协作

为了提升团队内部的协作效率，以及促使团队更好地服务于用户，我们可以采取小组制度、周共创会、互审制度和虚拟队长等协作模式。

小组制度

小组制度是我带领团队在处理一个又一个的临时专项任务时总结出来的一种非常有效的协作模式。小组通常由 2~3 位体验设计师临时组成，他们需要共同解决一项为期 3 天以上，甚至按周计算的任务。

以 3 位体验设计师组成的小组为例：其中一位是队长，他负责把控临时任务的目标、安排具体任务、跟踪进度与拿到结果；另外两位是具体做事的组员，我通常会安排一位对该任务熟悉的体验设计师，再安排一位对该任务不熟悉的体验设计师（但不代表他是新手设计师，只是对该领域不熟悉而已）。如此安排的目的是期望大家通过完成临时任务的方式，来逐步了解企业级 B 端体验设计能力的全貌。当某位体验设计师临时有事的时候，会有其他体验设计师迅速顶上，不会耽误了事情的进度。

《行动学习催化秘籍》一书提到："人们通过小组的形式，解决重要的个人、团队、组织的社会挑战或难题，并且在这种积极改变现状的过程中学习。"可见，团队在面临临时专项任务时，可形成以任务为单位的小组，形成共同目标，齐心协力解决问题，并促进团队成员的自我成长。

周共创会

企业级 B 端体验设计能力涉及的内容非常繁多，这些内容由不同的体验设计师来负责，这就会导致他们只对各自所负责的部分熟悉，对其他成员负责的部分几乎不知。但这些内容之间又有关联性，如典型界面是由原子级的基础组件组成的，若负责基础组件的体验设计师将其进行了更新，而负责典型界面的体验设计师并不知晓，那么典型界面的最新版本与基础组件的最新版本就对不上了，用户在使用中就会产生疑问。

因此，每周一次的共创会就非常重要了，其不仅能让团队成员知晓企业级 B 端体验设计能力目前的最新情况、用户的当周问题反馈及其解决进度，还能让大家借此机会进行思维碰撞，共同思考如何将企业级 B 端体验设计能力构建得越来越好。

我们在构建企业级 B 端体验设计能力上的很多好想法，都是在周共创会上被提出来的。我对每周的共创会非常期待，作为一名管理者，我看到大家每周都会拿出自己遇到的问题，并与其他体验设计师探讨，期望获得更好的解决方案，感到无比欣慰。

周共创会可以让团队成员知晓集体力量的强大，摆脱自己单兵作战的思想，形成与团队共同思考、交流与解决问题的意识，最终产出优秀的成果。

互审制度

互审制度是指团队成员在完成任务后，会通过互审的方式来降低任务的错误率。通过互审，大家可以看到对方在执行任务中的所思所想、任务完成的完整度与质量等。互审制度作为一种团队内的协作模式，可以极大地提升任务的交付质量。

接下来我们来看看在进行典型界面设计时，是如何用到互审制度的。在典型界面一期完成后，由于基础组件陆续被调整，我们需要对典型界面 Sketch 文件进行同步更新。因涉及的更新点零碎、繁多，并且分布在不同的画板中（那时我们还未对典型界面 Sketch 文件进行 Symbol 化），我们需要 2~3 位体验设计师先梳理出需要调整的点，然后分工逐一进行修改。复杂的现状导致体验设计师可能会遗漏某些界面上的修改点，因此我们引入了互审制度。在大家修改完且自审没问题后进入互审环节。在互审中，通常都能发现一些问题，及时修正即可。

互审制度就像最后的一道保障机制，不仅保障了团队设计稿的产出质量，也保障了团队成员在专业方面的靠谱与严谨。

虚拟队长

一个人可以走得很快，一群人才能走得更远。在构建企业级 B 端体验设计能力的过程中，只有一个人去思考、去执行是无法走得更远的。在构建初期，很多事情我都是亲力亲为，这问题不大。但到了后期，我无法凡事都自己来做，因此，对于一些会在几个月，甚至更长时间内做的重要的事情，我会设立虚拟队长来负责，并设立一些虚拟成员配合完成。

例如，我们在做企业级设计规范中的换肤方案时，就设立了一名虚拟队长及两名负责执行的体验设计师。虚拟队长负责统筹规划方案并推进其有效落地，两名体验设计师负责执行具体的设计细节，保证满足方案的要求。

在虚拟队长的协作模式中，我有一个自己的思考：在实体组织架构层面，对一个团队来说，大部分都是执行侧的体验设计师；但对一名期待成长的体验设计师来说（组织更需要这样的体验设计师，这样才能让团队向上成长），他需要有机会去学习如何统筹规划一件需要多人协作的事情。因此，我采用了虚拟队长的协作模式来锻炼每一位体验设计师在协调组织、沟通协作方面的能力。这不仅符合体验设计师向上发展的要求，也符合团队的发展需求。

我通过观察发现，担任虚拟队长的次数越多、统筹协调能力越强的体验设计师，未来越有机会胜任实体组织的队长。

5.3.2　团队外部的协作

团队外部的协作主要包括企业级 B 端体验设计团队与业务团队的协作及其与其他团队的协作。

企业级 B 端体验设计团队与业务团队的协作

企业级 B 端体验设计团队与业务团队的协作主要围绕业务部产品团队与体验设计团队展开。于是，我们就需要思考双方之间的协作模式，明确协作边界，提升协作效率，最终达成大家认可的目标。

（1）对接人机制。

企业级 B 端体验设计团队需要对接多个业务部，这就需要明确团队方及各业务方的对接人，这样可以保证对接不凌乱，协作顺畅。

如果各方都没有明确的对接人，会导致两个结果：首先，团队方需要对接同个业务部的数个对接人，浪费了大量的对接资源与对接成本，还导致某些需求被遗漏；其次，由于团队方没有明确对接人，导致业务方在大多数时候都会找他们认识的体验设计师，整个协作就较为低效。

因此，双方需要采用对接人机制。首先，团队指定专门的对接人长期对接某个或某几个业务部；接着，业务部也指定专门对接人，来向团队提需求或进行咨询。这样，双方的对接流程和对接人就非常清晰了。

对接人机制其实并不是新事物，在产品研发流程中早已被用到。例如，客户将需求提供给产品团队，就用了对接人机制：一方面客户方需要明确提需求的人；另一方面产品团队需要明确处理需求的人。

（2）需求受理机制。

企业级 B 端体验设计团队属于基建型团队，是为各业务部产品的数字界面提供基础设施的团队。这里就会衍生出一个问题，即什么才是大家一致认为的属于基础设施范畴的内容，会不会存在有的内容模棱两可，边界不好确定。例如，有 10 个产品在用企业级基础组件，其中两个产品提出要某个基础组件增加某个功能，这样的需求是否要受理？这样的事情可以说每周都在发生，也很难避免，因此我们需要对需求受理原则进行界定，并按照此原则展开日常需求受理。

这里以基础组件为例进行说明。若业务团队发现企业级基础组件库中没有一个组件可以满足某业务场景的需求，期望新增组件入库，则此时我们是接受还是拒绝呢？我们按照需求受理机制，就可以处理此事。

首先，业务团队提交需求，说明需求产生的背景和期望的解决方案。

其次，企业级 B 端体验设计团队通过深挖需求产生的背景，判断需求是属于个性化需求还是属于通用性需求：若属于通用性需求（满足该需求后，其他产品团队也受益），则受理该需求；若属于个性化需求，则由业务团队自行实现。

最后，通知业务团队，一起沟通确认。这里要注意，业务团队是知晓我们的需求受理机制的，只有双方对需求受理机制都认可，才能有良好的协作基础。

（3）设计方案评审。

设计方案评审是指在受理需求后，我们需要设立评审机制来明确各业务团队对设计方案是否认可。

由于被受理的需求是我们认为可以被更多业务团队使用的，因此在设计方案出来后，需要业务团队的相关人员来参与评审。一方面，参与度越广，后续设计方案被使用的概率越高；另一方面，通过评审，我们可以获得各种建议，一些好的建议可以优化现有的设计方案。

如果是简单的设计方案，可以只给需求提出方评审，评审时间为设计方案完成后，评审方式为通过邮件或线上视频会议进行评审，最终通过结果同步机制同步给相关业务团队。如果是复杂的设计方案，我们可以每月安排一次评审会议（建议在相对固定的时间），将相关复杂需求的设计方案均放在该评审会议上评审，以线下会议为主，并要求业务团队的相关人员到场。

设计方案评审让业务团队的成员感受到了自己与构建企业级 B 端体验设计能力密切相关，让企业级 B 端体验设计能力朝着越来越好的方向发展。

（4）结果同步机制。

结果同步机制是指我们需要将更新的内容定期同步给业务团队，让他们可以及时获取并使用。结果同步也可以在固定时间、以固定渠道进行。我们会通过发邮件、更新官网日志、在官方群发消息等方式进行同步。多渠道同步的好处在于可以将更新的内容尽可能传达给更多的相关人员，避免他们因不知晓此次同步的内容，而影响了后续的产品设计。

对于发邮件，我们需要提前确定邮件的正文格式与附件格式，以及发送和抄送的人员。对于更新官网日志，我们需要写明更新的具体要点、更新版本，便于使用者自助查阅。对于在官方群发消息，我们需要梳理发送出去的内容的格式，每次发送只需要修改具体内容即可。在官方群发送消息时，可以同时将官网更新日志的链接放上去，让有需求者可以一键查看。

以上说的是在设计方案被确认后，结果同步的相关内容。还有一种需求不被受理的同步，此时我们可以依据 48 小时内回复的原则，及时与需求提出者沟通。

（5）资源调配机制。

我们期望更多的业务团队来构建企业级 B 端体验设计能力，因此，我们需要有相应的资源倾斜机制，来鼓励业务团队构建企业级 B 端体验设计能力。

以企业级基础组件为例进行说明。我们希望更多的业务团队来使用企业级基础组件构建 B 端数字界面，那么我们就需要在他们遇到基础组件使用上的疑问时，尽快找到相应的人员来解决。即便一时间无法马上解决，也要有专门的体验设计师进行需求的跟进、处理与反馈。所以，我们需要让业务团队知晓，只要他们有企业级基础组件使用上的疑问，就会有专人及时跟进并解决。

企业级 B 端体验设计团队若能调配好资源，就会有助于业务团队构建企业级 B 端体验设计能力。

企业级 B 端体验设计团队与其他团队的协作

企业级 B 端体验设计团队还会与企业内的其他团队进行协作，这些团队包括研发团队、测试团队、运营团队、标准管理团队、虚拟团队等。

每一个团队在企业中都有其主要职能，因此，我们可以借助其他团队的优势，来推动企业级 B 端体验设计朝着更好的方向发展。

（1）研发团队。

企业级 B 端设计资产若止于设计稿，不进行研发落地，就无法进入 B 端数字界面，更无法被呈现到用户侧。例如，设计团队需要与研发团队展开一系列协作方式，推进基础组件的落地。

设计团队与研发团队的协作会涉及组织设计方案评审、进行设计方案排期、推动设计方案研发、安排设计走查等环节。每一个环节都不容被忽视，前一个环节处理不当，会严重影响后一个环节的时效性和准确性。

在协作中，我们要允许研发团队对设计资产落地提出自己的思考。例如，交互是否可优化，交付周期是否可调整，设计方案是否有替代解法，等等。研发团队提出的问题，有些具有非常重要的参考价值，可拓展我们的设计思路。因此，虽然我们是研发团队的上游，但在真正协作中，我们要允许他们畅所欲言，一起通过沟通找到更好的解决方案。

（2）测试团队。

测试团队主要的职能是在充分了解需求的基础上，输出测试用例文档，并制定与执行测试方案，最终给出测试报告，为 B 端产品的质量、性能、安全保驾护航。

若我们想在测试环节加入关于数字界面体验设计方面的测试，如还原度、一致性、易用性等方面的测试，就需要与测试团队协作，同时还需要以主导方的身份发起测试。以发起一致性测试为例，设计团队需要首先给出测试的原因，即期望通过测试取得什么结果；其次给出测试的条目，即从哪些维度来测试数字界面的一致性；最后给出度量标准，即怎样算通过测试。在将这些都梳理好后，再与测试团队进行沟通，邀请他们进行一致性测试方案的评审、宣讲、落地。

当然，在某些时候测试团队也会主动与设计团队协作。例如，其期望提升产品的用户体验，此时就会主动与设计团队合作，看看可以从哪些方面来测试。不过，即便测试团队主动推动协作，但由于在该方面设计团队更专业，因此设计团队也是出大力的一方。

（3）运营团队。

官网可以帮助我们宣传企业级 B 端体验设计的方方面面，但官网渠道单一，覆盖人群有限，因此，我们需要借助运营团队的力量来推广企业级 B 端体验设计的内容，扩大覆盖面。

在与运营团队协作的过程中，我们需要注意以下几个事项。首先，由于企业级 B 端体验设计面向企业内部，因此投放的渠道一定是对内网站，这点要和运营团队讲清楚。其次，我们需要有计划地将需要宣传的内容梳理出来并交给运营团队。最后，我们可以和运营团队探讨想要取得的目标，由他们后续实现。

当然，运营团队会给我们一些建议，他们会根据自己的运营策略来安排内容的展现位置、展现时间、展现人群等，并使用一些方法推广内容。

（4）标准管理团队。

标准管理团队在不同企业中的叫法不尽相同，该团队的主要职责是推进标准评审与制定、协助标准发布及后续对标准进行维护与迭代。

若我们需要将企业级 B 端体验设计能力中属于标准的部分对企业成员发布，就需要标准管理团队来协助。企业级 B 端体验设计团队需要将相关内容梳理出来，然后将其提交给标准管理团队，由他们组织相关人员进行评审，并从标准规范的角度给予修改建议。

在与标准管理团队协作前，企业级 B 端体验设计团队需要对标准发布的相关流程与要求较为熟悉，否则很可能推翻重来。同时，该团队要站在企业级 B 端体验设计的角度，将一些关键要素传达给标准管理团队，其能更好地制定出符合企业级 B 端体验设计的相关标准。

（5）虚拟团队。

虚拟团队与以上所提到的研发团队、测试团队、运营团队、标准管理团队均不同，后四者属于实体团队，而虚拟团队在实体组织架构中不存在。虚拟团队是由某几个实体团队中的某些成员组成的，他们被安排在一起是为了在一段时期内共同完成一件事情。

虚拟团队的成员有业务部体验设计团队的队长、产品团队的产品经理，以及其他相关人员。他们平时在自己的岗位上工作，互相之间没有交集，但在处理企业级 B 端体验设计相关事项时，他们就组成了一支虚拟团队，展开相关的评审。他们的专业意见，可以说在企业级 B 端体验设计能力的发展上功不可没。

在与虚拟团队协作中我们需要注意，虚拟团队中的每一位成员都很忙，要凑齐他们不容易。因此，我们在与虚拟团队协作中需要把握度。例如，能线上沟通的不要通过线下会议，能用 30 分钟完成的不要延长到 1 个多小时，能先梳理好评审材料让大家提前了解的不要等到会议上才提出来。

5.4 团队运作企业级 B 端设计体系

组建企业级 B 端体验设计团队的主要目的是构建好的企业级 B 端体验设计能力给产品团队使用，从而提升产品的用户体验。而在企业级 B 端体验设计能力中，最核心的部分当属企业级 B 端设计体系。因此，本节就以企业级 B 端设计体系为依托，讲解团队如何更好地对其进行运作。

5.4.1 三类运作方式的优劣

企业级 B 端体验设计团队运作企业级 B 端设计体系的方式包括三类，分别是开放式、封闭式和半约束式。

开放式

开放式是指设计体系由产品团队选择性使用，企业级 B 端体验设计团队不强制要求产品团队必须使用。产品团队可以在此基础上衍生出设计子系统，来服务自身的产品。

优势。开放式的运作方式对设计团队来说比较轻松，无须特别关注设计体系中的资产是否符合企业产品的设计需求，设计团队应主要站在咨询顾问的角度来为产品团队提供 B 端数字界面设计的建议。

劣势。开放式运作方式说明设计团队对设计体系是否有产品使用完全没有要求与约束，若企业内部的产品有集成需求，最终以一个整体产品交付给客户，那么采用开放式就不太合适，这会导致集成后的产品交互与视觉的一致性很低，根本不像是一个产品。

封闭式

封闭式是指设计体系的每一部分均会被产品团队使用，企业级 B 端体验设计团队会投入较多人力与时间跟踪使用情况，不遗余力地优化设计体系。

优势。封闭式的运作方式可以极大地提升集成产品数字界面的一致性，对用户的操作体验与感官体验较友好。由于产品均使用企业级设计资产，对技术架构来说也比较友好，技术侧无须为了满足过于复杂的需求而绞尽脑汁。

劣势。若没有企业层面自上而下的强制推行，可以说封闭式运作几乎行不通。首先，每款 B 端产品面对的业务领域与用户群体不尽相同，这会导致用户习惯有差异，无法共用一套设计体系；再者，产品团队希望能推出创新性的产品，因此不期望被设计体系约束。封闭式运作方式挑战了用户习惯、行业特质、产品规划，因此，若企业级 B 端体验设计团队采用了封闭式运作方式，必定会引起一片质疑声，这非常不利于设计体系的良性发展。

半约束式

半约束式是指设计体系中的部分内容被产品团队使用，企业级 B 端体验设计团队会定期跟踪这部分内容的使用情况，便于对不合理处进行优化迭代。

优势。半约束式兼顾了开放式与封闭式的特点。企业级 B 端体验设计团队将设计体系中对 B 端数字界面设计影响大的部分（对提升产品的一致性与用户体验有帮助的部分）提取出来，划为封闭式运作范畴；对 B 端数字界面设计影响不大的部分，被划为开放式运作范畴。半约束式不仅让设计团队将有限的资源聚焦于设计体系中最重要、最核心的部分，也让产品团队有了自己的操作空间，能更加游刃有余地平衡业务和规范。

劣势。决定设计体系中哪些部分要被划为封闭式运作范畴，哪些部分要被划为开放式运作范畴，不是一件简单的事情，需要设计团队对企业级 B 端数字界面的现状较为了解，并且需要花较长的时间去确定相关要素的归属。与上面两种方式相比，半约束式对团队的专业能力提出了更高的要求。同时，即便确定了哪些部分属于封闭式运作范畴，哪些部分属于开放式运作范畴，在后续的实际运作中也需要进行动态调整。

我的思考

企业级 B 端体验设计团队在运作设计体系时不论采取以上三种方式中的哪一种，都需要注意以下四点。

第一，全面权衡。企业级 B 端体验设计团队在设计体系的运作上是采用开放式、封闭式还是半约束式，需要权衡各方面的因素，如企业战略、各产品规划、业务需求、用户习惯等。在运作设计体系的过程中，企业级 B 端体验设计团队还要根据实际情况进行调整，如在推行封闭式运作方式时遇到阻力，需要通过调研来明确原因，反思是否有不合理之处，是否要调整运作方式。

第二，选择具有通用性而非个性化的体验设计解决方案。设计体系的核心是数字界面中具有通用性的体验设计解决方案，而非个性化的体验设计解决方案。原因在于：一，设计体系定位的是基础设施；二，对于个性化方案，设计体系无法做到极致。因此，我们在运作设计体系时，要把更多可能性开放给业务团队，让他们自己做决策，我们可以以咨询师的身份出现。

第三，以用户为中心。以用户为中心并不是说用户怎么说我们就怎么做，而是需要明确用户需求背后的实际原因。用户提出产品界面的字号太小，要大一些，我们不可盲目地加大字号，而是需要进行深度调研。以用户为中心是指，我们构建企业级设计体系的所有努力都是为改善用户对数字界面的体验而进行的，因此我们需要用心倾听用户内心深处的声音。

第四，赋能而非管控。企业级 B 端体验设计团队和业务团队在对待设计体系上存在分歧。所谓的分歧，不外乎业务团队认为企业级 B 端体验设计团队把形式、规则、方法都制定好了，业务团队只要按部就班地做就好，没有自主权；业务团队还认为企业级 B 端体验设计团队不贴近实际业务，无法制定出满足业务需求的设计体系。因此，企业级 B 端体验设计团队的核心职责是赋能，而非管控，该团队需要守住自己的使命、愿景、价值观，与业务团队逐渐将界限梳理清楚，从整体视角做决策，给予业务团队一定的自由。

5.4.2 共创设计解决方案

共创通过调动集体的优秀智慧，产出最佳的设计解决方案。共创应该成为企业文化，可以让群体的智慧充分、自由地流动，从而激活团队、个人的创造力和行动力。

团队在接收需求，并将其纳入企业级设计体系后，需要与业务团队共创设计解决方案，不可单方面做出决定。例如，企业级 B 端体验设计团队不可直接输出解决方案，要求业务团队就按照此执行；业务团队不可要求企业级 B 端体验设计团队按照其提出的解决方案设计企业级设计体系。双方要站在对方的立场，进行多轮共创。

有一次，业务团队给我们的导航框架提了一个新功能，连设计方案都直接画好了，期望我们据此研发。我们对设计方案进行了调研和分析，发现还有一些要素没有考虑到，于是先对方案进行了补充，再让需求方进行评审。结果双方对该结果都很满意。

团队采用共创设计解决方案的运作方式，虽然会让从提出需求到研发落地的流程变长，但最终带来的好处是不言而喻的。双方共同参与的方式，一方面可以提升设计解决方案的质量，另一方面可以保证该方案被有效落地到产品中。前面的质量提升来自在集体共创中，每一个人都会依据自己的经验、用户调研的结果、专业能力的感知等提出最好的建议，这就比单方面提出的设计解决方案的质量更高；后面的方案可以被有效落地，正如《参与感：小米口碑营销内部手册》提到的"参与感"："在这种模式下，用户不仅使用产品，还拥有产品，拥有感使用户在遇到问题后不仅会吐槽，还会参与改进产品。"

共创方式体现了设计体系构建方拥有开阔的胸怀，允许设计体系使用方参与进来共建。我们在实际运作中，也切实感受到了业务团队深度参与带来的好处，他们不仅愿意使用设计解决方案，也愿意和我们并肩作战，一起解决问题。

5.4.3　试点与复盘相结合

《这才是用户体验设计：人人都能看懂的产品设计书》提到："迭代就是从大量反复实践带来的失败中学习提升的过程。"本书提到的"试点与复盘相结合"讲的就是迭代：我们先采用试点的方式进入用户场景，获得用户在使用产品过程中的反馈，再采用复盘的方式找到用户不满意的根本原因，通过重塑问题找到解决问题的办法。

试点

对于一些创新改革类的政策，我们无法提前预估其全面被实施会带来的后果，因此通常做法是先在局部做试点，对在试点中探索出的经验进行纠正与总结，再进行全局推广，在全局实施过程中进行深度突破。

而设计体系就属于创新改革类的政策（实际上连政策都算不上），因此需要企业级 B 端体验设计团队在运作的过程中先采用试点的方式展开。企业级 B 端体验设计团队可以与企业内使用意向较大的业务团队展开合作，倾斜资源优先帮助他们上线设计体系中核心的设计资产，让他们试用与反馈。该团队通过采取密切跟踪、记录、答疑的方式，全面了解设计体系在真实场景中的运作情况。试点通常需要经历较长的时间，其间业务团队也许会出现质疑设计体系的声音，企业级 B 端体验设计团队需要做好准备，切不可着急，面对一个问题，集中精力去解决就好。

复盘

复盘是进行试点后设计团队需要做的事情。我们不仅要看到在试点中设计体系被业务团队夸赞的方面，还要关注设计体系还不满足产品需求的方面。前者可以帮助我们将夸赞点转化为设计体系的亮点去介绍与推广，后者可以帮助我们反思不足，找到解决办法，满足产品需求，从而为后续全面推广设计体系做准备。柳传志说："复盘至关重要，通过复盘总结经验教训，尤其是失败的事情，要认真，不给自己留任何情面。把这件事想清楚，想明白，然后就可以谋定而后动了。"在做完事情后进行复盘，已经被很多公司采用，如阿里巴巴、华为、联想、联邦快递等。团队成员坐下来一起复盘，回顾预期目标有无完成，总结做得好与不好的地方分别是什么，讨论如何沉淀经验与改进，从而帮助团队在现有基础上不断迭代。

我们在复盘中也收获颇丰，很多灵感与设计体系运作优化方案都来自团队复盘。我们的复盘分为两种：一种是每周复盘；一种是专项复盘。每周复盘是指在周共创会上腾出一部分时间来做当周有价值事件的复盘；专项复盘是指针对一些跨越时间较长的事件，在完成后进行专门的复盘。不论何种复盘，其核心的内在逻辑均是边干、边反思、边优化，因此，虽然复盘的形式各种各样，但最终目标不会变。

复盘要探索未知区，而非单纯的已知区。这要如何理解呢？

讲一个我们推广导航框架的故事。初期我们推广导航框架并不顺利，按道理说经过了数轮评审和修改，业务团队应该将导航框架很快用起来才对，但事实并非如此，有些业务团队是在我们与其沟通了数轮后才定下导航框架的升级时间的（从他们现有的导航框架升级到我们的导航框架）。我们刚开始复盘时认为原因是我们推广不够努力（我们再努力一下就好）、导航框架的功能覆盖度不够（再加上他们要的功能就好），于是我们就在这两点上努力，但结果还是不尽如人意。后来我们在与业务团队深度沟通后发现，领导层的意志、产品年度规划、升级兼容性顾虑、升级时间周期与复杂度、客户侧升级评估等方面，都会影响我们推广的结果。因此，复盘需要探索未知区，只有将未知区一并考虑到，并采取行动影响未知区的各个方面，复盘才有可能产生价值。已知区是一些表面上的东西，如结果、指标、行为等；而未知区是隐藏在已知区背后的东西，如规则、文化、常识、信念、历史原因等。

5.4.4 优先重点打磨要事

"要事优先"原则可谓无处不在，史蒂芬·柯维在《高效能人士的七个习惯》中提出的其中一个习惯就是"要事第一"。"要事优先"原则包括两点：第一，对于重要的事情，要安排更多的时间去做；第二，要把重要的事情放在前面去做。在运作企业级设计体系这件事情上，"要事优先"原则依然有用。

我对该原则最大的感受来自我在设计基础组件的时候。一开始我设计基础组件的经验并不足，因此对每一个基础组件都是尽心尽力地去设计，可以说并没有轻重缓急之分，结果导致设计周期拉得太长，还没有解决根本性的问题，相关干系人并不满意。我开始反思是什么导致了这个结果，后来在回访中我发现，业务团队非常关心表格、表单组件的交互体验，因为它们占据了界面 80% 以上的空间，而我并没有在他们迫切关心的问题上投入更多的资源与时间。相反，我对所有基础组件采取了一视同仁的态度。在了解了该情况后，我调整了作战策略，开始着重关注表格、表单组件，对它们的交互体验进行调研、设计、评审与优化。

后来，我每次在设计体系的运作过程中，都会注意是否做到了"要事优先"，如果没有，就根据实际情况进行调整。我们谁也没办法在有限的时间里把手边的每一件事情都做好，我们更适合去做的是在 100 件事情中找出最需要先做的那 3 件，去把它们打磨到位。

第 6 章

构建企业级 B 端体验设计能力的九大思维

　　不论是主导还是参与构建企业级 B 端体验设计能力，我们都需要去完善自己的底层思维。我们构建企业级 B 端体验设计能力，就好比在创业，而一个优秀的创业者不能只关注执行层面，还需要具备独立的思考能力、完善的知识系统、善于协作的精神。

　　我从一名专注于具体产品数字界面设计的体验设计师，到带领团队负责企业级 B 端体验设计能力构建与推广的管理者，明显感觉到两者的差异之大。前者拥有一定的专业技能、良好的沟通协作能力已很不错；后者需要具备更多思维才能在日常的工作中做到刚刚好。

　　为了把事情做好，我经常一边实践一边复盘，这不知不觉已成为一种习惯。我也在不知不觉中总结了一些构建企业级 B 端体验设计能力需要具备的思维，如杠杆思维、全局思维、商业思维、迭代思维等。我从这些思维中选出了我认为比较重要且实用的九大思维，并将其分成宏观、中观、微观三大部分，期望对你有所启发。

6.1 宏观：全局视角

宏观思维是我们从全局视角去看待问题的一种思维。如何理解呢？以研究经济为例，对全球经济、国家经济的研究称为宏观研究，其是宏观思维指导下的产物。在企业级 B 端体验设计能力的构建上，我们需要有宏观思维，即要有大局观，在市场环境与企业战略的视角下整体规划与思考。下面要讲到的生态思维、系统思维、架构思维就是宏观思维的分支。

6.1.1 生态思维

生态思维是一种将自身与环境视为一体，认为环境中的个体通过各自发挥优势及互相协作才能获得成功的思维。生态思维中的每个个体不再是孤立的，而是与其他事物相关联的，它们连接成网，形成一个环境。

我的生态思维来自对 Ant Design 的研究及其实战经验的启发。在对 Ant Design 的研究中我发现，Ant Design 在推出基础组件后，为了提升 B 端产品的用户体验，又陆续推出了 AntV 数据可视化解决方案、Kitchen 资产工具、HiTu 插画资产、Ant Design Pro 界面解决方案等内容。这些内容之间并不是孤立的，它们互相协同，形成了一个生态圈。在实战中我发现，我们仅有的企业级基础组件并不能解决业务团队的实际问题。例如，在拿到这些基础组件后，要如何构建数字界面？如何构建出符合规范的数字界面？当这一个个问题摆在我们面前的时候，我们需要构建更多的能力来帮助使用者快速上手。基于此，我开始思考构建企业级 B 端体验设计生态，包括生态中有哪些模块、它们分别是做什么的、模块之间的关系是什么、什么时候要用到 A 模块、什么时候要用到 B 模块等，如此"排兵布阵"，达到建立生态的目标。

当然，过程并不一帆风顺，可以说是边执行边调整。原本想要将某要素纳入生态，会因为大家在讨论后觉得此时纳入暂不合适而搁置了，也会因为原来没想到但后来想到了而实现了。总之，生态随着时间的推移在慢慢变化，越来越符合实际需要。在第 4 章中，我用了整整一章来介绍企业级设计体系的生态，往大了看，企业级设计体系也是企业级 B 端体验设计生态中的一部分。

生态思维告诉我们，在分析事物时既要分析个体，又要观察与其相关的整个生态环境，关注个体与周围事物的关系。如果可以，我们还要思考怎样去构建生态。我们如何培养自己的生态思维呢？

第一，多思考事物之间的关系。生态思维中有一个很重要的概念是多个事物之间的关系，只有了解了事物之间的关系，才能捋顺生态。我在这里讲一个基础组件和低码平台的故事。我在研究设计资产期间发现，低码平台的界面设计需要用到一整套组件库，由此我想基础组件和低码平台之间是不是一种相互依存的关系。随后我发现，基础组件是低码平台的原材料，通过低码平台可以输出符合设计规范的界面。由此可见，设计体系生态中的基础组件和低码平台并不是孤立存在的，它们之间是相互依存的关系。因此，我们看任何东西都不要只看一样东西，而是要将其与周围事物的关系找出来，通过连接来加强生态。

第二，看过去发生了什么。在运用生态思维的时候，我们不能只看当下，还需要去回顾一下过去发生了什么，现在的结果是由过去发生的事情堆积出来的。你想要构建的企业级 B 端体验设计生态让人听了心潮澎湃，但千万不要忽视其中隐藏的风险，这种风险也许在过去已经被相关人员发现了。例如，为什么不引入多方来开发设计资产？可能的原因在于一直没有研发规范，多方协作模式会导致代码质量差与维护成本高。

第三，想未来会如何。我们构建生态是为了向美好的明天迈进，因此，我们不能只考虑当下的生态，还要思考生态在未来的发展。例如，我在规划设计体系生态的时候，总是把想到的先写下来，然后推敲每一部分的价值在哪里。我在做的时候，会选择核心的先做。

第四,构建 MVE。MVE 就是最小可行生态系统。也就是说,我们在构建生态的时候,可以先设计出一个最小可行生态系统，在将其运作得不错后，再逐渐扩展其边界。这与 MVP 方法非常一致。

6.1.2　系统思维

系统思维与生态思维非常相似，均是指事物之间相互关联、相互影响的关系，但系统思维更强调运用宏观思维去抽丝剥茧找到导致问题产生的原因，进而解决问题。我们理解世界在大多数时候是线性的，即一个结果是由一个原因导致的，这在简单的系统中是管用的，但在复杂的系统中并没有效果，很多时候我们需要跳出线性关系去理解世界。

为什么说系统思维在我们构建企业级 B 端体验设计能力时非常重要呢？原因在于此事涉及的各种要素广而多：在协作成员方面，包括产品团队、设计团队、测试团队、运营团队等；在内容要素方面，包括基础组件、典型界面、图标库、通用区块等。每当遇到一个具体的问题，我们都需要对关联要素进行统一分析，用非线性的系统思维来解决。

我们之前用 2.0 图标替换 1.0 图标，就是一次从线性思维到非线性思维的转换。原本我们认为，只要通过一一对应的方式将 1.0 图标替换成 2.0 图标，直接升级产品就好（这是线性思维），没想到产生了一系列问题。例如，由于我们没考虑到使用 1.0 图标的产品已经对图标进行了个性化调整，在产品升级到最新的 2.0 图标后，界面布局产生了混乱，如错位、尺寸改变、图标消失等。同时，我们还发现，业务团队根据原有的 1.0 图标的样式设计了很多个性化的图标，这部分自定义的个性化图标是无法用 2.0 图标去替换的。这让我们不得不把 2.0 图标退回到 1.0 图标，在找出 1.0 图标与系统中各种要素之的关系与影响后，再用 2.0 图标替换 1.0 图标。

系统思维是我们在应对复杂问题时产生的一种强大思维。正如《深度思维》提到的："系统思维……一方面，它能够找到一些问题的复杂成因，在更高的层面上解决问题；另一方面，它能够以精深的智慧评估形势，以大胆、反常的行为开创局面。"那么，我们如何培养自己的系统思维呢？

第一，多画图。你可能要问："画图还能锻炼系统思维？"是的，画图可以。但这里的图是指展现一个系统中各要素之间关系的图（表现形式不限），这有助于我们把系统内的要素（节点）、连接（流向）、目标 / 功能梳理清楚。比如，哪个要素在哪个要素上游，它们之间是正反馈还是负反馈，有没有一些要素构成了循环，等等。图 6-1 所示是我绘制的设计资产系统图。可以看到，全局视觉是源头，前一步是后一步的基础，环环相扣，如果前一步没有做好，后一步就无法构建。有时候前一步做好了，但业务场景会对后一步提出要求，会导致前一步需要修改。比如，我们在典型界面构建中发现目前的全局视觉不满足需求，就要回到全局视觉去修改。如果加入各种协作方，设计资产的构建就会更加复杂。

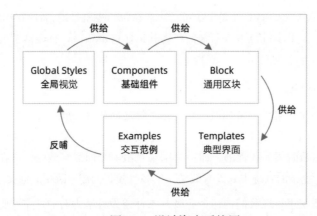

图 6-1　设计资产系统图

第二，尝试调整要素、连接、目标 / 功能。我们要知道，我们身边充满了各种系统，如水循环系统、研发系统、物流系统、支付系统等。不论是什么类型的系统，它们都有其自身运作的规律及需要解决的问题。我们可以在日常生活中画出这些系统，看看其在要素、连接、目标 / 功能中有哪些需要调整，从而优化系统。

第三，多角度思考。当我们遇到一个问题时，宜尝试从多角度去思考，长此以往，从多角度去思考而非线性思考就会占据我们的大脑。比如，我们遇到 A 问题，要看看其是否与 B 问题、C 问题、D 问题都有关系，而不是只看其与 B 问题的关系；也要思考如果解决了 B 问题，是否会同时影响 C 问题、E 问题、F 问题，由于它们组成了一张网，难免会出现互相影响的情况。

使用系统思维会让我们发现原本熟悉的事物、熟悉的因果关系并非如此，我们要如何处理呢？这就需要我们重新去架构事物之间的关系。关于架构思维，下面就会讲到。

6.1.3　架构思维

架构思维是一种从上而下、从全局到局部的统领式思维，其与细节思维完全相反。架构的整体性越强，越有利于把一件事情做好。正如企业架构之父 Zachman 所说："任何事物都有其架构，人们对其架构的认识水平决定了我们能够利用它的水平。"

作为一名普通的体验设计师，可以没有架构思维。但当我们负责或参与企业级 B 端体验设计能力的构建时，架构思维就变成了我们日常必备的思维。我总是很喜欢将此时的体验设计师称为"架构设计师"，我认为他们不再只是被动地接受任务，还需要像架构设计师一样去架构产品的未来。

我在负责基础组件的设计时，就开始有意识地训练架构思维。我首先梳理了主要开源组件库对组件的分类模式，以及每种分类模式下有哪些组件，并对各组件库进行了对比分析。后来我发现每个组件下还有各种形态，包括一个主基础形态和若干适用不同场景的形态。最后我反观自己的业务场景，对基础组件的架构做了梳理。在考虑设计体系生态时，我也引入了架构思维——定义每个部分的能力，以及每个部分能力间的关系。

架构分为两类：一类是重构，另一类是新建。通常来说，颠覆性的重构是比较难的，非常考验一个人对业务的熟悉程度及其全局的架构思维。那么，我们如何培养自己的架构思维呢？

第一，锻炼分类分层思维。架构思维最重要的一个子思维就是分类分层思维，我们经常看到的各种产品架构图，就是分类分层思维的可视化体现。任何复杂的事物都有其内在规律，内在规律揭示了事物自己的分类标准，这些标准并不是一成不变的，我们可以适当地对其进行调整。在分类下，还可以进行分层，这样便可以将整个系统，或系统的某部分分析得较为透彻，这有利于我们后续做出相应的决策。

我在构建企业级体验设计能力架构图时，先对大分类进行了划分，包括设计理念、设计资产、度量体系、工具与官网等，然后在大分类下再进行分层，之后的架构图版本均是在此基础上进行的迭代。图 6-2 所示为其中一个版本的体验设计能力架构图。

第二，锻炼抽象思维。抽象思维是指将一

图 6-2　某版体验设计能力架构图

件复杂事情中最核心、最重要的部分提取出来，供自己或相关人员做决策。在体验设计能力架构图中，设计资产中的各模块都是被抽象过的，如果要很详细地说明基础组件是什么、包括哪些、在哪些场景下使用，不仅让自己抓不住重点，也无法有效展开下一步工作。在体验设计能力架构图中，我们只关心设计资产由哪些大的部分组成，而不关心每一个部分里面具体是什么。抽象的层次越高，越有助于我们从整体视角和全局视角看待问题。

第三，锻炼标准化与个性化思维。通常在架构中，我们要梳理清楚哪些是标准化构件，哪些是个性化构件，若我们无法将两者梳理清楚，那么还需要进一步思考。企业级设计体系的基础组件就包括了标准化基础组件和个性化基础组件，标准化基础组件可以直接使用，个性化基础组件开放给业务团队自行处理。当企业级 B 端体验设计能力架构中的标准化构件越来越多时，就意味着可以降低成本、提升效率、提升数字界面体验的一致性了。

6.2　中观：迁移性视角

中观思维是指从迁移性视角去看问题的一种思维。如何理解呢？以研究经济为例，对行业经济的研究就可以被称为中观研究，在对一个行业进行研究且形成方法后，可以将方法迁移到另一个行业。在企业级 B 端体验设计能力的构建上，我们需要具备中观思维，即要有一套行之有效的方法来处理复杂的事情，这套方法可以被复用，保证事情被有章法地规划与执行。下面要讲的双向思维、数据思维、创新思维，都是我们在处理企业级 B 端体验设计相关事项时，经常用到的思维。

6.2.1　双向思维

双向思维包含用户思维和业务思维，是同时考虑用户与业务的一种思维方式。用户思维是指我们在构建企业级 B 端体验设计能力时，需要关注用户的所思所想、用户的行为习惯、用户的相关经历等，要从用户的视角来思考产品的体验设计；业务思维是指我们除了关注用户，还需要关注业务本身的场景，特别是对医疗行业、金融行业、制造行业的 B 端产品来说，业务场景是非常基础与重要的。脱离业务场景的用户体验如无源之水，无法焕发出勃勃生机。

双向思维的重要性在我们设计多选选择器时得到了体现。我们刚开始设计的多选选择器和现在开源组件库中的基本差不多，但用户使用后不满意的点并不是用起来不好用，而是在某些场景下，不符合用户通过连续搜索并添加很多选项的逻辑。例如，多选选择器的选择功能和输入功能融为一体，满足了用户通过快速输入找到目标选项的诉求，但用户在实际的业务处理过程中，每次需要不间断地输入较多选项。此时选择功能和输入功能融为一体，反而降低了用户的操作效率，用户总是一边输入内容，一边误删已经选中的选项。于是我们将选择功能和输入功能进行拆分，之后，用户在输入内容时，不会再误删已经选中的选项了。可见，只有用户体验尚可，但不符合当下业务处理逻辑的设计，也不是一个好设计。

体验设计师由于身份的特殊性，经常会只考虑用户体验，而忽视了业务场景的情况。那么，我们如何培养自己的双向思维呢？

第一，学习用户心理学知识。C 端产品面向的是广大普通消费者，要吸引消费者成为一款 App 的忠实用户，需要该 App 能解决用户痛点。因此，对 C 端的体验设计师来说，需要了解用户心理已是一个不争的事实。B 端产品面向的群体比较特殊（采购者、决策者与使用者分离），我们常常只关注客户要什么，而忽略了用户在使用产品时的心理感受。体验设计师只有了解用户在使用 B 端产品时的真实心理诉求，才能提升设计方案的质量，才能最终让产品赢得好的口碑。

产品中菜单命名的字数、表格上方的按钮数量、表单中电话号码的组件设计，需要遵循用户心理学中的米勒定律。简单来说就是，人们在短时间内能记住的元素数量为 7±2 个，元素越长，人们短时记忆的数量越少。而且对老年人和儿童来说，在短时间内记住的数量要少于年轻人。在米勒定律中，有一个概念被称为"组块"。组块是将相关信息分别匹配到不同的信息单元中去。组块可以帮助用户快速处理信息，提升用户短时记忆的能力。这是利用短时记忆的特性所提出的一种较为有效的方法。例如，数字"234125698980"在短时间内很难被人们记住，而在被处理成组块之后就比较好记，如改变为"2341-2569-8980"。由此可见，我们在设计时需要了解用户心理，对菜单命名的字数、表格上方的按钮数量进行控制，对表单中的电话号码组件进行格式化处理，使电话号码显示为组块形式。

第二，多参与产品需求会议。在大多数时候，产品需求沟通会、产品需求评审会都不让体验设计师参与，除非需求中有一些体验类的需求。因此，体验设计师在拿到设计任务后，能做的体验优化就非常表面化，无法更深层次地参与。我的经验是，我们要是有想将企业级 B 端体验设计能力构建好的愿景，就一定要多参与产品需求沟通会等设计任务前期的会议。时间久了，我们就会对用户的想法、业务情况更加了解。我在团队管理中会要求体验设计师主动与产品经理沟通，并把一些固定的产品例会同步给体验设计师，让他们尽可能地参与这些会议。同时，让产品经理在安排需求会议时，同步给体验设计师发送邮件。

第三，在实践中往前多走一步。在我们进行数字界面用户体验设计时，不要直接给出设计解决方案，而要尽可能地先了解用户是怎么想的、业务场景又是如何的，从而保证设计解决方案有理有据。由于我们掌握了很多提升数字界面用户体验的方法，因此很多时候我们会自然而然地用熟悉的方法，殊不知这些方法在某些时候并不可行，那是因为我们脱离了用户与业务。所以，我们可以往前多走一步，在条件允许的情况下，在输出方案前先进行用户调研和业务研究。当然，我们不能在需求来了时再进行调研，而在日常工作中就要积累起来，以备不时之需。

6.2.2 数据思维

数据思维是指通过分析数据的方式来发现问题、解决问题的一种思维，其与经验思维不同的地方在于数据思维用数据说话，而不是用总结的经验说话。

记得在汇报企业级 B 端体验设计能力构建与推广的绩效完成情况时，我修改了数次，其中一个很大的问题是没有通过有力的数据说明问题，我的第一稿只是简单地说明了每一项考核内容当前的进度。以推广家数为例，我们不能只简单地写完成进度百分比，进度数据并不足以反映问题，而无法反映问题也就无法找到解决问题的办法。例如，推广家数半年完成了 70% 的进度，但并不能证明年终就可以达成 100% 的目标，也许已完成的 70% 是容易做的，而剩余的 30% 难度极大，这些都要通过数据的方式反映出来。我们可以说完成的 70% 具体包括哪些产品，这些产品占公司重点产品的比重为多少，其使用了企业级 B 端体验设计能力中百分之多少的能力，这些能力是否属于我们的核心能力，等等。总之，只有通过数据真实地反映出现状，我们才有可能清晰地认识到企业级 B 端体验设计能力的构建与推广需要如何调整，以继续前进。

在优化企业级设计体系的典型界面时，我们也是通过个人访谈、问卷调查、焦点小组等方式收集所需的数据的，并对数据进行了清洗、归类、分析，从而展开典型界面的优化。

不唯经验，也看数据，是我在企业级 B 端体验设计能力的构建与推广中得到的感悟。没有数据的支撑，企业级 B 端体验设计能力构建与推广可以说是寸步难行，用户不会因为你是体验设计专家就十分信任你。可以说，"数据驱动体验设计"时代已然来临，并且已经悄无声息地进入我们日常的工作中。对体验设计师来说，要逐渐适应与数据为伴的工作状态。那么，数据思维要如何培养呢？

第一，在经验中累积。我们用数据思维处理的事情越多，对数据的敏感度就会越强。比如，在优化设计方案时、在各种场合的汇报中，都可以看看自己有没有使用数据思维发现问题、做出决策。少用模糊词语来表述你的观点，而要用更有说服力的精确数据，如"通过日夜加班的方式推广了十几家客户"就没有"截至 6 月 30 日，已推广 16 家客户，完成率为 70%"好。

第二，与流程、指标相结合。通过个人的方式来提升数据思维的可行性不大，不仅时间周期长，而且结果不确定。因此，我们可以考虑在某些流程中纳入数据指标，即用数据的方式来处理问题。例如，汇报核心事项，要有数据指标佐证；优化数字界面核心流程，要有数据指标支撑。

第三，它不是最终答案。虽然我们认识到了数据思维的重要性，但不应该盲目地依赖数据，毕竟数据不全面、不完整、不准确已是不争的事实。例如，某 SaaS 产品的用户总数为 100 万个，这个数据让人很兴奋，但仔细推敲，其中又有多少真正的付费用户呢？我们既要培养自己使用数据的能力，也要培养自己质疑数据的能力。《大数据时代》提到："大数据为我们提供的不是最终答案，而是参考答案，其为我们提供的帮助也是暂时的，更好的方法和答案还在不久的未来。"

6.2.3　创新思维

创新思维是指采用打破常规的、新颖的方法思考与解决问题的一种思维方式。创新在我们构建企业级 B 端体验设计能力的过程中非常重要，如果我们没有创新，就无法为业务团队真正赋能，如数字界面的用户体验、设计质量、设计效率等提升。但创新也不可能都是颠覆式的，我们要创新，但要巧于创新，要进行有价值的创新。

记得在刚开始着手构建企业级 B 端体验设计能力时，我非常兴奋，描绘了一幅自己看着非常不错的蓝图，准备向领导汇报。结果领导并没有对我的创新点全部赞成，只选取了一些有价值的创新点。对于失败的创新点，我总结了两点原因：一是失败的创新点无法赋能企业级 B 端体验设计能力的构建，反而让其变得繁杂，就像一个产品增加了很多用户不需要的功能一样，看着各种功能都有，实际只会让产品定位变得模糊；二是有些失败的创新点不适合当下去做，不符合相关规划。

要培养创新思维，我们不能只靠看书、学习心得，我们需要去尝试、去反思、去感受。在经过几次历练后，我逐渐掌握了一些培养创新思维的方法。

第一，与业务团队多沟通。在构建企业级 B 端体验设计能力时，我们需要与业务团队多沟通与交流，倾听他们的声音，因为他们是能力的直接使用者，而且他们经常和用户交流。我发现，脱离业务的创新一定会被业务团队抛弃，而拥抱业务的创新会受到业务团队的欢迎。

第二，定期进行头脑风暴。企业级 B 端体验设计师团队可以定期进行头脑风暴，进行思维的碰撞。为了让每一个来参会的体验设计师都能参与其中，我们可以要求每个人至少准备两个创新点，在会议上大家一起讨论、探索。团队进行头脑风暴可以避免团队管理者的创新仅来自自身的认知，很多时候，团队中某些成员的创意也是很好的。

第三，向内求与向外看。在创新中，我们一方面要向内求，即了解企业级 B 端体验设计当前的真实状态，看是否还有无法满足用户需求的地方；另一方面要向外看，即对同行与跨界行业进行研究，看看同行是怎么做的，看看跨界行业是怎么提升用户体验的，有无值得借鉴之处。我在设计工具的时候，研究了跨行业的相似产品，汲取了它们的创意，获得了很多关于创新的启发。

6.3 微观：具体视角

微观思维是指从局部视角、具体视角去看问题的一种思维。如何理解呢？以研究经济为例，对某个具体公司的研究可以被称为微观研究，其是微观思维指导下的产物。在企业级 B 端体验设计能力的构建上，我们需要具备微观思维。例如，如何把一个组件的体验做好，如何把一份设计说明文档写好，都属于微观思维的范畴。微观思维是一种向细节致敬的思考方式。下面要讲解的精益思维、共赢思维、聚焦思维都是微观思维的体现。

6.3.1 精益思维

精益思维是一种采用较少资源（如较少的人力、较短的时间、较简单的步骤等）生产出对用户有价值的产品的思维方式。我将其总结为："用最少的资源投入，创造最大的用户价值。"《精益商业思维》提到："先在小规模、小范围内把这个商业模式验证好，再继续扩张，也就是先追求效益、后追求规模，这就是精益。"

精益思维不仅管理层要具备，执行者也要具备，如此才可以将一件事情打磨好。精益思维被我用在了构建企业级 B 端体验设计能力的很多地方，在编写《数字界面一致性验收标准》（名称做了处理）期间，我从初稿到最终稿推出了不下 20 个版本。虽然这份标准是面向企业的，但我权衡了团队现有的资源与能力，以及业务团队的需求，先用最少的时间写了一份，然后通过会议评审、一对一访谈等方式逐步优化。特别是在构建企业级 B 端体验设计能力的初期，面对团队人手不足、时间要求紧张，但需要尽快看到可行性效果时，更需要精益思维来指导。

如果你想对精益思维有更深层次的了解，可以阅读相关图书资料，但最好的方式还是实践。

第一，从自身做起。我们无法改变别人，但可以改变自己，当面对多人协作的场景时，我们无法让每个环节都做到最高效，但可以考虑自身这个环节还有没有改进空间。例如，你是处理需求的体验设计师，想一下在你接收到用户的使用反馈后，你需要经历哪几个步骤才能把该需求处理完。你可以把这些步骤逐一梳理出来，看一下哪几个步骤还可以优化，从而让自己在需求处理这个环节的效率提高。如果实际情况允许，你也可以把这种好方法分享给同样处理需求的其他体验设计师，这样，集体在处理需求上的效率就提高了。

第二，先有，再好，最后优。每做一件事情，都要把它一次性做到最好，这是我在进入职场后很长一段时间内的想法。后来我才发现，一次做到最好、无须修改几乎是不可能的，首先我们无法保证自己做的事情毫无疏漏，再者不同评审者会提出更合理的改进建议。因此，在大多数时候，一件事从开始到定稿总会有一个优化的过程。我还发现，当你想把一件事情一次性做到最好的时候，投入的资源会大大增加，而且最终结果未必让用户满意。因此，我们不妨换一种策略，不要一次性做到最好，而应"先有，再好，最后优"。这样不仅能节约资源，还能在实践中优化产品，最终交付让用户满意的产品。

第三，思考与定义价值。我们在做产品时，常常思考本次的设计为用户带来了哪些价值。这里的"价值"不是你认可的价值、领导认可的价值，而是用户认可的价值。只有我们所做的事情是用户真正认可的，才说明我们走在了精益的路上。我们可以每做一件事就考虑其可以为用户带去哪些价值，如果不知道，就去调研，弄明白了再着手做。千万不要把自己当成用户，想当然地认为用户需要什么，最后做出来的产品用户并不认可。我们在设计典型界面之初，因还未对价值有深刻的理解，导致对界面各要素的摆放位置、各要素的间距进行了数次调整。

6.3.2　共赢思维

共赢思维是一种除了站在自己的立场，还站在合作者的立场思考与输出解决方案的一种思维方式。我们通过了解对方或多方当前的困难，进行换位思考，合理分配利益，从而获得大家都满意的结果。

我们每天都在与人协作中工作，没有一件事情是只通过自己就可以完成的。开会、处理需求、交付设计稿、设计验收等，都需要与人协作。并且在具体的协作中，我们还需要使用智慧才能将事情推向好的结果，这个智慧就是共赢思维。

我在构建企业级 B 端体验设计能力的过程中，越来越觉得构建方需要与业务团队取得共赢，才能把这件事情做好。如果我们仅想着对自己有利的地方，而不考虑业务团队在我们制定的规则下运作会出现什么问题，那么做起事来就会阻碍重重。我们只有在做每件事情的时候，咨询他们的意见，设身处地地为他们着想，平衡好实际情况与未来期望，才有可能将事情一步步向前推进。

我们该如何培养自己的共赢思维呢？

第一，讲求诚信。共赢思维的前提是讲求诚信，没有诚信就无法谈共赢。我们不仅要对自己诚实，了解自己内心的真实感受，还要对合作伙伴诚实，真心诚意地做对他们有益的事情。若不讲求诚信，会破坏双方合作的基础，即便大家还在一起合作，也只是沦为形式。

第二，善于发现他人的长处。我们在日常生活中要培养善于发现他人长处的意识。如果我们时常盯着合作伙伴的短处看，那么在合作中就会处处有困难；如果我们善于利用合作伙伴的长处来达成目标，就会打造共赢的局面。讲一个小故事：兔子的长处是跑得快，短处是不会游泳；乌龟的长处是会游泳，短处是爬得慢。因此，要想合作共赢，在过桥时兔子就可以背着乌龟，在过河时乌龟就可以背着兔子。

第三，平时多练习。共赢思维是我们在日常工作与生活中通过刻意练习形成的，如果你在日常做事的过程中总是只考虑自己，不考虑他人，那么在遇到一件重要的事情的时候，也很难会站在共赢的角度考虑，最终导致事情以失败告终。例如，我们经常会输出设计稿交给研发工程师，研发工程师会针对设计稿提出他们的意见，如设计稿实现不了、设计稿有问题。此时，我们不要生气，觉得研发工程师就是不想做才这么说的，而要冷静地与研发工程师沟通，把真实的原因弄明白，站在对用户和产品都有利的角度，在共赢的基础上与对方达成一致意见。日日练，我们就会对共赢思维越用越熟练了，不仅寻求自己的利益，也主动考虑他人的利益。

6.3.3 聚焦思维

聚焦思维是在一定时间内集中精力只把一件事情做好的思维。在时间、资源均有限的情况下，我们若想达到卓越的效果，就需要聚焦去执行。每天、每周、每月，甚至每季度，我们都要把重要的事情筛选出来，进行聚焦式攻破。

组建企业级 B 端体验设计团队的其中一个原因就是让体验设计师能聚焦于企业级 B 端体验设计能力的构建，一心一意只把这件事情做好。我还将企业级 B 端体验设计能力的不同模块交给不同的体验设计师负责，让他们聚焦于自己的工作目标，不受其他事情影响。除了在团队分工上使用聚焦思维，我们还对团队在不同时期需要做的事情进行优先级划分，优先做最重要的事情，并且对事情进行持续跟踪与复盘。例如，在某个阶段，我们以研发提效工具为最重要的事情，那么我们就需要全力以赴支持此事。再如，我们在进行基础组件设计时，会优先聚焦被产品高频使用的基础组件。采用聚焦思维可以保证团队集中优势兵力攻破一处，可以保证个人专心做好一件事。

聚焦思维最关键的原则有两个：第一个原则是明确事情的优先级；第二个原则是一次只做一件事。那么我们该如何培养自己的聚焦思维呢？

第一，每天明确待办事项的优先级。我们培养自己的聚焦思维，可以从每天早晨开始。我们每天早上来到自己的工位后，需要梳理当天要做的事情，并且把每一件事情按照优先级进行排序。如果我们不对事情做优先级排序，就会导致一天的工作繁忙且无效。

我在《B 端思维：产品经理的自我修炼》中提到过优先级的排序原则：优先安排有截止时间的任务，再安排有前置条件的任务（如果自己任务的完成是别人任务开始的前置条件，则需要优先安排），之后安排高优先级需求的任务（如直接领导安排的任务）。

当然，排序规则不是一成不变的，要根据具体情况做灵活的调整。例如，有截止时间的任务的截止时间在一个星期后，而直接领导安排的重要且紧急的任务要求下班前必须完成，那么直接领导安排的任务就要被优先安排。

第二，做好一件事再做下一件。我们常常会陷入一件事情还未完成，就思考其他事情该怎么做的境地。我在设计整套组件库的交互时，还没设计完 A 组件的交互就开始考虑 B 组件要怎么交互了，有时候一天下来一个组件的交互都没做好，导致工作效率不理想。后来我调整了方法，先确定整套组件库要完成的时间，然后逐一确定每一部分要完成的时间，最终细化到每天要完成哪些组件的交互。在整个过程中，我每天都很聚焦地设计目标组件的交互，完成一个再进行下一个。

第三，审视自己的注意力。在每天工作结束后，我们可以安排一个固定且无外界打扰的时间段，对自己一天的注意力进行复盘，审视自己在做哪些事情的时候聚焦了，而在做哪些事情的时候没有聚焦，这有利于我们调整第二天的工作方式。

第 7 章

关于企业级 B 端体验设计
的 10 个典型问题

在我负责企业级 B 端体验设计期间，很多小伙伴咨询我相关的问题。
借写本书的机会，我选了 10 个比较典型的问题，记录到书中，统一做
出解答。

7.1　如何判断企业适不适合构建企业级 B 端体验设计能力

　　想要构建企业级 B 端体验设计能力的企业，需要先对自身情况做一番分析，如果合适就可以着手做起来。当然，并不是说不具备某些条件就不能做，只是做的意义不太大，很有可能投入了大量资源，却没有产生明显的价值。企业可以从产品集成诉求、用户体验一致诉求、管理层战略诉求、产品团队认可度、确定负责人 / 团队 / 流程来进行分析。

　　（1）产品集成诉求。

　　产品集成诉求是指企业内是否具有将产品组合起来成为某个问题的解决方案并进行出售的诉求。产品集成诉求是企业构建 B 端体验设计能力的基础条件。如果没有产品集成诉求，企业内的各个产品采用产品设计规范就可以了，无须兴师动众地打造企业层面的体验设计能力。如果企业的不同产品会以子系统或子模块的形式集成为一款新产品并被出售给客户，那么构建企业级 B 端体验设计能力就非常有必要，其可以让企业内部各产品团队拥有一致的数字界面体验设计流程和设计标准。

　　（2）用户体验一致诉求。

　　用户体验一致诉求是指用户侧是否对产品体验有一致的要求。通常来说，对于单独的产品，使用产品设计规范就可以满足体验一致的诉求；但对集成型产品来说，达到体验一致的难度颇大，主要源于不同产品团队有不同的设计要求、不同产品的目标客群有差异、体验设计师的经验不同等。因此，若用户对企业的集成型产品有体验一致的诉求，那么我们构建企业级 B 端体验设计能力就有了非常坚实的用户基础。

　　（3）管理层战略诉求。

　　构建企业级 B 端体验设计能力是一件从上而下的事情，如果没有管理层的战略支持，我们就无法顺利开展此事。如果构建企业级 B 端体验设计能力是企业统筹的事情，通常会被纳入管理层的战略来实施，并且需要执行者定期汇报进展。同样地，在遇到困难时，执行者也会获得更多的资源支持。反之，如果构建企业级 B 端体验设计能力不在管理层的战略诉求范围内，那么就得不到更多人的关注，更不会得到什么资源支持。

　　（4）产品团队认可度。

　　产品团队认可度是指产品团队核心成员对构建企业级 B 端体验设计能力持何种态度——是赞同还是反对。企业级 B 端体验设计能力在产品团队看来，在一定程度上限制了体验设计师的创造力（事实并非如此），进而导致产品界面设计不够出彩，不够个性化。因此，我们在构建企业级 B 端体验设计能力前，需要对产品团队的核心成员进行调研，尽可能获得他们的支持，或者让他们将心中的一些疑虑说出来，大家一起来商量解决办法。

（5）确定负责人 / 团队 / 流程。

确定负责人 / 团队 / 流程是指我们在准备构建企业级 B 端体验设计能力时，是否已经有了负责人 / 团队 / 流程这三方面的保证。我将这一点写在最后，是想说明满足这一点是最好的，若不满足问题也不是非常大，但要尽快将该条件满足。特别是构建方的负责人和团队，有了负责人就可以规划企业级 B 端体验设计能力，有了团队（哪怕几个人组成的团队）就可以将事情执行下去。

7.2　构建企业级 B 端体验设计能力要从哪里切入

在构建企业级 B 端体验设计能力这件事上，我们的想象力有多丰富，就可以将事情做到多大。换言之，如果我们认为基础组件就是企业级 B 端体验设计能力的全部，那么我们做这件事就止步于基础组件了。因此，我们应该从哪里切入构建企业级 B 端体验设计能力，就看我们在企业级 B 端体验设计能力地图上规划了哪些内容，以及这些内容的主次关系又是怎样的。

我们可以通过以下三点来判断哪些内容可以作为构建企业级 B 端体验设计能力的切入点。先切入的事情最好能满足这三点，若无法都满足，应优先满足第二点。

（1）是否符合刚需。

是否符合刚需是指企业级 B 端体验设计能力地图中的哪项或哪些内容属于可以解决当前数字界面痛点的内容。例如，将企业的产品集成到一起，视觉体验的一致性很差，被用户频繁吐槽，那么，首先切入基础组件的视觉体验问题就比先解决基础组件的交互问题更紧迫和更有必要。

（2）是否底层基础。

是否底层基础是指企业级 B 端体验设计能力地图中的哪些内容是构建其他部分的底层基础。例如，我们在企业级 B 端体验设计能力地图上绘制了基础组件、典型界面、导航框架，从这三者来说，基础组件是搭建其他两项的基础，我们必须先从基础组件切入。

（3）是否很有价值。

是否很有价值是指完成某件事对构建企业级 B 体验设计能力来说是否具有显著的成效，如果成效显著，就会促进企业投入更多资源来做这件事。例如，一开始将产品集成到一起，界面布局混乱，界面色彩不协调，于是我们集中精力优化界面的布局和色彩，随后界面布局整齐了，界面色彩也统一了，非常直观地让管理层及用户看到了变化，那么我们之前做的优化就是有价值的。如果我们首先切入的是价值不大的部分（即便我们优化了，管理层与用户也感知不到），那么即使我们做得再多，也无济于事。

7.3　每个企业的企业级 B 端体验设计能力地图都一样吗

不同企业的企业级 B 端体验设计能力地图是不同的，我们从蚂蚁金服的 Ant Design、阿里巴巴的 Fusion Design、字节跳动的 Arco Design、腾讯的 TDesign 的能力地图中就可以看出来，如表 7-1 所示。

构建企业级 B 端体验设计能力地图，完全可以自行设计，不过一些基础通用能力最好保证，如设计价值观、设计原则、基础组件、典型界面（页面模板）、图标库等。

表 7-1　不同企业的企业级 B 端体验设计能力地图

维度	蚂蚁金服 Ant Design	阿里巴巴 Fusion Design	字节跳动 Arco Design	腾讯 TDesign
设计理论体系	设计价值观、设计原则、设计规范、设计策略、设计模式	设计价值观、设计规范	设计价值观、设计原则、设计规范、样式指南	设计价值观、设计规范
设计资产	Antd 中后台基础 UI 组件、TechUI 中后台业务组件、Ant Design Pro 页面解决方案、HiTu 插画资产、AntV 数据可视化资产、Mobile 移动端组件库、Ant Design Landing 首页模板资产	基础组件、通用区块、页面模板、图标库	基础组件、通用区块、页面模板、图标库	基础组件、页面模板、图标库

续表

维度	蚂蚁金服 Ant Design	阿里巴巴 Fusion Design	字节跳动 Arco Design	腾讯 TDesign
工具	Kitchen、云凤蝶一站式中后台建站工具、Landing 首页模板编辑器	Done-Client、Ice-works	风格配置平台、图标平台、色彩配置工具	CoDesign 协作平台、ProWork 协同平台、AIDesign 智能设计服务平台

7.4 想学习企业级 B 端体验设计，要如何开始

在学习企业级 B 端体验设计之前，我们需要有 B 端数字界面设计的经验，了解界面设计的流程、原理、策略和方法等相关事项，这样才能在学习企业级 B 端体验设计时"知其所以然"。我从自身经验出发，简单讲解一下学习企业级 B 端体验设计的方法。

（1）日常 B 端产品设计支持。

我把日常 B 端产品设计支持写在第一条，是因为学习企业级 B 端体验设计，需要有实战经验的支撑。我们在一线进行的设计实战越多，越能在学习企业级 B 端体验设计时有深刻的感受，知道哪些设计合理、哪些设计不合理。

企业级 B 端体验设计一个较为核心的理念就是提取共性，形成最佳实践。什么是提取共性呢？也就是说，我们要将可提升 B 端数字界面用户体验的设计规范、设计策略、设计模式提取出来，赋予企业级产品使用。而要做到这一点，体验设计师就必须有丰富的一线实战经验，对各种设计方案了如指掌。

（2）拆解界面设计要素。

我们在一线工作久了，就会对 B 端数字界面设计形成自己的认知，也会对数字界面设计要用到哪些要素有自己的认识。此时，我们可以着手对数字界面设计要用到的各类要素进行模块化拆解。这可以帮助我们认识数字界面设计的核心逻辑，更清晰地知晓数字界面设计是具体由哪些要素组成的，对我们排查和解决界面体验问题很有帮助。更重要的是，对各类要素进行模块化拆解，非常有助于我们后续深入了解企业级 B 端体验设计的里里外外。

在拆解的过程中，我们可以使用原子设计理论，就像用积木搭城堡一样，一点一点地将企业级 B 端体验设计这座城堡搭起来。你看到一个界面，要能想到它是由哪几部分组成的，各部分之间又是什么关系，将这些理顺了，也就将界面设计要素拆解清晰了。

（3）学习同业优秀案例。

学习企业级 B 端体验设计，就必须学习 Ant Design、Fusion Design、Arco Design 等同业优秀案例，这会帮助我们更加深刻地了解企业级 B 端体验设计是什么。在拆解界面设计要素的步骤中，我们是通过经验总结的方式来学习的；而学习同业案例，是通过研究同业优秀成果的方式来进行的。两种学习方式缺一不可。特别是学习 Ant Design，能让我们获得不少相关知识，能够非常有效地打开我们的思路。

（4）多观察、多思考、多总结。

我们在学习企业级 B 端体验设计期间，要时刻保持多观察、多思考、多总结的习惯，这样我们对企业级 B 端体验设计的理解才能越来越深刻。多观察是指多留意 B 端数字界面的一些设计方案是否被用户认可、是否被团队认可、是否提升了用户体验等，还要多留意 B 端界面设计方法的动向。多思考是指对于被认可的设计方案，我们要思考其好在哪里、有无被复用的可能性；对于不被认可的设计方案，我们要思考其不被认可的原因是什么，以及通过哪些方法可以优化此设计方案。多总结是指我们要多将 B 端数字界面好的设计方案、好的设计模式、好的设计决策等内容总结出来，不要让优秀的经验随着时间的流逝而被遗忘，要将它们保存下来，分享给大家使用。

7.5　企业级 B 端设计体系与产品设计规范的区别

企业级 B 端设计体系属于企业级 B 端体验设计能力中非常核心的一部分，是对构建数字界面时所需的相关设计要素的约定。产品设计规范包含了构建数字界面的各项要素，如全局视觉、基础组件、典型界面等。很多小伙伴会问："企业级 B 端设计体系与产品设计规范有什么区别呢？"我总结了三个区别，包括面向的对象不同、包含的内容不同、解决的问题不同。

（1）面向的对象不同。

企业级 B 端设计体系面向企业级产品，体验设计师要考虑企业级产品的共性与差异：

一方面要将共性提取出来，赋能到企业的大部分产品中；另一方面要把一些差异开放给产品团队，让其自行处理。

产品设计规范面向单个产品，体验设计师仅需要考虑设计规范是否符合产品需要即可，无须将设计规范在其他产品中复用。

（2）包含的内容不同。

企业级 B 端设计体系是一整套面向企业级产品的体验设计解决方案，因此其包含的内容比产品设计规范多得多，并且更有想象空间。其内容主要包括设计理念、设计规范、设计模式、交互范例、提效工具等。

产品设计规范因面向单个产品，涉及的内容很简单，主要包括全局视觉、基础组件、典型界面、图标库、导航框架。

（3）解决的问题不同。

企业级 B 端设计体系从企业整体层面来规划 B 端数字界面的体验设计解决方案，解决的是企业级产品的数字界面体验问题，除了涉及与界面设计紧密相关的交互体验和视觉体验，还涉及流程、工具、协作方式等内容；产品设计规范只解决单个产品的数字界面体验问题，专注于界面设计的交互体验和视觉体验（视觉体验占比高），不会涉及流程、工具这些内容。

7.6 企业级 B 端设计体系能满足企业所有产品的界面设计需求吗

我们都知道，企业级 B 端设计体系是一整套面向企业级产品的体验设计解决方案，因此，企业管理者、产品经理、体验设计师等会非常关心其是否能满足企业所有产品的界面设计需求。从我的经验来看，答案是不能。主要原因在于，每个产品都具有业务的特殊性与客群的特定性，企业级 B 端设计体系无法把它们的需求都满足了。

如果一家大型企业既有面向医疗的产品，也有面向金融的产品，要想让这两类产品都使用企业级 B 端设计体系，会比较困难。最好的做法是，用企业级 B 端设计体系解决企业级产品 80% 的问题，剩余 20% 的问题交由具体的产品线或产品自行解决。

对拥有专属体验设计团队的事业部来说，可以在企业级 B 端设计体系的基础上，依据事业部产品的整体情况对设计体系进行二次调整。在输出企业级 B 端设计体系后，事业部的设计团队就对其进行了详细的研读，他们选取了有用的部分，并将之用到产品中，将用不到的部分进行了剔除，同时对一些可以优化的点提了需求。

可见，想让企业级 B 端设计体系满足企业所有产品的界面设计需求，是一件非常难，甚至不可能做到的事情。我们要集中资源将其核心能力构建好，使其尽可能多地覆盖产品，但不可奢望覆盖所有产品。

7.7　企业级 B 端设计体系会不会限制体验设计师的创造力

对于企业级 B 端设计体系会不会限制体验设计师的创造力这一问题，我的观点是：企业级 B 端设计体系不会限制体验设计师的创造力，反而还会启发体验设计师思考更深层次的体验设计策略。下面我将从刚入行的体验设计师、有经验的体验设计师和设计管理者这三类角色展开。

对刚入行的体验设计师来说，企业级 B 端设计体系就如同他们设计路上的指引牌，指引他们快速找到设计 B 端数字界面的方法。很多前辈总结的经验，可以让他们快速上手，并设计出合格线以上的界面。由于刚入行的体验设计师的设计经验不够丰富，因此不存在企业级 B 端设计体系限制刚入行的体验设计师的创造力的说法，反而企业级 B 端设计体系还可以打开他们的设计思路和眼界。

对有经验的体验设计师来说，他们对 B 端数字界面要如何设计已经了如指掌，但不代表他们了解企业级 B 端设计体系，也不代表他们拥有体验设计方面的系统化思维。因此，学习与使用企业级 B 端设计体系，可以帮助他们逐渐建立体验设计系统化思维，促使他们的设计能力更进一步。你会发现，接触过企业级 B 端设计体系的体验设计师，会更有全局意识、模块意识、精进意识，也更愿意去打造能落地的体验设计策略，并在设计数字界面时平衡多方影响因素，如商业、技术、业务、用户。

对设计管理者来说，他们是企业级 B 端设计体系的构建方或主要参与者。因此，在构建设计体系的过程中，他们发挥了无尽的创造力。随后，他们还会在迭代中带领团队继续发挥创造力。

综上所述，企业级 B 端设计体系可以在一定程度上提升设计团队体验设计师的整体设计水平，使不同的体验设计师输出的用户体验方案具有一致性，但想要达到极致的产品用户体验，还需要产品经理和体验设计师根据业务需求去进行个性化定制。这就好比朋友生日送贺卡，如果你没有时间亲自设计贺卡，可以选择购买标准化贺卡；如果这位朋友对你来说很重要，你也有充足的时间，就可以自己动手设计了。

7.8 什么样的企业级 B 端设计体系才是好的设计体系

很多小伙伴问我："什么样的企业级 B 端设计体系才算得上是好的设计体系？"我想，每个人心中的答案都不相同。我总结了一下我心中的答案，一起来看看吧。

（1）通用。

通用是指设计体系输出的内容能覆盖企业大多数产品的数字界面设计诉求。覆盖面越广，越是好的设计体系。试想，我们构建的设计体系，企业所有产品中只有不到20%的产品能用，那么该设计体系就没有存在的价值了。

（2）拓展。

拓展是指设计体系能适应不同业务的发展诉求，允许产品团队进行拓展使用。约束力太强的设计体系在实际场景中并不适用，因此设计体系要对数字界面设计进行适度约束，给予业务一定的灵活性。

（3）易用。

易用是指设计体系容易被理解和使用。只有容易被理解和使用，设计体系才能被推广出去，赋能更多的产品。设计体系要想易用，就要保证规则简单与文档清晰。规则简单有助于使用者学习和使用，保证他们可以很轻松地输出符合设计体系的数字界面；文档清晰不仅体现了设计体系的专业性，而且有助于提升使用者的自助学习能力。特别要注意，要做到规则简单和文档清晰，设计体系除了有文字描述，还需要配图示例。

（4）提效。

提效是指业务团队通过使用设计体系，能提升效率，包括能提升设计效率、研发效率、协作效率等。假如大家使用了设计体系，反而降低了工作效率，那么就需要思考是设计体系的哪个环节出了问题，并及时纠正。

（5）可靠。

可靠是指设计体系要由专业团队进行设计、迭代、维护、服务。例如，企业购买了一款软件，希望供应商可以持续迭代该软件的功能，提供 7×24 小时服务，并及时提供缺陷解决方案等。设计体系的使用者也期望设计体系的构建方能做到这样，如此他们才感觉到安全、有保证、很可靠。

（6）满意。

满意是指设计体系使用方对设计体系的综合满意度很高。综合满意度可细化为全局视觉满意度、基础组件满意度等维度，以帮助我们更好地定位用户满意度。综合满意度越高，说明设计体系越好；综合满意度越低，说明设计体系还有待改进。

7.9　怎样说服领导启动构建企业级 B 端设计体系

有一些具有主动思考意识的小伙伴想要在自己所在的企业内构建企业级 B 端设计体系，但不知道怎样说服领导给其资源启动，期望能有好办法。构建企业级 B 端设计体系不是一件简单的事情，如果领导没有感受到 B 端数字界面的痛点，不认可构建企业级 B 端设计体系这件事情的价值，那么说服领导的可能性就不大。特别是这些年来，企业都在开源节流，更不会把资源投在看似价值不大的事情上。因此，我们要说服领导启动构建企业级 B 端设计体系，需要提前做一些准备工作，拿出值得让领导支持我们的理由去沟通。

（1）调研用户需求。

调研用户需求是指我们需要去了解目标用户对产品体验是怎么考虑的，他们目前有无这方面的痛点。假如我们能收集到用户对产品体验有较为强烈的诉求，那么对我们启动构建设计体系就非常有利。毕竟用户用着满意，体验舒适，是企业决定构建设计体系时要考虑的很重要的一点。

（2）调研企业内部现状。

调研企业内部现状是指我们要清楚对于我们想干的这件事，企业是否有条件满足。例如，企业内部的产品是否有集成需求，若有集成需求，那么其是否在用户体验一致性上有诉求。我见过一些企业，内部有好几种产品，但每一种产品面向的业务领域不同，故企业对构建企业级 B 端设计体系并不急迫，采用当前的产品设计与研发方式，完全能满足需求。因此，我们要构建企业级 B 端设计体系，就需要调研企业内部现状，如是否有产品集成需求、是否有设计提效需求、是否有研发提效需求等。

（3）调研业界情况。

调研业界情况是指我们可以去了解目前知名 To B 企业对企业级 B 端设计体系持有何种态度、做了哪些事情、最终结果如何。如果让领导知道现在业内知名企业都在做这件事，并且取得的成果还不错，就有助于领导建立信心，打消顾虑。

（4）部门内部先试点。

部门内部先试点是指我们可以将设计体系中的部分核心要素或容易落地的要素先在本部门推行起来，看看效果如何。例如，先把统一产品数字界面的色彩体验、布局体验做起来，如果发现效果不错，就可以找个合适的机会，把这些事情的价值传达给领导。

（5）获取干系人支持。

获取干系人支持是指我们要做这件事，并不是一个人就可以完成的，需要相关干系人和我们一样认可构建企业级 B 端设计体系的价值，相信企业级 B 端设计体系可以帮助我们将产品体验设计做得更好。获得了他们的支持，就像获得了一批忠实的粉丝，在必要的时候，他们可以为我们发声。

（6）给出构建规划。

给出构建规划是指如果我们将前期工作准备妥当，发现企业构建设计体系确实很有必要，能带来不错的结果，那么我们就可以把相关数据整理一下，做一份清晰的构建规划，给领导过目。构建规划可以包括为什么要做、做什么、怎么做、预期达到什么结果、多久能看到结果、需要投入多少资源、需要哪些跨部门团队协同等。

7.10　设计企业级基础组件要从哪些方面展开

设计企业级基础组件与设计产品组件有很大的不同，最大的不同就是前者需要考虑企业大部分产品的体验需求，后者只需要关注是否满足单个产品的体验需求。其他的不同还包括企业级基础组件要更加智能化。比如，可以一键换肤，包括设计软件端与研发端；

再如，文档要足够清晰，从类型到形态、状态、交互、样式等尽可能覆盖全。企业级基础组件的细节主要包括组件类型、组件形态、组件状态、使用场景、视觉样式、交互方式、使用示例等。但由于每个组件的特性不同，在设计时会有些差别。下面我以按钮组件为例，简单展开说明。

按钮概述

在 B 端数字界面中，按钮是在每张页面中都会出现的元素，用户的任务流程皆从按钮开始。按钮被设计得有理有据，可以为产品的专业度加分。如果一个产品界面的按钮设计无规律可循，随意为之，不仅会使用户体验直线下降，也会使产品所在企业及产品的口碑受到影响，如图 7-1 所示。因此，按钮设计相当重要，其可从细微之处提升产品的用户体验。

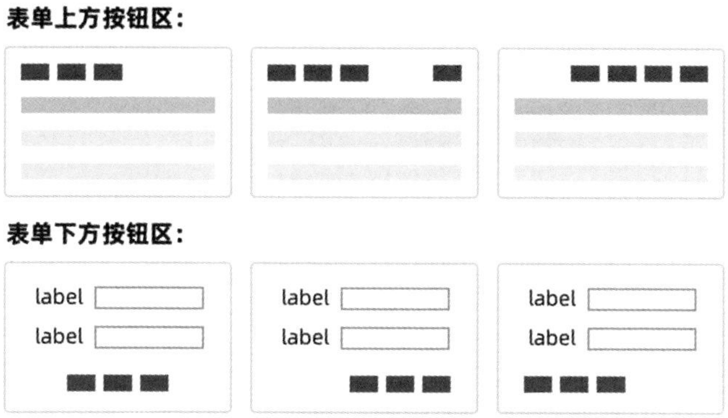

图 7-1　无规律可循的按钮设计

按钮的作用

在设计一个按钮前，我们需要明白按钮在 B 端数字界面上的作用。

第一，触发某一个功能。用户通过操作按钮，可以触发功能，从而完成任务。

第二，引导下一步操作。通过在适当的位置放置按钮，引导用户操作。

第三，聚合信息。当界面需要展示的内容过多时，可以通过按钮触发跳转详情，无须在当前页展示全部内容。

按钮的类型

在 B 端场景中，按钮主要分为 5 种类型，包括主按钮、默认按钮（也可称为次按钮）、虚线按钮、文本按钮和链接按钮，如图 7-2 所示。通过添加属性，按钮又可以有危险按钮、幽灵按钮、禁用按钮、加载中按钮等。我们要注意，不建议在一个按钮组中混合多种按钮使用：一来每个按钮都有其自身的使用场景，二来这会导致界面的视觉体验混乱。

图 7-2　按钮类型

按钮的形态

根据按钮的类型及不同场景的使用需要，我们又可以从形态层面划分按钮，分成图标按钮、"图标＋文字"按钮、下拉按钮、组合按钮、Block 按钮，如图 7-3 所示。

图 7-3　按钮的形态

按钮的状态

每类按钮都有一组基础的状态，包括 Normal 态（默认态）、Hover 态（悬浮态）、Pressed 态（单击态）、Disable 态（禁用态），如图 7-4 所示。按钮的不同状态告知了用户当前可以执行的行为。这里我们要注意，像输入框这种类型的组件，还有 Read-only 态（只读态）。

Normal（默认态）：该状态就是按钮正常显示在页面的状态。

Hover 态（悬浮态）：当鼠标指针停留在按钮上时，按钮的反馈状态。

Pressed 态（单击态）：当用鼠标单击按钮时，按钮的反馈状态。

Disable 态（禁用态）：当前页面按钮不可用时的状态。可能是没有操作权限，也可能是操作未达到某种条件要求，按钮会展示不可用状态。对于禁用按钮，可以在将鼠标悬浮上去后展示解禁提示，这样对用户更友好。

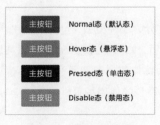

图 7-4　按钮的状态

使用场景

每类按钮都有其具体的使用场景，都是设计界专门为提升产品的用户体验而创造的按钮。

主按钮：主按钮为召唤按钮，通常较为醒目，召唤用户去操作，一个操作区一般只有一个主按钮。

默认按钮：默认按钮是指按钮组中没有主次之分的按钮，通常默认按钮的数量没有限制。

虚线按钮：虚线按钮通常用于当前页内容的添加操作。

文本按钮：在一些不需要主次按钮的场景中，可以使用文本按钮，如表格操作列。

链接按钮：顾名思义，链接按钮是指链接到外部页面的按钮。

危险按钮：一般在需要二次确认的地方，使用危险按钮，如删除、修改权限等场景。

幽灵按钮：主要用在按钮需要和背景融合的场景中。

禁用按钮：在当前操作不可用时，需要用禁用按钮。

加载中按钮：在提交内容后，系统无法及时反馈，还需要加载过程，此时需要用到加载中按钮。

图标按钮：有些场景使用图标按钮，不仅节省界面空间，还更加直观，如打印、上传、下载、发布等场景。

"图标 + 文字"按钮：对于仅使用图标无法直观地表达含义的场景，就会使用"图标 + 文字"按钮。

组合按钮：当多个按钮的性质相似时，适合使用组合按钮，如视图切换按钮。

下拉按钮：当按钮数量过多，界面空间有限，不适合全部展开排版时，适合将一些低频按钮收纳起来。

Block 按钮：这类按钮在一些页面需要强指引的时候出现，并且操作具有全局性，如登录、注册、付款、表单提交等。在使用这类按钮时要将数量控制在两个或两个以内，通常包括一个主按钮和一个次按钮。若业务场景特殊，出现了两个以上的按钮，则可以对多出来的按钮进行排版与形式上的再设计，如使用文字按钮、图标按钮，并且将之放在界面其他地方，但注意不要和 Block 按钮距离太远。

视觉样式

一个小小的按钮，包含了非常丰富的视觉样式。在设计阶段，我们需要对按钮的视觉样式进行细致的拆解和定义，具体如下。

尺寸：尺寸是指按钮的高度和宽度。在 B 端数字界面中，通常有 3 种尺寸的按钮：

大号按钮、标准按钮、小号按钮，如图 7-5 所示。大号按钮主要使用在全局性操作的界面上；标准按钮基本随时随地会出现；小号按钮主要使用在下拉面板中或其他需要使用小号按钮的地方。

计算标准按钮的高度的方法（仅供参考）：文字字号的 2.4 倍或 2.5 倍，计算出来的值取最靠近 4 的倍数的数字。例如，12 号字的 2.4 倍为 28.8，距离 4 的倍数最近的数字为 28，因此标准按钮的高度为 28px；14 号字的 2.5 倍为 35，距离 4 的倍数最近的数字为 36，因此标准按钮的高度为 36px。

图 7-5　按钮的 3 种尺寸

文本：在使用按钮将意思传达给用户的过程中，文本起到了非常重要的作用，其可以引导用户进行操作。放置在按钮中的文本需要注意三点：第一，文本颜色要清晰；第二，文本大小要合适；第三，文本含义要明了。

文本的视觉样式包括大小、颜色、字重等。界面常规文字大小通常为 12px 与 14px，在产品中约定一种即可，若能做到让用户自定义文字大小，那就更好了。文本的颜色一方面要在整体界面中和谐，另一方面要符合 W3C 原则。B 端数字界面的文本字重一般分为两种：一种是标准的，一种是加粗的。

图标：图标的视觉设计要注意其大小、粗细、颜色等，与文本的视觉设计要注意的点差不多。图标粗细适当，一方面有助于用户识别图标的含义，另一方面有助于其与界面整体视觉设计的融合。

颜色：按钮的颜色主要由背景色、边框色（注意是内描边的颜色）、字体颜色和图标颜色组成，有些还会涉及阴影色，如图 7-6 所示。不同的按钮颜色，代表了不同的按钮类型，如被赋予主色的按钮是主按钮。

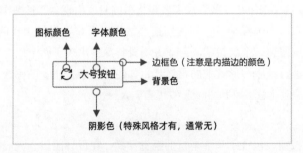

图 7-6　按钮的颜色组成

间距：按钮的间距是指按钮内图标与文字的间距、文字与按钮边框的间距等，间距是让按钮具有呼吸感的重要因素，如图 7-7 所示。

图 7-7　按钮的间距

形状：按钮的形状与圆角相关。圆角为 0px，按钮形状挺拔，给人严谨、尖锐的感觉；圆角为 4px，按钮形状稍显柔和，给人专业、舒适的感觉；圆角为半圆形（圆角的半径等于按钮高度的 50%），按钮形状非常柔和，给人带来亲和感，如图 7-8 所示。

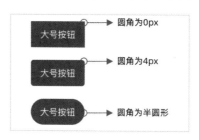

图 7-8　按钮的形状

风格：B 端数字界面的按钮主要以轻拟物、凸起、渐变和扁平化为常见风格。其中，扁平化已经越来越成为趋势。扁平化按钮的优势在于：第一，使界面信息展现得更清晰，使用户更聚焦于内容及任务本身；第二，扁平化按钮抛弃了很多不必要的设计元素，在研发实现上更简单；第三，减少了阴影等细节，提升了产品的性能。

交互方式

除了视觉样式，按钮还带有交互逻辑。按钮只有带上了交互逻辑，才真正开始为用户服务，它是用户输入信息的口子，也是系统接收信息的口子。按钮的交互方式与场景高度相关，有如下几种。

示例一：单击按钮后出现弹窗，如"新增""删除"等按钮，如图 7-9 所示。

图 7-9　按钮的交互方式示例一

示例二：单击按钮后关闭弹窗，退出当前操作，如保存对表单的操作，如图 7-10 所示。

图 7-10　按钮的交互方式示例二

示例三：单击按钮后在当前页反馈信息，如当前页新增表单项，如图 7-11 所示。

图 7-11　按钮的交互方式示例三

示例四：单击按钮后出现下拉等浮层反馈，如下拉菜单、表格"更多项"操作、工具栏"更多项"操作，如图 7-12 所示。

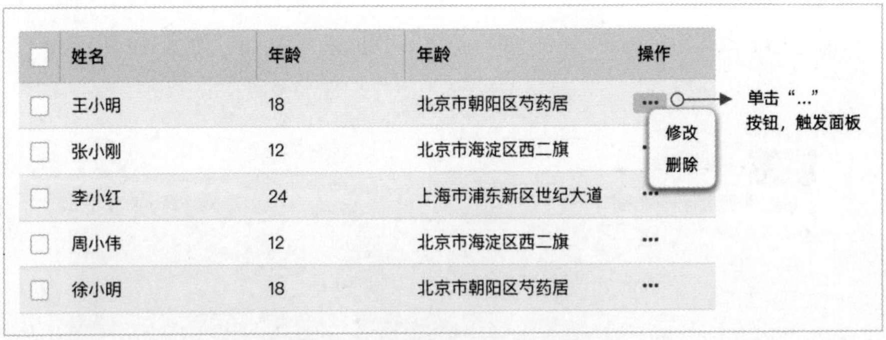

	姓名	年龄	年龄	操作
☐	王小明	18	北京市朝阳区芍药居	...
☐	张小刚	12	北京市海淀区西二旗	
☐	李小红	24	上海市浦东新区世纪大道	
☐	周小伟	12	北京市海淀区西二旗	...
☐	徐小明	18	北京市朝阳区芍药居	...

图 7-12　按钮的交互方式示例四

示例五：单击按钮后跳转页面，如步骤类操作中的下一步、页面类新增表单、指标下钻，如图 7-13 所示。

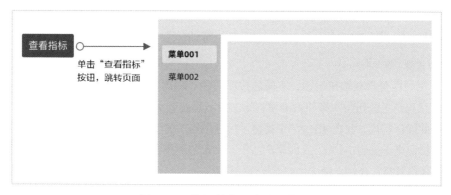

图 7-13　按钮的交互方式示例五

示例六：将鼠标悬浮在按钮上触发面板类反馈，如用户设置、换肤，如图 7-14 所示。

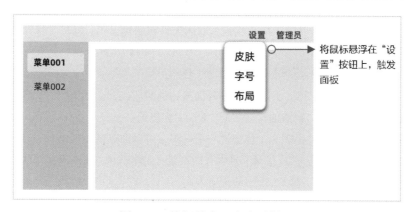

图 7-14　按钮的交互方式示例六

使用事项

（1）展示数量。

按钮的展示数量是指在一个按钮区中按钮数量的多少。我见过三种 B 端数字界面展示按钮数量的方式，但只有第三种是值得推荐的。

第一种，将提供给用户的按钮都展示出来，唯恐用户找不到。

第二种，适当收敛，但只是把一些按钮象征性地放到了"更多"按钮中。

第三种，对业务目标和用户的界面操作场景非常熟悉，有规则地将按钮合理展示，既保证用户能顺利操作，又保证产品界面整齐有序。

总体来说，一个按钮区的按钮数量应控制在 5 个以内，将多余的按钮置入"更多"按钮中。

（2）归类聚合。

归类聚合是指将具有相同含义的按钮归类展示，方便用户操作。例如，"新增""删除""修改""查看"按钮通常在一起；"启动"和"停止"按钮、"导入"和"导出"按钮、"下载"和"上传"按钮会在一起，不宜距离太远。

（3）按钮顺序。

按钮顺序是指在按钮组中，不同的按钮应该如何放置。这里的顺序包含两层意思：第一层意思是主按钮与次按钮的顺序；第二层意思是同类按钮之间的顺序。关于主次按钮顺序的设计模式，我在 4.1.5 节中提供了设计思路。关于同类按钮的顺序，我们宜遵循三个设计原则（见图 7-15）。在同个产品中，按钮的顺序需要保持一致，这不仅利于提升用户的操作效率，还利于减少用户的操作错误。

第一，方向性原则。"返回""前进""上一步""下一步""撤销""重做"等按钮都是具有方向性的，假如按钮的放置位置符合其方向性，那么用户的认知成本就会很低。以"返回"和"前进"按钮为例，"返回"按钮适合放在左侧，"前进"按钮适合放在右侧。

第二，相关按钮临近原则。让含义相关的操作按钮离得更近，这样不仅在视觉上增强用户对它们的相关性认知，而且利于操作。例如，"保存""保存并返回首页"这两个按钮可以临近放置；"发布""定时发布"这两个按钮可以临近放置。

第三，符合对话习惯原则。用户在操作界面按钮的时候，实际上是在和界面进行对话，因此，按钮设计应符合用户自然的对话习惯。例如，你想把自己喜欢喝的饮料分享给朋友，你会问"想喝吗"，如果他不想喝，你会说"很好喝，可以加点糖，喝吗"，如果他摇头，你会说"那好吧，可以先放一边，想喝了再喝"，而不是一上来就说"喝不喝？不喝就算了"。以"保存""取消""删除"这三个按钮的排序为例，合适的放置顺序为"保存""取消""删除"。对话习惯如下。第一步问："需要保存吗？"答："不保存。"第二步问："如果不保存，那需要取消吗？"答："不取消。"第三步问："文件不需要了，要删除吗？"答："删除吧。"如果用户需要保存，那么到第一步就结束了。

图 7-15　设计同类按钮的顺序的原则

设计原则

（1）让它就是它。

"让它就是它"是指让按钮在外形上看起来就是按钮。从用户的心智模式来说，只有用户第一眼识别出这是一个按钮，才能被引导着去操作。

（2）形式单纯。

"形式单纯"是指在 B 端数字界面中，不要将按钮设计得过于花哨，而应干净、利索，抱着让用户快速完成任务的心态去设计，而不是阻碍用户的操作，干扰和分散用户的视线。

（3）交互合理。

体验设计师需要合理和正确地使用不同类型的按钮，正确表达按钮的交互逻辑，让用户可以预判操作该按钮后的结果。例如，不要让系统在用户单击链接按钮后，弹出一个弹窗，正确的应该是出现一个新的页面。

（4）规则清晰。

关于按钮的使用规则，不同的设计规范有不同的定义。只要能合理定义产品的按钮使用顺序，并获得用户的认可，就是好的规则。定义清晰的按钮使用规则，不仅减少了体验设计师之间的沟通成本，提升了产品界面操作的一致性，还降低了用户的出错率。

后记：对企业级 B 端体验设计未来的思考

本书从开始规划到完稿，历时一年多。在此过程中，我对企业级 B 端体验设计有了更深刻的认知，我认为企业级 B 端体验设计不仅是各种能力的集合体，还是一种理念。就如本书前文所述，我们的想象力有多丰富，企业级 B 端体验设计就可以有多宽广。

对一直工作在 B 端体验设计一线的我来说，深信企业级 B 端体验设计的思想会被越来越多的企业认可。倍市得在 2022 年发布的《客户体验管理白皮书》中指出："体验经济、体验思维等概念在国内已经发展十余年。十余年间，体验之于国内大多数企业，已经从'是什么'过渡到'怎么做'。这一方面和消费者端的需求持续升级与深化息息相关，另一方面，也离不开体验管理服务厂商对相关理念与实践的持续普及与推广。"《全面体验管理 TXM》也提出这样一个观点：产品增长已经从产品驱动时代、营销驱动时代正式转向体验驱动时代，企业通过体验为用户创造价值，从而赢得用户的喜爱。

我认为企业级 B 端体验设计未来会朝着"大体验"发展，不局限于 Web 端数字界面的体验设计，其可以在如下几个层面有更多的探索并发挥出价值。

数字化体验管理

数字化的发展让我们的工作几乎都可以在线上完成，如一对一沟通、考勤打卡、开会等，因此，用户对 To B 类产品的体验要求越来越高。同时，越来越多的 To B 企业在输出产品方案时，是通过集成的方式，即将 A 部门的产品与 B 部门、C 部门的产品集合在一起，形成某业务领域的解决方案提供给客户的。为了获取这些体验数据，并通过分析数据来提升 B 端产品、B 端服务的竞争力，企业内部对产品、服务进行数字化体验管理就非常有必要。数字化体验管理可以让企业知晓客户在全生命周期旅程中的体验如何，从而为产品规划、营销决策提供依据。

全流程体验

全流程体验主要分为宏观体验、中观体验和微观体验。

宏观体验主要从产品品牌层面、客户生命周期的视角来展开；中观体验是指在宏观体验之下聚焦产品某个重要场景或业务的体验；微观体验是指在中观体验之下对某个关键行为的体验。

现在大部分 To B 企业都聚焦在中观体验与微观体验，更多的是微观体验。在未来（特别是 SaaS 化兴起后），宏观体验也会成为企业需要关注的重点。企业需要将品牌体验作为连接用户的核心入口，形成品牌层面的一致性体验。《产品前线》提到："一个产品从想法的产生到最终上线，其中每一个环节都可能影响最终的体验。所谓体验，是指用户的整体感知过程，而并不只是在交互上的体现，更是一种思维方式。"

实际上，很多服务型企业已经展开全流程体验，如星巴克、迪士尼、宜家，它们很注重用户在从接触产品到离开产品这段时间内的整体体验。我想，这也是 To B 企业未来提升竞争力非常重要的一方面。

人人体验

人人体验是"以人为中心"的体验思维。我在写本书时，总觉得"以人为中心"比"以用户为中心"更适合 B 端体验设计。一款 B 端产品从被客户接触到被用户使用，需要经历非常多的环节，涉及很多人，有决策者、研发人员、业务人员、采购人员、使用者等。因此，企业级 B 端体验设计需要进入人人体验的时代，不应只考虑"以用户为中心"，而应扩展到"以人为中心"，通过设计提升客户与用户的满意度、认可度、信任度、忠诚度。只有每一个环节的体验都被考虑到位、实施到位，才能为企业、产品赢得优秀的口碑，形成正向增长飞轮。

与此同时，To B 企业也要注重企业内部的员工体验，只有将员工的工作体验做好了，才能激发他们对外作战的意愿。企业内各部门形成通力协作的态势，齐头并进为客户提供卓越的体验。

多端体验

本书主要阐述了 B 端产品的 Web 端界面体验设计，而事实上，很多 B 端产品已经有手机端、平板电脑端、手表端的版本，这使得企业级 B 端体验设计需要考虑多端一致的体验诉求。若用户打开某款 B 端产品的电脑端和手机端，觉得完全不像一个产品，并且使用起来两者的体验差别很大，就会降低用户对该产品的满意度。如果你正在构建某款 B 端产品的多端体验，要保证整个构建思路是一致的。

愿景：B 端大体验

以上内容均属于"B 端大体验"的范畴。我想，如果 To B 企业能将"B 端大体验"实实在在地落地，那么就会形成正向增长飞轮——员工开心、用户受益、用户愉悦、用户购买/续费、企业受益、企业创造更好的产品、企业创造更大的价值、企业输出更好的服务体验。未来，我也将致力于"B 端大体验"的实践和推广，为企业数字化转型贡献自己的绵薄之力。

致谢

最后，我要特别感谢电子工业出版社的孙学瑛老师，她在我写本书过程中对我进行了悉心指导。她认真、细致与严谨的工作态度让我深刻感受到，一本书从有一个想法到上市非常不容易。感谢与我共事的所有团队成员，他们是我成长路上不可或缺的力量，那段我们一起奋斗的艰苦而美好的岁月，我将永远铭记在心。我还要感谢其他帮助过我的领导、同事，以及我的读者与公众号粉丝，谢谢你们！你们是我前行的动力。

"走着走着，花儿就开了！"我很喜欢这句话，在此送给你。不论是做企业级 B 端体验设计，还是做其他事情，愿我们都能坚持长期主义，全力以赴，一边成长，一边遇见花开。